易强 著

晚清残录

九州出版社
JIUZHOUPRESS

前　言

　　晚清，无论是国内学界的主流观点，还是《大英百科全书》的定义，皆指第一次鸦片战争爆发至清朝灭亡的这一段历史时期，即1840年至1911年。美国印第安纳大学有历史学家则认为，这段历史的起点还要往前推，应该从天主教耶稣会士被迫撤离中国（1700年前后）开始算起。这个分歧无疑十分有趣，它说明历史学家都试图用自己的标准去解读历史。印第安纳大学之所以看重耶稣会士撤离中国这一史实，可能与这所大学脱胎于神学院有关。

　　本书并无明确的晚清概念。如果非要划定一个时间范围，那么，本书讲述的大致是1793年前后至1911年前后的一段历史。之所以从1793年前后讲起，是因为英国特使马嘎尔尼勋爵在这一年访问了中国；无论是访问过程本身，还是这件事反映出的制度或文化差异，都非常有意思。但历史本身是无缝的，前后相承的，因此，讲述这段历史时，对之前的历史也偶有回溯。

　　当然，本书只能提取晚清历史上的一些重要而有趣的片段。挂一漏万、不见森林在所难免。但我相信这些片段是有意义的，如同生物切片之于生物实验的意义——它并非事物全体，却能反映本质，甚至能让人发现重要的基因。

本书引用的中文史料主要是《清实录》，辅之以《清史稿》《钦定大清会典》《筹办夷务始末》，以及清人的笔记与著作。其中，《清实录》《钦定大清会典》《筹办夷务始末》都是官修史料。在这些史料中，又以引用"上谕"为主。通过原汁原味的谕旨，我们几乎可以感受到当政者当时的心情。本书引用的最早一道上谕，是康熙二十三年（1684年）农历七月下发的，内容是康熙与大臣探讨开海禁一事；最晚一道上谕是宣统三年（1911年）农历九月下发的，是一道"罪己诏"。

本书引用的外文史料以同期（18世纪末至20世纪初）西方媒体的报道为主，辅之以同时代西方人的笔记与著作。在少数情形下，引用了当代外文著作。

西方媒体的报道可以为我们提供丰富且具有时代气息的历史素材。至于这些报道的真实性，我们可以通过对比中文史料，加上逻辑分析与常识判断等途径加以确定。总的来说，报道的真实性与开放的程度呈正相关。

中西方史料的对比，可以使我们确定中文外文史料的可信度。我们发现，中国皇帝几乎一直在被臣下愚弄。作为最应该及时得知真相的最高统治者，他们往往直到最后才明白真相。

本书初步考察了两种截然不同的信息传递机制。

在西方制度下，因为主要的信息提供者——商人（公司）与国家决策者利益大体一致，他们之间形成了利益分享型或共享型关系，而且信息提供者彼此处于竞争状态，信息得到真实而有效率的传达的可能性比较高。

而在古代中国，主要的信息提供者（官员）的利益直接取决于上级对他的评价，最终取决于最高决策者（皇帝或摄政者）的评价，而这种上下级属于利益赏赐型或输送型关系，况且信息提供者彼此处于互保合作型关系，因此，自下而上呈送的信息往往都经过层层修饰，最终可能面目全非。正是在这种制度之下，在强敌环伺、大厦将倾之时，最高统治者还以为天下太平、四海宾服。

在"蒙蔽圣听"这一点上，即便是对国情和"夷情"都十分了解的林则徐都不例外，尽管他可能有不得已的苦衷。例如，鸦片战争爆发前，林则徐将他和邓廷桢、怡良联名写给英国女王的一封书信上呈道光，其中不乏"惟我大皇帝，抚绥中外""贵国王累世相传，皆称恭顺"之语，让皇帝继续沉迷于"我天朝君临万国，尽有不测神威"的迷梦之中。

西方人对中国这套信息传递机制十分了解，并为之头疼。英国《泰晤士报》刊登的一篇文章说，英法联军之所以要杀入北京，摧毁圆明园，原因之一在于，他们想让被臣下蒙蔽的皇帝知道"英国随时能够攻打中国"。

西方媒体和书籍对这段历史的记录，可以让我们认识这样一个事实，即相对于当时中国对西方的了解，西方对中国的认识要更清晰。例如，鸦片战争爆发后不久，英国杂志《旁观者》（The Spectator）便准确预言了林则徐将被降职。甲午战争开始三个月后，西方人已预见到中国政府将求和。

西方人对中国的认识，很大程度上要归功于他们在中国的信息网络。其信息网络的效率之高，甚至让他们可以获得皇帝下发给地方要员的"密谕"。通过这些"密谕"，他们了解了皇帝的"帝王之术"以及大臣的"为官之道"，从而制定出相应的对策。

其中一个例子是，1856年底，基于两广总督叶名琛所呈有关广州局势的奏折，尤其基于"夷胆已寒""美法两夷及西洋诸国俱知该夷无理，其势尚孤"的断言，咸丰对江苏、浙江、福建等省督抚下发了几道密谕，通告诸省：英夷势单力孤，若其沿海而上，断不可被其气势压倒，完全可以"据理折服"，使其"无隙可乘，废然思返"。密谕百般叮嘱诸省见机行事，切勿轻易激起沿海战事，因为"中原未靖（指太平天国及捻军起义未平），岂可沿海再起风波？"。

不料密谕很快被英国驻宁波副领事密迪乐（Thomas Meadows）掌握。密迪乐立即致信港督包令（John Bowring）。通过共享机制，包令又将密谕传给美法两国驻华公使。美国驻华公使伯驾（Peter Parker）在写给包令的回信中惊叹道："在这个伟大帝国的官员中，一个像叶名琛钦差这样位高权重的人，竟能堕落如斯，以致误导君主，使国家卷入最严重的民族灾难之中。"随后，包令给伯驾及法国驻华公使布尔布隆（M. de Bourboulon）回信说："这份文件是……条约国之间应精诚合作的最有说服力的证据。"

几个月之后发生的事情是，英国人卷土重来，与法国人组成联军，一起入侵大清，彻底摧毁后者薄弱的防线。

海外华人及其他国家国民对发生在中国的重要事件的反应，也是西方媒体的关注焦点。这些报道有助于我们进一步理解国家与国民之间的关系。例如，甲午战争期间，美国华侨与日侨对战争的不同态度，足以让人反思"国家兴亡，匹夫有责"的悖论。对重要历史人物（例如孙中山）的采访，则有助于我们进一步理解这些历史人物以及与之相关的历史事件。

如果说，历史是一面铜镜，那么，这些报道就是镜头。时至今日，西方汉学家在讲述这段历史时，仍在引用同期西方媒体的报道。他们试图透过这个镜头寻找历史的焦点。我们也可以透过镜头看看自己的改变与未变，或者透过镜头中的焦点，反向探寻西方人的"审美标准"。这是我重视西方媒体报道的重要原因之一。

历史的价值在于提供人类进步与幸福的经验。无论铜镜中或镜头下的身影到底是从容还是狼狈，都需要今人理智而诚实地面对，1793年至1911年的这段历史尤为如此，因为我们为此付出了沉重的代价。

目 录

前言　1

第一章　风雨欲来　1

无形的鸿沟　7

双城记　12

东印度公司　23

情报网络　26

第二章　事出粤海　34

海王星事件　34

肆虐的海盗　44

澳门危机　51

第三章　情报战争　58

广州体制　58

商人的苦恼　62

禁烟纪事　70

林则徐致信英女王　75

英伦战争动员　81

信息不对称　86

大不列颠的荣誉　100

第四章　暗流涌动　108

共　识　109

顾盛的遗产　116

密谕外泄　121

三合会与天地会　129

天京：最伟大的奇观　135

第五章　祸入北京　141

可悲的君臣　143

换约冲突　146

顺从的国人　151

圆明园之劫　155

贫困的北京　163

西方人得到的经验　166

第六章　太平天国　170

李秀成的困惑　170

通商口岸的利益　174

弃儿天国　176

第七章　中兴纪事　181

　　借夷剿贼　181

　　魔鬼战士　184

　　卫三畏的预见　187

　　"李鸿章不懂海军"　190

第八章　东亚新局　195

　　失策的朝鲜战略　195

　　被放弃的台湾　201

　　顺势者　209

　　军力比较　223

　　海权领域的好学生　227

　　谎报军情　231

　　在美中日侨民的迥然反应　237

　　东亚新秩序　242

第九章　皇室观察　249

　　忙碌的祭司　249

　　幻想的酒宴　253

　　外交难题　258

　　同治大婚　260

　　觐见皇帝　277

　　慈禧传说　280

第十章　王朝末日　295

　　　　瓜分中国　295

　　　　变　法　299

　　　　康有为的逃亡　303

　　　　海外维新　306

　　　　南国反满　317

　　　　媒体的宠儿孙中山　321

　　　　袁世凯印象　332

　　　　破旧而疯狂的巨舰沉没　336

　　后　记　349

　　再版后记　351

　　参考书目　353

　　出版后记　355

第一章　风雨欲来

1792年9月21日，星期五，英国外交家马嘎尔尼勋爵登上配有64门火炮的"狮子"号战舰，率领一艘东印度公司的大商船"印度斯坦"号及一艘双桅后勤船"豺狼"号，离开大不列颠岛南部港口、英国皇家海军后勤补给基地朴次茅斯，前往中国。

受英国国王乔治三世委派，这位爱尔兰新晋贵族要实现的使命是，让英国与中国建立平等正常的外交关系，帮助当时只能在广州通商的英国商人争取在宁波、舟山、天津等其他港口贸易通商的权利。

陪同马嘎尔尼出使中国的，是一个由政治家、商人、军官、传教士、艺术家和学者组成的近百人的庞大使团，其中包括英国东印度公司董事会主席、巴林银行创始人弗朗西斯·巴林爵士（Sir Francis Baring），以及马嘎尔尼的秘书、东方学家、副使乔治·斯当东爵士（Sir George Staunton）及其年仅11岁的儿子、未来的汉学家托马斯·斯当东，甚至还包括3个中国人。如果算上船员及服务人员等，整个船队成员超过600人。

这个使团的规模及人员构成情况，足以让人们做出这样一个判断：英国人对这次出使抱有极大希望。

对于这个漂洋万里而来的使团，中国的态度一开始颇为重视。

英国伦敦出版的《绅士杂志》在1793年第二期刊登的一篇文章写道：

> 1793年3月，"印度斯坦"号、"狮子"号及其后勤补给船只进入巽他海峡……但他们并不想立即驶向中国沿海，而是打算等到季风来临时再起航。因此，他们在6月15日至20日之后才能抵达中国。
>
> 在巽他海峡，马嘎尔尼勋爵从一艘准备返回中国的船只那里得到一条让他十分满意的消息，即中国皇帝对这个使团的到来感到十分高兴，已命令中国北部各港口的官员们仔细留意这支舰队，向他们提供一切必需品，引导勋爵及其扈从前往北京。[①]

马嘎尔尼得到的消息是准确的。

公元1793年，是清乾隆五十八年。这一年的9月17日，以"十全老人"自诩的乾隆将在热河行宫庆祝自己的82周岁生日。在前一年的11月16日，他刚刚完成《御制十全记》，以纪念即位以来荡平边乱的伟大功业，例如在西北平定准噶尔及大小和卓之乱，在南部沿海平定台湾林爽文起义，以及平定缅甸与安南等。

马嘎尔尼使团的中国之行，本意是借着庆贺万寿节的机会，达成政治及商业上的目的。而对乾隆来说，英国国王盛意拳拳，劳师动众，遣使漂洋过海，不远万里来祝寿，无疑是一件锦上添花的美事，甚至称得上是另一件"武功"，说明自己的"德政"已经恩泽天下了。

根据《清高宗纯皇帝实录》的记载，两广总督郭世勋曾在去年上奏，英吉利国人波朗亚免质臣等前来广州禀称，大皇帝陛下八

---

① *The Gentleman's Magazine and Historical Chronicle*, Vol. 63, Part2, 1793, p. 758.

旬万寿时，英吉利国王没来得及祝寿，故此次特派马嘎尔尼使团进贡，他们将由海道至天津赴京，国书已经译好并进呈。

1793年2月28日，皇帝召见军机大臣和珅等人说，他已经看过国书，觉得情词"极为恭顺恳挚"，决定俯允所请，以成全远夷向化归顺之心，只是海洋风信无常，来贡使船不知将在何时到达，又将在福建、浙江、江苏、山东何处海口收泊，故而降旨海疆各督抚，若发现英国贡船进口，要立即派专员照料，护送进京。

乾隆还提到1753年的一桩旧事。那一年，葡萄牙进贡使团在广东、澳门收泊，两广总督阿里衮调派武官列兵海岸之上，队伍整齐，旗帜甲仗一体鲜明，以昭严肃，彰显了皇皇国威。乾隆希望这次英吉利国贡船进口泊岸时，地方可以仿照前例办理。他说："此等外夷，输诚慕化，航海而来，岂转虞有他意，但天朝体制观瞻所系，不可不整肃威严，俾外夷知所敬畏。"

但乾隆担心的是，海疆宁靖已久，沿海各省督抚皆意存玩忽，近海一带营伍纪律松弛，或会有损天朝颜面，于是降旨：

> 着传谕各该督、抚等，如遇该国贡船进口时，务先期派委大员，多带员弁兵丁，列营站队，务须旗帜鲜明，甲仗精淬。并将该国使臣及随从人数，并贡件、行李等项逐一稽查，以肃观瞻而昭体制。外省习气，非废弛因循，即张大其事，甚或存畏事之见，最为陋习。此次承谕办理，务须经理得宜，固不可意存苟简，草率从事。亦不可迹涉张皇，方为妥善也。①

---

① 《清高宗纯皇帝实录》，卷一四二一。

不过，在乾隆的心目中，英国与安南、缅甸等属国并无不同。但即便是对待属国贡使，他也并不马虎，而是予以极大的关切。1793年3月24日下发军机大臣和珅等人的一道上谕可以为证：

> 据（云贵总督）富纲奏，缅甸国王孟陨虔备表贡，专差亲信大头目孟干等恭赍到关，恳请赴京叩祝万寿……等语。缅甸国王自纳款输诚以来，叠加恩赐。该国王情深感激，复遣使陈谢……阅其译出表文，情词甚为恭顺。该督等即可于贡使到省时，派员伴送，缓程前行。计至七月内到京，为期尚宽，尽可从容行走。
>
> 前经郭世勋奏，西洋英吉利国遣使进贡，由海道至天津，赴京叩祝，约计夏秋间亦可到京。适与缅甸贡使同时并集，正可偕外藩蒙古王公等，共与筵宴，以昭重译梯航之盛。[①]

进入6月之后，沿海各省不断上奏，报告英国贡船动态，皇帝则屡屡下旨，命各省继续密切关注，"各海口一体照料"，妥善安排。多位地方官员因处事不当而被惩处，例如浙江定海镇总兵马瑀、宁波知府克什纳等，皆因办事不利"交部察议"。

7月16日，乾隆得知英国使船不日即将抵达天津，再下谕旨，命直隶总督梁肯堂、长芦盐政徵瑞等人在英国使臣到天津之后"妥为应付"，"可依期护送同来，以便沿途照料"，并吩咐两广总督长麟派员将英国使臣的动态及时告知在广州等待消息的英国信使波罗塔，以免英国国王"悬盼"。

---

① 《清高宗纯皇帝实录》，卷一四二二。

7月24日，因为担心接待英国使臣的官员过于热情铺张，乾隆又下谕旨称："应付外夷事宜，必须丰俭适中，方足以符体制。"但是，考虑到英国使臣不像缅甸、安南等国使臣年年入贡，他又担心相关大臣矫枉过正，被远道而来的客人笑话，因而又再三叮嘱梁肯堂等相关大臣："务宜妥为照料，不可过于简略。"

7月27日，乾隆见天气炎热，又叮嘱直隶总督梁肯堂等人："贡使等起岸后……尽可令其缓程行走，以示体恤。"次日，又命梁肯堂等人要在英国使臣抵达直隶之前，赴交界处等待，以便接替照应。

既然皇帝对此事如此重视，梁肯堂、徵瑞等人自然不敢怠慢。根据《清高宗纯皇帝实录》记载，英国使船经过浙江、山东沿海时，"该省地方官犒赏食物等件"，抵达天津海口之后，"徵瑞又备牛羊米面等物，传旨颁赏，且为数甚多"。

即便如此，乾隆仍觉照顾不够。7月31日，他再颁谕旨，吩咐军机大臣等关照英国使船。节选上谕原文如下：

> 至该贡船离国日久，携带食物口粮现已不敷。虽经徵瑞多备牛羊米面等物，赍往颁赏，但该国大小船内共有七百余人，将来贡使前赴热河，携带官役人等不过百余人，其留于船内照看者不下五六百人。徵瑞所备犒赏，岂敷常川食用？即地方官力量，亦不能捐办如许之多，自应开销官项。梁肯堂系属总督，呼应较灵，前已有旨，令其会同照料，此时想该督自已起程行抵天津，着传谕梁肯堂务须妥协办理。[1]

---

[1] 《清高宗纯皇帝实录》，卷一四三一。

马嘎尔尼等人尚未谒见，乾隆甚至就操心起英国使臣回国途中所需物用。他让梁肯堂、徵瑞尽早谕知英国使臣：

> 尔等自本国远来到此，几及一年。将来回国时行走时日亦必相仿。大皇帝令赏给尔等一年米石，食用宽余。其肉食如牛只猪羊等物，船内难以携带，尔等回程，经过山东、江南、浙江、福建、广东等省，岛屿收泊处所，该处地方官俱仰体大皇帝柔惠之意，必资送尔等食物，可以接济。①

《欧洲杂志》刊登的一篇报道写道，1793年8月1日，多名清朝官员乘小船从天津海岸驶向停泊在渤海拦江沙之外的"狮子"号等使船，他们带来大批补给品，包括小公牛20头、绵羊100多只、肥猪100多头，各类家禽不计其数，还有各种上等水果，以及几箱茶叶、糖、瓷器等，当然还有大量面粉、小米、面包、大米及其他物品，物资十分丰富。

英国使团带来的礼物，也通过这些小船送至天津。8月5日，马嘎尔尼及斯当东等人乘"克拉伦斯"号进入大沽，"每日食宿都得到安排。8月8日，他们离开大沽。11日抵达天津时，有数千人列队欢迎。他们被招待一顿晚餐，晚餐之丰盛，足够他们吃一个星期。除此之外，每个使臣都得到两匹丝绸。即便是士兵和机械师，每人也都得到一匹丝绸和棉布。"②

《欧洲杂志》是1782年1月首发于伦敦的一份月刊，宗旨是报道"文学、历史、政治、艺术、风俗，以及时兴娱乐"。它直接挑

---

① 《清高宗纯皇帝实录》，卷一四三一。

② *The European Magazine and London Review*, Vol. 26, 1794, p. 121.

战了前面提到的《绅士杂志》的地位。《绅士杂志》也是月刊，首发于1731年的伦敦，宗旨是报道与评论文化精英和商业精英感兴趣的一切，从拉丁诗歌到商品价格，其创始人是"magazine"（杂志）一词的发明者、出版家及编辑爱德华·凯夫（Edward Cave）。塞缪尔·约翰逊（Samuel Johnson）的作家之路，就是从担任这份杂志的撰稿人开始的。

1793年8月16日，马嘎尔尼等人在中国官员的陪同下坐小船抵达通州。25日，他们乘轿前往北京。在北京停留期间，内务府大臣金简等人带他们参观了紫禁城的正大光明殿（即乾清宫）。

8月30日，乾隆收到徵瑞的奏报，大意是：英国使臣说，泊于天津的使船上很多人水土不服，请准许那些人先回国，但徵瑞认为这样做不合规矩，他恳请皇帝示下，是否命浙江抚臣关照使船，使其在定海县停泊。

徵瑞的奏报令乾隆十分不悦。乾隆在给军机大臣的上谕中批示，徵瑞所奏"糊涂已极，竟是该盐政无福，以致识见如此昏聩"。他不认为英国使臣的要求有何不妥；而且满足他们的要求，既能节省本国费用，又体谅了远人之情，何乐而不为？他命徵瑞据实奏报是否已将不准回国的意思通知英国使臣，若无，就准允他们先回英国。

9月初，马嘎尔尼使团在金简等人的陪同下离开北京，前往热河。

无形的鸿沟

马嘎尔尼等人抵达热河之前，英国使臣与中国官员彼此之间观感尚好，他们一方不远万里、漂洋过海经年而至；另一方极尽所能、事无巨细悉心照顾。但双方都没有料到，无论他们彼此多有诚意，都无法逾越隔在中间的那道无形的鸿沟。

同时刊登在《绅士杂志》及《欧洲杂志》上的一篇文章写道：

> 英国使团抵达热河之后，一些有关觐见礼仪的误会阻止了觐见仪式的进行。马嘎尔尼勋爵坚持，如果中国方面要求他以三跪九叩的礼节觐见中国皇帝，那么，同等级别的中国官员也要在英国国王的画像面前行三跪九叩之礼。可是，陪同马嘎尔尼使团的五位中国大臣中的一位却错误地禀告皇帝说，英国使臣已经同意遵守中国的礼节……但问题最终得到解决，勋爵以参见英国国王的礼仪觐见了中国皇帝。

对于英国使臣坚持的觐见礼仪，乾隆帝十分不满。9月9日，他对军机大臣和珅等人说，英吉利国使臣尚未熟习大清礼仪，就前来热河觐见，令朕心极为不畅，想必是因为他们在进京路上受到地方官太过热情的款待，以致妄自骄矜，将来他们回国时，"所需口分等项，自不应致有短缺，但只须照例应付，不得踵事增华，徒滋繁费。此等无知外夷，亦不值加以优礼"。

一篇报道如此描述马嘎尔尼使团于9月14日首次觐见乾隆时的情形：

> 皇帝坐在一项由16个人抬的轿子上。当他进入大帐篷时，英国人单膝跪地，在场的中国人则拜倒在地。英国人被安置在大帐篷内及四周，在音乐、歌舞、摔跤及其他活动的助兴之

下，享用了一顿奢侈的筵宴。皇帝对马嘎尔尼勋爵十分注意。勋爵和所有英国绅士都得到丝绸、荷包、扇子等礼物。筵宴结束后，皇帝走下龙椅，登上轿子，以进大帐篷同样的方式被抬走了。参加这个仪式的大臣、王公及其他身份显贵的人不计其数。

《清高宗纯皇帝实录》对此事的记载极为简单："庚午，上御万树园大幄次。英吉利国正使马嘎尔尼、副使斯当东等入觐，并同扈从王公大臣及蒙古王、贝勒、贝子、公、额驸、台吉，暨缅甸国使臣等赐宴，赏赉有差。"

在此之后，马嘎尔尼等人还被接见了两次，分别是在9月15日及17日——乾隆帝生日当天。生日这天的接见是在热河行宫中进行的。一篇报道如此写道：

他们在破晓之前就到了行宫，在一个大厅里等到天亮。马嘎尔尼勋爵及高级中国官员被许可进入内廷（Inner Court），其他英国使臣和官衔较低的中国官员分别进入二廷（The Second Court）和三廷（The Third Court）。用上等丝绸刺绣制成的各式旗幡在空中飘扬，其状难以用语言形容……所有人都行三跪九叩之礼，就像是在敬拜一位神。①

《清高宗纯皇帝实录》如此记载乾隆在生日当天接见使臣的情况："上御澹泊敬诚殿。扈从王公大臣官员，及蒙古王、贝勒、贝

---

① *The Gentleman's Magazine and Historical Chronicle*, Vol. 64, Part 2, 1794, pp. 709-710.

子、公、额驸、台吉，并缅甸国、英吉利国使臣等，行庆贺礼。御卷阿胜境赐食。至乙亥（9月19日，当年的中秋节）皆如之。"

9月26日，马嘎尔尼等人回到北京。4天之后，他们参观了圆明园。因为舟车劳顿，56岁的马嘎尔尼感觉到身体不适。

9月30日，为了欣赏被送到圆明园的生日礼物，从热河回京的乾隆帝也来到了"万园之园"。马嘎尔尼回忆道："（坐在轿子上的）皇帝从我们面前经过时，我们向他致意。后来他派人传话，他知道我身体不舒服。因为天气逐渐寒冷，他认为我最好立即返回北京，不要继续在圆明园停留。"①

回到北京之后，尽管负责接待与陪同的中国官员看上去仍然很友好，马嘎尔尼等人感到自己不再受欢迎。官员们建议他们趁着时节尚好赶紧回国，否则，待到冬天降临，回国之旅会加倍辛苦，况且勋爵大人还有病在身。马嘎尔尼原本计划次年3月回国，在这种情况之下，他不得不考虑提前返回。

10月3日，马嘎尔尼正式向和珅提出六项请求，包括允许英国商人在舟山、宁波、天津通商，允许他们在北京（就像过去俄国人那样）建立货栈以出售货物，允许他们在舟山附近一个非军事区的小岛上建立寓所和货栈，给予在广州的英国商人一些优待，取消澳门与广州之间的转口税，禁止地方官向英国商人勒索法律规定之外的税项等。

4日，马嘎尔尼向乾隆提出回国的请求。次日，这个请求得到批准。10月7日，英国使团启程回国。《绅士杂志》刊登的一篇报道写道："在离开这一天，大使与中国大臣见了面，他得到了于3日

①　John Barrow: *Some Account of the Public Life and a selection From the unpublished Writings of the Earl of Macartney*, 1807, p. 294.

提出的请求的反馈：所有请求都被拒绝了。因为没能完成使命，使团感到非常羞愧，他们离开了北京。"

仅就目的而言，这次出使以失败告终。但马嘎尔尼使团并非没有收获——他们获得了大量有关中国的情报，本书将在后文对此进行陈述。

《绅士杂志》发表的一篇文章评论了马嘎尔尼使团失败的原因。这篇文章在一定程度上反映了英国人对其海外扩张事业感到的不安与罪恶，只是这种罪恶感并没有妨碍英国在19世纪进一步扩张，也没有妨碍英国在40多年之后发起第一次鸦片战争。文章写道：

> 出使失败的原因不容易说清楚。可能是中国方面觉得使团没有按照他们希望的方式进行……不过，没有成功可能主要归因于中国朝廷从某些印度王公那里得到了一些关于英国人的不好印象。这些印度王公提醒他们注意，不要像印度一样允许英国人获得立足之地，并通过下面一番话加强他们的警告："起初，英国人作为朋友在印度得到小块殖民地。后来，通过多次战争，英国人的殖民地逐渐扩大。正是通过战争，他们将原来的领主从自己的土地上赶走，并在废墟上为他们自己建立了一个庞大的帝国。"①

很多学者都将马嘎尔尼的出使失败归因于"礼仪之争"。事实上，"礼仪之争"只是表象。即便马嘎尔尼同意行三跪九叩之礼，乾隆仍然不会同意英国人提出的增加通商港口、在北京设置货栈

---

① *The Gentleman's Magazine and Historical Chronicle*, Vol. 64, Part2, 1794, p. 711.

（相当于变相开设使馆）等方面的请求。根本原因在于，在中国的统治者看来，与增加通商口岸、在京设置外国使馆等事项带来的好处相比，它们对统治秩序带来的冲击或负面影响更为突出。

进一步说，马嘎尔尼使团的失败，是因为两国历史与国情完全不同。作为大西洋上的岛国，英国的空间及物产有限，其文化重海洋而好动，热衷扩张，推崇贸易；又因重视贸易而讲究平等，其宗教相应地也崇尚扩张。相对而言，中国地大物博，重农轻商，认为生产是唯一能够创造价值的工作，文化重土地而好静，主张内敛，不喜扩张，且历经千年，周边小国纷纷臣服，天朝上国心态已成，再难平等看待其他国家。因此，马嘎尔尼向乾隆提出六项请求，犹如鸡同鸭讲，势难产生共同语言。

两国历史与国情的差异，或许可以从利物浦和广州的不同命运中得见一斑。

双城记

在英国西北部沿海，有一座名叫利物浦的港口城市。在现代，它作为披头士乐队（The Beatles）的组建地闻名于世，而在18世纪至20世纪之间，它是欧洲乃至全世界最为繁忙的港口之一。

利物浦创建于1207年，最初只是一个不起眼的渔村，直到16世纪中叶，人口还只有500人左右。17世纪的英国内战（又名英国资产阶级革命）之后，它才逐渐发展成重要的贸易港市。最具标志性的事件是，1699年10月3日，它的第一艘贩奴船"利物浦商人"号驶向了非洲。1700年9月18日，这艘贩奴船将220名黑奴运至位于北大西洋西部、加勒比海东部的英属殖民地巴巴多斯，收入4239

英镑。

跨洲奴隶贸易之所以产生，欧洲人之所以不远万里将奴隶从非洲贩卖至大西洋彼岸，有着深层次原因。

美洲新大陆及其附近诸多岛屿被哥伦布发现之后，很快被富有冒险精神的欧洲商人（他们在欧洲的发展受到教会与封建贵族的压制）建设成糖、烟草、棉花等在欧洲供不应求的商品的产地。他们最初雇用的是当地人，但过度劳作、虐待以及疾病等原因，导致当地劳动力严重短缺。

资本家们不得不另想办法。他们尝试以金钱、土地等为诱饵，鼓动爱尔兰及英国本地劳工前往，但收效甚微。于是，非洲黑奴成为他们的选择。

根据利物浦档案办公室的记录，自"利物浦商人"号首次将非洲黑奴贩运至巴巴多斯至1807年英国禁止奴隶贸易的一百多年时间里，奴隶贸易一直是利物浦的支柱产业。

18世纪40年代，利物浦已超过布里斯托尔和伦敦，成为英国最大的奴隶贸易港口。1741年至1750年，英国从事奴隶贸易的船只，有43%是从利物浦出发。1801年至1807年，这个数据已增加至79%。在英国的整个奴隶贸易期间，利物浦的贩奴船将110万名奴隶运往大西洋彼岸的"新世界"。[1]

实际上，对整个欧洲的奴隶贸易来说，利物浦也是最为重要的港口。1807年英国禁止奴隶贸易前夕，这里已控制欧洲奴隶贸易量的40%。

对利物浦而言，奴隶贸易是五百年一遇的机会，英国议会禁止

---

[1]　Prof. Kenneth Morgan: *Records relating to the slave trade in the Liverpool Record Office*. Microform Academic Publishers, 2007.

这种"肮脏的贸易"似乎会对这个港市构成致命打击。但事实并非如此。奴隶贸易带来的巨额利润，已经使这个本身具备极佳天然条件的港市不可逆转地发展起来。1715年，英国第一个商用湿船坞在利物浦竣工。

因此，当第一次工业革命出现，带来比奴隶贸易大得多的机会时，利物浦有能力抓住它并加以充分利用。

在历史的细节性问题上，学者们总会有不同意见。例如，对于工业革命的起始时间，英国历史学家艾瑞克·霍布斯鲍姆（Eric Hobsbawm）认为是18世纪80年代，另一位英国历史学家托马斯·阿什顿（T. S. Ashton）则认为是18世纪60年代。但在对历史事件（尤其是重大历史事件）的本质的判断方面，学者们通常鲜有分歧，他们一致认为工业革命对经济、社会、政治，尤其是国际关系产生了革命性影响。

英国经济学家安格斯·麦迪逊（Angus Maddison）在《世界经济：历史数据》（The World Economy: Historical Statistics）一书中写道，工业革命的影响之一是，1800年之后的两个世纪里，世界平均收入增长了10倍，世界人口增长了6倍。

作为第一次工业革命的发源地，英国无疑是受益最大的国家。在阿克莱特发明的水力纺纱机、哈格里夫斯发明的珍妮纺纱机、克朗普顿发明的走锭细纱机的基础上，英国的纺织工业得到极大的发展。苏格兰机械师瓦特对蒸汽机技术的改良，以及随之而来的动力学革命，再加上克拉克、达比等人在钢铁冶炼上的贡献，不仅极大提高了生产效率本身，还促成了交通运输工具的革命。现代意义上的轮船和火车出现了。

1830年9月15日，世界上第一条城际客运铁路正式通车，一端连着历史上第一座同时也是当时最大的工业城市，位于英国西北部的工业中心曼彻斯特，另一端连着利物浦。

随着生产效率的空前提高，生产与销售环节越来越不受地域限制，如何找到尽可能多、尽可能便宜的原材料，如何找到潜力尽可能大、利润尽可能高的市场，成为日益困扰着欧洲商人的两大问题。显然，他们需要及时而准确的情报，而且是全球性的情报，因为只有这样，他们才能进行高效的扩张和殖民。

正是在这个背景之下，许多具有全球视野的报刊不仅在欧洲，还在欧洲人的殖民地（例如澳大利亚）出现。

这些报刊之所以首先出现在港口城市，是因为在国际贸易的海运时代，港口不仅是消息最先到达的地方，同时也是最需要消息的地方。工厂的货物大都堆积在港口的仓库之中，如果商人们能在港口及时获得信息，就能及时处理货物的销售与运输事宜。正如前面提到的，具全球视野的《绅士杂志》与《欧洲杂志》，其创刊地点都在伦敦——英国第一大港。

1811 年，在利物浦经营一家航海工具公司并在 1809 年获得一项重要专利的埃格顿·史密斯（Egerton Smith），也在当地创办了一份具全球视野的周报——《利物浦水星报》（*Liverpool Mercury*）。这份报纸主要报道当地的港口新闻及商业新闻，不仅在利物浦及其邻近一带，还在威尔士、马恩岛和伦敦发行。

正如利物浦集中展现了近现代欧洲崛起的进程，广州也在侧面见证着中国的历史。

广州是一座比利物浦古老得多的城市。早在公元前214年，今日广州这块地面上就出现了一个名叫"番禺"的市镇。这个市镇逐年扩大，11年之后，也就是公元前203年，已成为南越政权的都城。公元前111年，南越政权被汉朝所灭，但番禺依然存在，仍是中国南方的重镇。226年，吴国孙权设置了一个名为"广州"的州郡，府衙所在地即番禺。后来，当地人索性将番禺称为广州。

中国古代以农业立国，以中原文化为正统，主要朝代几乎都定都北方，广州一带一直被视为蛮夷之地，不受中央重视。尽管唐高宗显庆六年（661年）已在广州设置市舶使，总管海路邦交外贸，但海防却并没有因此而加固。以至于在唐肃宗（唐玄宗之子）乾元元年（758年）十月底，一群由阿拉伯和波斯海盗组成的乌合之众洗劫广州之后，竟然轻而易举地从海路逃走。

宋、元时期，广州的对外贸易已十分繁荣，但这主要是商人自治的结果，而非政府的功劳。

尽管在国家税收来源构成中，外贸所占比例逐渐上升，政府也乐于看到这个局面，但重农轻商仍是主流意识。广州的战略价值始终没有受到中央的足够重视。直至明朝武宗正德年间，"最凶狡、兵械较诸蕃独精"的葡萄牙人"驾大舶突入广东会城"[1]，并且在广州的势力越来越大之后，中央政府才意识到问题的严重性。

据英国汉学家杜希德（Denis Twitchett）和美国汉学家费正清（John King Fairbank）的研究，于正德九年（1514年）初抵达广州的葡萄牙人仅用3年时间就垄断了广州的海上贸易。祖籍广东顺德的御史何鳌曾十分忧虑地对明武宗说："现在外国人的船只频频出现于海滨，外国人又在州城杂居，要是听任他们往来贸易，势必争斗杀伤，南方的祸患恐怕将没完没了。"

---

[1] 《明史》，卷三百二十五，列传二百一十三。

但那时广州的海防力量十分有限，根本无法应对"水道益熟""兵械独精"的葡萄牙人。至万历年间（1573—1620），葡萄牙人已占据吕宋，垄断了福建、广东的海上贸易，势力越发庞大。根据广州举人卢廷龙的记录，1597年前后，居住在澳门的葡萄牙人已经有一万多人。但是，当地父母官或者不愿多事，或者已被收买，基本毫无作为。

17世纪初，葡萄牙人在中国海外贸易事业上的垄断优势，让位于占据台湾岛的荷兰人。1662年，郑成功收复台湾。1683年，康熙又收服郑成功之孙郑克塽。次年，康熙取消了顺治十二年（1655年）制定的旨在削弱郑氏台湾经济及军事后勤实力的海禁政策。

《清圣祖仁皇帝实录》记录了清朝实行海禁政策的原因及康熙对海禁的看法。1684年8月21日，奉命到福建、广东一带勘界的内阁学士席柱与康熙有如下对话：

（席柱奏曰：）臣奉往海展界，福建、广东两省沿海居民，群集跪迎，皆云："我等离旧土二十余年，已无归乡之望，幸皇上威德，削平寇盗，海不扬波。今众民得还故土，保有室家，各安生业，仰戴皇仁于世世矣！"

（皇）上曰：百姓乐于沿海居住，原因海上可以贸易捕鱼。尔等明知其故，前此何以不议准行？

席柱奏曰：海上贸易，自明季以来，原未曾开，故议不准行。

上曰：先因海寇，故海禁不开为是。今海氛廓清，更何所待？

席柱奏曰：据彼处总督巡抚云，台湾、金门、厦门等处，虽设官兵防守，但系新得之地，应俟一二年后，相其机宜，然后再开。

上曰：边疆大臣，当以国计民生为念。向虽严海禁，其私自贸易者，何尝断绝？凡议海上贸易不行者，皆总督巡抚自图射利故也！

两个月后，福建、广东重开海上贸易。九月十四日（10月22日），户部等衙门在奏折中说："福建、广东新设关差（即海关），止将海上出入船载贸易货物征税，其海口内桥津地方贸易船车等物，停其抽分。"①

70多年后，乾隆担心外国商人威胁"内地海疆紧要"，重新采取闭关政策，只允许外国商人在广州交易。1757年12月20日，皇帝晓谕军机大臣等：

洋船意在图利，使其无利可图，则自归粤省收泊……可传谕杨应琚，令以己意晓谕番商，以该督前任广东总督时，兼管关务，深悉尔等情形。凡番船至广，即严饬行户善为料理，并无与尔等不便之处。此该商等所素知。今经调任闽浙，在粤在浙，均所管辖，原无分彼此。但此地向非洋船聚集之所，将来只许在广东收泊交易，不得再赴宁波。如或再来，必令原船返棹至广，不准入浙江海口，预令粤关传谕该商等知悉。②

正是在这些背景之下，广州很快就成为著名的国际贸易大港。

---

① 《清圣祖仁皇帝实录》，卷一一六。
② 《清高宗纯皇帝实录》，卷五五〇。

但是，何鳌在200多年前担忧的问题并没有得到解决。

在澳门的葡萄牙人，在马尼拉的西班牙人，以及在印度的英国人，是在广州最为活跃的外商。从1731年开始，丹麦、德国、美国、英属澳大利亚等地的商船也先后抵达。继1711年英国东印度公司在广州设立商馆之后，比利时东印度公司、荷兰东印度公司、瑞典东印度公司也分别于1717年、1729年、1732年在广州设立商馆。

根据美国历史学家钱德勒（Tertius Chandler）的研究，1800年，广州已成为世界第三大城市，人口80万，仅比伦敦少6.1万。[①]

最迟到19世纪初，欧洲人已在广州创办若干种期刊，例如《广州纪事》《广州行情周报》《英华年鉴》《澳门纪事》《中国商贸指南》《中国丛报》。

其中，《广州纪事》《广州行情周报》及《英华年鉴》的出版地点都设在丹麦洋行4号。前两份是周刊，年费分别是12美元和5美元；《英华年鉴》是年刊，每份售价50美分。《中国商贸指南》的出版周期与出版地点不详，丹麦洋行有售，每份1.5美元。《澳门纪事》则是半月刊，只有葡萄牙语版，年费10美元。《中国丛报》是月刊，出版地是美国洋行2号，年费3美元。

这些刊物主要面向往来广州的外国商人，主要报道与商贸密切相关的市场行情与政情民俗。上面的文章经常被欧洲国家的本土期刊及欧洲国家在海外殖民地创办的报纸杂志转载，前者如《利物浦水星报》，后者如英国海军军官、新南威尔士第三任总督菲利普·吉德利·金（Philip Gidley King）于1803年3月在澳大利亚创办的第一份报纸《悉尼公报》。

[①] Tertius Chandler: *Four Thousand Years of Urban Growth: An Historical Census.* St. David's University Press, 1987。第一大城市是北京，人口110万。

正是通过在广州创办的刊物——包括公开发行的刊物、东印度公司这样的跨国公司的内部刊物，以及通过欧美国家本土及其殖民地的刊物与广州刊物之间的信息共享，欧洲人和美国人逐渐加深了对中国的了解。

例如，1826年11月11日，《悉尼公报》转载的一篇原刊于《亚洲杂志》（*The Asiatic Journal*）的文章，即向英属澳大利亚的英语读者报告了中国的政商环境。这篇题为《在广州的外国人》的文章写道：

> 长期以来，侨居广州的外国人一直对往来澳门与广州之间遭遇的严重勒索心存不满。他们决定就这个问题向（两广）总督陈情。这件事本应该通过行商进行。但据他们掌握的情况，行商有意让这种勒索继续下去。于是，他们决定亲自向总督陈情。他们前往广州衙门。直到一位中国官员接受陈情书，并保证一定交与总督之后，他们才离开。然而，等了18天，仍然没有回音。①

再比如，1831年8月13日，《悉尼公报》转载的一篇最初刊登在《广州纪事》上的文章，让澳大利亚的商人们对猖獗于中国南部沿海的海盗有所警惕。文章写道：

> 尽管政府十分重视，中国海盗仍在为祸沿海。（1830年）12月21日，12个海盗被斩首，次日又有8个被斩首。像往常一样，绝大多数广州居民都不知道有20个海盗被处死的消息，

---

① *The Sydney Gazette and New South Wales Advertiser,* Nov. 11, 1826.

那些知情者也并没有因此而兴奋。①

《亚洲杂志》是英国东印度公司创办于伦敦的月刊。1816年1月出版的首期刊物，向英语读者推介了清代文学家李渔的短篇小说《三与楼》，译者是当时在东印度公司广州商馆担任文员、1844年成为第二任港督的德庇时（J. F. Davis）。

随着欧洲国家对中国渗透的深入，尤其是1842年中英《南京条约》签订之后，欧美国家新闻机构往中国派驻记者的做法变得越来越普遍，读者对创办于广州等通商口岸的外文刊物的依赖程度逐渐降低。

我们将在后文看到，因为大清朝野十分封闭，这些刊物对中国（尤其政务方面）的报道，总是准确与谬误并存。

当时的西方报刊一般会尽力寻求并报道真相，为读者提供准确的信息，因为它们的读者（主要是商人和政客）要依靠这些信息做出相应的决策安排。内容的真实可靠，是这些刊物得以生存的根本。当然，在特定环境下，一些刊物也会刊登主观性色彩颇浓的评论文章，以期影响决策。

另一个有趣的现象是，西方报刊对中国官办刊物的报道多持怀疑态度。不过，如果我们承认"欺上瞒下"是中国官场文化的特点之一，就不难理解为何彼时的官办刊物会有信任危机。

自马嘎尔尼勋爵出使北京之后，包括《欧洲杂志》《绅士杂志》《利物浦水星报》在内的英国媒体对中国局势的关注更加密切。但

---

① *The Sydney Gazette and New South Wales Advertiser*, Aug. 13, 1831.

是，两国相隔太过遥远，清朝又大体奉行闭关锁国政策，英国人（其他欧洲人也一样）在中国的活动范围只限于广东一带，很难接近中国的权力中心北京。因此，英国媒体很难直接并及时获得有关中国局势的消息。

例如，1813年10月发生的天理教教徒冲击紫禁城一事，两年后才见诸英国报刊。1815年9月8日，《利物浦水星报》刊登的一篇题为《中国的革命》的报道，写道：

> 1813年10月18日，中国的皇帝陛下正欲结束在热河的夏日远足返回北京，一群叛军冲入皇宫，并占据皇宫部分区域达三日之久。
>
> 这次叛乱普遍被认为是皇帝的某位兄弟发起的，皇帝本人应该也认识到这一点。但是，出于各种动机，部分是因为担忧，部分是为了继续维持其家族统治的需要，他认为谨慎的做法是，对他的这位兄弟采取克制的态度。最终，一个名叫林清的人被定为叛军首领。
>
> ……
>
> 这一整年（1813年），中国政府都忙于审判与处决罪犯。已经处死了几百人，其中有的被斩首，有的则在死前受尽漫长而无尊严的折磨——被利刃刺7刀或者24刀。这取决于罪行的大小。还有一两个人被凌迟处死。

显然，这篇报道向英国人传递了一个十分重要的信息：中国局势动荡不安，中央政权摇摇欲坠。我们可以试着想象一下，读到这条消息之后，一直希望在中国寻求突破的英国决策者们会萌生怎样的想法。

不过，这篇报道最具研究价值的地方，不在内容本身，而在其消息来源。它既非出自《利物浦水星报》，也非出自其他欧洲媒体，它甚至并非首先刊登在英国本土报刊上：最早发表这篇报道的，是英国东印度公司广州商馆的内部刊物。

东印度公司

成立于1600年的英国东印度公司，是英国争霸海洋的先锋。

1588年，英国击败西班牙无敌舰队，一改昔日海上懦夫的形象，有了觊觎海洋的自信。很快，一群伦敦商人向英国女王伊丽莎白一世请愿，希望去印度洋碰碰运气。得到许可后，1591年，3艘英国船绕过非洲大陆南端的好望角，驶向阿拉伯海。其中一艘抵达印度洋西部的科摩罗群岛，以及东部的马来半岛，并于1594年回国。

1596年，3艘英国商船再度出海，据说带着英国女王致中国皇帝（时值万历年间）的国书，遗憾的是，后来下落不明。中国方面亦无来自英国的朝贡记录。

1600年12月31日，67岁的英国女王将一份皇家专利特许状授予坎伯兰伯爵（3rd Earl of Cumberland）及两百多名骑士、议员和商人，准许他们成立"伦敦官商对东印度贸易联合公司"，并以15年为期，赐予这家公司垄断英国与南非好望角以东、南美麦哲伦海峡以西所有国家进行贸易的特权。1609年，詹姆斯一世将垄断期限扩至永久。1698年，威廉三世又将一份类似的特许状授予"英国对东印度贸易公司"。1709年，这两家公司合并为"东印度商贸联合公司"。

其后100多年，在与荷兰、西班牙等国的竞争中，英国东印度公司不断扩大并巩固其在南亚次大陆的优势。

印度莫卧儿帝国（1526—1857）对欧洲商人持友好态度。至1647年，英国东印度公司已在印度开设23家商馆，其中，孟加拉、孟买及马德拉斯等地商馆甚至筑有堡垒。1707年，莫卧儿帝国皇帝奥朗则布去世后，这个国家陷入长达150年的无政府状态。其影响是，英国东印度公司和法国东印度公司开始转变身份，由商业组织变为殖民先驱。

作为英法竞争史的一部分，从1756年开始，两国为争夺印度的控制权而开战。英国是最终的胜利者。1763年，法国拱手让出其在印度的主要据点。在之后接近200年的时间里，英国人是印度的统治者。

英国东印度公司的贸易品最初主要是棉线、丝绸、靛青、硝石和茶。如前所述，1711年，它在广州设立了一家商馆。这个名为"印度公司"（The India Company）的分支机构，主要从中国大陆进口茶叶、丝绸和瓷器。其中，茶叶是最重要的商品。根据东印度公司对华贸易档案，公司第一次购入茶叶的时间是1664年。至18世纪末，茶叶已占到总贸易额的60%以上。

事实上，早在1672年，东印度公司就在台湾和越南北部设立了商馆。1676年，即康熙开放海禁之前，东印度公司的商人们已经在厦门、广州和舟山一带活动。但真正的活跃期始于1762年。正是在这一年，东印度公司常驻广州的管理会成立，第一任主席是菲茨休（Thomas Fitzhugh）。

18世纪，英国对华贸易呈现巨额逆差。为扭转这一局面，东印度公司大力推动鸦片贸易。1773年，公司垄断了孟加拉的鸦片种植与买卖。由于清政府禁止鸦片贸易，于是只能通过代理商（例如怡和控股公司）将鸦片经马六甲偷偷运至中国，大概平均每年900吨。1825年，东印度公司从中国进口茶叶所需资金绝大部分都来自鸦片贸易。至1838年，鸦片走私量已经达到1400吨。

为了及时掌握市场行情，准确判断市场风险，正确分析贸易伙伴的动向，东印度公司建立了一个庞大的情报网络。此情报网络要实现的目的或曰使命，借用《亚洲杂志》创刊号（1816年1月刊）卷首语上的话说，是让绝大部分英国公众及时了解并熟悉"我们的贸易进展，我们无法避免的战争，以及我们的政治交易"。

事实上，《亚洲杂志》正是东印度公司及其利益相关者分享情报的主要载体。显然，与强调机密的狭义上的情报不同，这些情报是阳光下的信息，经由作者及编辑的提炼与分析，最终成为影响高层决策的重要依据。

例如，翻开《亚洲杂志》创刊号，读者可以看到，第一部分内容是印度与英国之间的通信。例如，在印度的英国商人或公司职员致信杂志编辑甚至英国下院议员，就某项新法在海外已经产生或可能产生的影响阐述自己的看法，以及牧师介绍基督教在印度的传播情况等；在写作者看来，他们提供的情报与意见符合印度与英国本土的利益。

接下来的内容类似于专栏或特稿。例如，一位写作者向读者介绍尼泊尔某个地区的地理、历史及人文情况；另一位写作者则见证了粤海（澳门）海关监督与公司高层之间的沟通障碍，他担心美国及欧洲敌国可能会想办法加强与中国的关系，从而挑战英国在亚洲的利益。这里补充一句，康熙二十四年（1685年），即开海禁的次年，清朝设立了江海（云台山）、浙海（宁波）、闽海（漳州）、粤海（澳门）四海关，隶属户部。其长官为海关监督，满汉各一人，专司征收海泊货税，检查与监督进出国境之物品、行李、货币金银及运输工具。

接下来是人物特写。然后是介绍亚洲的文学，例如前文提到过的李渔的短篇小说《三与楼》，或者亚洲的趣闻轶事。然后是书评。

接下来刊登的是东印度公司伦敦董事会就一些重要议题的辩论内容，公司在亚洲地区的动态，英国本土要闻，以及商情、广告等。

关于东印度公司的情报工作，后文将有补叙，此处不再展开。

值得一提的是，苏格兰经济学家《国富论》的作者亚当·斯密，以及《独立宣言》的起草人之一、美国第三任总统托马斯·杰斐逊，都做过英国东印度公司的撰稿人。1858年，公司被英国政府解散之后，其情报工作由英国外交部以及英国秘密情报局（SIS，又称英国陆军情报六局）接管。

情报网络

在同时代西方报刊上撰文报告中国国情的，除了商人——东印度公司即是其中代表，还有报刊记者、传教士、外交官、学者，以及在海外谋生的华商和苦力。

谈及古代中国最有名的欧洲商人，意大利人马可·波罗不可不提。尽管这个人物是否真实存在、他又是否真的在元代中国生活和工作过一段时间等问题，学界仍有争议，但是在很大程度上，正是基于"马可·波罗"对中国的描述，以及他带给欧洲的有关中国的资料，欧洲人开始系统地研究中国。

传教士是不容忽视的力量。早在5—6世纪，景教（基督教的一支）就通过叙利亚和波斯传到现在中国的新疆地区。635年，景教传教士阿罗本从波斯来到长安，深得唐太宗赏识。3年后，唐太宗命人在长安城义宁坊盖了一间教堂，支持他传教。

明清时期，来到中国的欧洲天主教传教士越来越多。

1540年，法国传教士圣方济各·沙勿略（St. Francis Xavier）作为罗马教皇保罗三世的信使前往亚洲。1542年，他抵达印度果阿，7年后抵达日本。但是，他进入中国大陆的尝试止步于广州。1552年，他在广东台山附近的上川岛去世。

明季中国最有名的欧洲人莫过于利玛窦。

1578年，26岁的利玛窦（Matteo Ricci）从里斯本出发，赴远东传教。在印度和交趾传教4年后，他来到了澳门。在澳门学会汉语之后，他一路北上，经肇庆、韶州、南昌、南京，最终抵达北京。1601年，明神宗恩准他长居北京。

除了传教，利玛窦最重要的工作是将西方经典（例如欧几里得的《几何原本》）翻译成中文，将中文经典（例如"四书"）翻译成西文。他还制作了《坤舆万国全图》——这是中国第一幅世界地图。利玛窦对中西方文化的交流起了十分重要的作用。当时的士大夫尊称他为"泰西儒士"。"泰西"意指遥远的西方。

清初最有名的欧洲人莫过于郎世宁（Giuseppe Castiglione）。与利玛窦一样，他也是意大利耶稣会的传教士。1715年，27岁的郎世宁来中国传教。因为擅长绘画，他很快就被召进宫，成为一名宫廷画家。他在康、雍、乾三朝皆被重用，并受乾隆之命主持圆明园的设计工作。《清史稿》有其小传如下："郎世宁，西洋人。康熙中入直，高宗尤赏异。凡名马、珍禽、琪花、异草，辄命图之，无不奕奕如生。设色奇丽，非秉贞等所及。"①

根据美国历史学家大卫·蒙格罗（David E. Mungello）的研究，自1552年至1800年，共有920名耶稣会传教士到中国传教。

这些努力践行"这天国的福音要传遍天下，对万民作见证"的传教士，带给中国的不仅是一种全新的信仰，还有欧洲的文化。而带回欧洲的则不仅有丰富的中国典籍，还有不少中国人，其中比较有名的是沈福宗和黄嘉略。

沈福宗是南京人。1681年，24岁的他追随比利时传教士柏应理（Philippe Couplet），从澳门出发前去欧洲，先后游历了荷兰、意大利、法国、英国等国。他在欧洲皈依了天主教。根据美国历史学家威廉·阿普尔顿（William W. Appleton）发表在《远东季刊》（The Far Eastern Quarterly）的一篇文章，在英国停留的两年时间里，沈福宗与英国东方学家托马斯·海德（Thomas Hyde）建立了深厚的友谊。他还受到英国国王詹姆斯二世的召见。通过带去欧洲的诸如四书五经等儒家典籍，以及他本人的言传身教，他促进了欧洲人对中国的了解。②沈福宗在欧洲游历了9年之久。1691年，在回国的旅程中，他不幸在非洲的莫桑比克附近病逝，年仅34岁。

黄嘉略去欧洲时间比沈福宗略迟。他是福建人，生于天主教家庭，幼习天主教神学及拉丁文。1702年，23岁的他跟随法国传教士梁弘仁前往罗马，向教皇汇报礼仪之争的情况。4年后，梁弘仁带着他回到法国。黄嘉略的成长极为迅速，以至于到了1713年，已

① 《清史稿》，卷五〇四。
② *The Far Eastern Quarterly*, Vol. 11, No. 2 , Feb., 1952, pp. 246–247.

经可以与孟德斯鸠坐而论道，谈论中国的宗教、法律、文学及习俗等；后者甚至撰有专文，题为"关于中国问题与黄先生的对话"。黄嘉略最大的成就是编纂了第一部《汉法字典》。

进入19世纪之后，来中国传教的新教传教士日益增多，其中不少人对西方人认识中国产生很大影响，比如来自苏格兰的马礼逊（Robert Morrison），来自英国的戴德生（James Hudson Taylor）、海班明（Benjamin Broomhall）与李提摩太（Timothy Richard），来自美国的裨治文（Elijah Coleman Bridgman）与林乐知（Young John Allen），以及来自德国的郭实腊（Karl Gutzlaff）等。当然，来自其他教派的传教士的影响也不容低估，例如美国圣公会传教士施约瑟（Samuel Isaac Joseph Schereschewsky）。

1842年中英《南京条约》签订之前，传教士们的活动范围仅限于香港、澳门及广州一带；之后，随着中国门户渐开，他们的足迹先是沿着海岸线由南至北推进，而后又由东至西，向内陆突破。但也有传教士（例如郭实腊）在《南京条约》签订之前无视政府禁令，冒险去了广州之外的内地其他地方。

1831年至1833年，郭实腊多次沿海岸线旅行，造访厦门、宁波、上海等地，并在后来将其旅行经历结集成册。《南京条约》确定五口通商后，这本册子对西方人发掘并掌握中国沿海的商机起了不小的作用。作为对清朝政府封锁内陆政策的回应，1844年，郭实腊还建立了一所培训本土传教士的学校，4年内培养了50名中国传教士。在中国很多历史著作中，他除了被视为传教士和汉学家，还被视为鸦片贩子和间谍。

郭实腊提供的有关中国的信息让西方人充分认识到，中国政府是"坚决的贸易保护主义者"，而且正是这种政策"导致了食品价格的高企以及大量的走私"。

除了效法先辈，通过将西方经典著作译成中文的同时将中国经典著作译成西文，以促进中西方文化交流，传教士还使用了两种新工具，即学校与报刊。例如，1818年，马礼逊在澳门创办了英华学院。1879年，施约瑟在上海创办圣约翰书院。1832年，马礼逊和裨治文共同创办了前文提到过的《中国丛报》。1868年，林乐知创办了《教会新报》，后来改名为《万国公报》。李提摩太则做过广学会的总干事，当过天津《中国时报》的主笔。

传教士们对晚清社会的记录，是西方汉学家研究中国的重要素材。当然，他们的记录通常也不乏谬误。例如，1852年9月23日的《伦敦早报》引述郭实腊提供的信息："道光——乾隆侧室之子——以损害帝国合法继承人的方式登上天朝宝座。"①

事实上，仅前半句话已有两处明显错误：其一，道光皇帝的母亲（孝淑睿皇后）喜塔腊氏，不仅是嫡皇后，而且是清朝唯一生下皇帝的嫡皇后；其二，道光皇帝的父亲并非乾隆，而是嘉庆。

《伦敦早报》的这篇文章评论道，道光皇帝登上皇位的方式，与西西里国王曼弗雷德相似。

曼弗雷德是神圣罗马帝国皇帝腓特烈二世的亲生儿子，但他的母亲兰西亚并非腓特烈二世的合法妻子。神圣罗马帝国是中世纪欧洲的封建帝国，一度与罗马教会合作无间，极盛时期的疆域包括近代的德意志、奥地利、意大利北部和中部、捷克斯洛伐克、法国东部、荷兰及瑞士。11世纪至13世纪，因在争夺主教任命权一事上与罗马教皇发生激烈斗争，帝国陷入内忧外患。在帮助神圣罗马帝

---

① *The Morning Chronicle*, Sept. 23, 1852.

国对抗罗马教皇的过程中，曼弗雷德于1254年当上了西西里的摄政王。4年之后，利用年仅6岁的西西里国王康拉德去世的谣言，曼弗雷德直接加冕为西西里国王。

事实上，道光皇帝登上宝座的过程与曼弗雷德完全不同。根据《清史稿》的记载，嘉庆四年四月初十（1799年5月14日），嘉庆帝"遵建储家法"，将次子旻宁（即道光帝）立为太子，并将建储诏书"缄藏镭匣"。再者，道光皇帝并非嘉庆的长子，而是次子，不过，因为侧室所生的兄长早夭，道光实际上不仅是长子，而且是嫡长子。既然他原本就是帝国的合法继承人，"以损害帝国合法继承人的方式登上天朝宝座"的说法根本无从谈起。

至于在中国的西方外交官，则主要通过出版日记、书信和著作，或者通过接受媒体采访，甚至直接为媒体撰稿，将他们对中国的理解告诉西方人。他们对自己外交经历的记录以及他们对时局的判断，无论正确与否，都有助于我们理解那个时代，以及那时的中国。

前面提到的马嘎尔尼无疑是西方外交官中最重量级的人物之一。在他之后，另一位英国外交官阿默斯特勋爵（Lord Amherst）于1816年访问中国，并再次经历宫廷礼仪之争。

1818年4月25日，《悉尼公报》刊登了一篇题为《阿默斯特勋爵中国行记》的文章。根据文章的记录，1816年2月9日，阿默斯特勋爵及其扈从乘坐"阿尔切斯特"号轮船离开朴次茅斯港，前往中国。作为特命大使，他的使命与马嘎尔尼相同，即帮助英国与中国建立一种更令人满意的商贸关系。

他们一路经过马德拉岛、里约热内卢、好望角、雅加达等地，

7月初终于触及中国的海岸线。而后，他们沿海北上，8月9日抵达渤海湾。在清朝官员的引导下，阿默斯特一行前往北京。文章写道：

> 清朝官员一路上用尽了一切办法，想让勋爵遵守满人的叩头礼仪，但遭到勋爵的抵制。他的理由与马嘎尔尼勋爵相同。勋爵表现出的尊重，在各个方面都与其君主的尊严以及国家的荣誉相符……1795年，荷兰人遵从了叩头礼仪。出于明显的理由，中国人十分渴望英国大使也遵从这个礼仪。为了让阿默斯特勋爵就范，威胁、谄媚、谎话连篇，清朝官员把各种招数都用了，但都是徒劳。①

阿默斯特的这次出使再次以失败告终。

除了出使中国或者常驻中国的西方外交官，中国的政府官员，中国派驻欧美国家的外交官，以及与中国有交往的其他国家（例如朝鲜和日本）的官员，都是西方媒体了解中国的重要渠道。后文将会提到美国记者在甲午战争之后对日本驻美公使栗野慎一郎（1894—1896年在任）的采访。

晚清官员中，与西方媒体打交道比较多的是恭亲王奕䜣和李鸿章。这与他们二人的职务有关：奕䜣曾主管总理衙门——相当于清朝的外交部；李鸿章则是洋务运动的主要倡导者之一，还当过北洋通商大臣。我们可以从西方媒体对他们的报道中看到晚清时期的改

① *The Sydney Gazette and New South Wales Advertiser*, April 25, 1818.

革努力、政治现实，以及王朝末日的无奈。

中国的学者或革命家，以及研究中国的其他国家的学者，也是西方媒体了解中国的渠道。前者如康有为、梁启超与孙中山等，后者如美国著名汉学家、耶鲁大学第一位汉学教授卫三畏（Samuel Wells Williams），以及东京大学教授克拉克（Edward Warren Clark）等。

在美国唐人街谋生的中国商人和苦力，也是西方媒体观察中国的渠道。从他们的反应中，我们能深切体会到政治与民生之间的关系。

关于西方的情报体系，后文将有进一步补充。

第二章 事出粤海

"海王星"（Neptune），是英国东印度公司一艘商船的名字。1807年2月24日，在广州，这艘商船上的水手与中国人起了冲突，结果一个中国人死于某个英国水手的棍棒之下，由此引发一场外交危机。

在中国的历史教科书上，这起事件鲜被提及，但因为事件的特殊性，它可能成为我们探视晚清史的一扇窗口。

海王星事件

最早披露这起事件的，是一个居住在广州的美国人。1807年的3月4日、3月6日、4月18日以及8月20日，他连续写了4封书信记载这起事件的进展。后来，这些书信中的大部分内容被刊登在美国一家报纸上。再后来，美国报纸上的相关内容，以及通过别的渠道披露出来的内容，又被刊登在欧洲国家及其殖民地创办的报刊上。因为信息渠道并不统一，又不断被转载，再加上编辑过程中或多或少存在的主观因素，久而久之，西方媒体及其他出版物对这起事件细节的记载出现了差别。

本书援引的书信内容，刊登在1808年5月15日的《悉尼公报》第2版，以及1899年2月5日的《纽约时报》第17版。

1807年3月4日的书信写道："英国东印度公司卷入了大麻烦。这家公司设在广州的商馆前发生了一场不幸的争执，他们的'海王星'号轮船上的某个船员杀死了一个中国人。"

3月6日的书信写道："我们每时每刻都在担心英国人与中国人的冲突加剧，因为一个中国人意外地死于某个英国水手的棒击之下。"

这两封信都没有说明英国人与中国人发生争执的原因。如果说那个中国人是否死于意外属于法律问题，那么，导致争执的原因则无疑属于历史问题。对于这个问题，美国历史学家罗伯特·贝尔根（Robert Van Bergen）在1902年出版的《中国的故事》一书中略有提及。书载，导致这起不幸事件的直接原因，是"（英国东印度公司的）水手在广州遭到一伙中国人戏弄，随后发生了一场混战"。[①]

1926年英国牛津大学出版的《东印度公司对华贸易编年史：1635—1834》一书的记录则有所不同：

> 发生争执的前一天，"伊利侯爵"号（*Marquis of Ely*）的几个水手被诱骗到中国人的船上，他们的随身财物被抢去，并被剥光了抛至河中或岸上，可能是被酒灌醉的。乘务员费了一番功夫才将河中的几个水手救起。但有一个水手失踪了，再也没见着。次日，各船出来度假的人都处于愤怒的情绪之中。那些从"海王

---

① Robert Van Bergen: *The Story of China*. American Book Company, 1902, p. 173.

星"号来的人与当地乡民打了起来……①

无论导致争执的直接原因是英国水手遭到中国人的戏弄，还是中国人对英国水手进行抢劫并加以羞辱，只要西方人的记录与事实相去不远，那么，至少还有两个问题值得追问——

英国水手与中国人之间为什么会存在仇恨？这种仇恨是在怎样的环境下被激化，从而导致这场争执的发生？

前文已经交代过，1757年之后，广州是当时中国唯一可与外国人通商的口岸。因为具有垄断对外贸易的地位，广州的发展蒸蒸日上。与此同时，欧美各国的商人、游客也纷至沓来，使它成为一座国际性都市。

根据美国耶鲁大学历史学家彼得·珀杜（Peter C. Perdue）的研究，18世纪60年代，抵达广州的外国商船平均每年只有20艘左右，到了19世纪40年代已经增长到300艘，每艘船载100人到150人不等。换句话说，1760年至1840年，每年抵达广州的外国人，已从两三千人增加到三四万人。②

仅从人口数量上看，外国人只占广州人口（1800年已达80万）极少部分，但因为语言、文化、性情、习俗等方面的差异太大，外国人极易与广州当地人或来自其他地区的中国人发生矛盾。

在《中国的故事》一书中，罗伯特·贝尔根对英国人与中国人的关系有过一番描述：

---

① H. B. Morse: *The Chronicles of the East India Company Trading to China, 1635–1834*, Vol. 3, Routledge, 2000, p. 40.

② Peter C. Perdue : *Rise & Fall of the Canton Trade System-III, Canton & Hong Kong*.

尽管英国人在广州与中国人做生意，但他们彼此之间并不存在友爱或者友谊。中国商人不了解英国人做生意的方式，英国人也不想了解中国人的方式。英国东印度公司只关心挣钱，而且并非总是公平交易……中国人对待外国人则依据这样的信条："这些洋夷就像野兽，不能用统治文明的中国人的法则去统治他们。要是用伟大的理性原则去统治他们，除了导致混乱，将别无效果。古代的帝王很清楚这一点，因而用暴政去统治夷人，因此，用暴政统治洋夷是正确的、最好的方式。"①

另一个不容忽视的因素是水手的心理状况。在那个时代，远洋贸易船只一般要在海上航行数月之久。例如，英国特使阿默斯特勋爵乘船从英国的朴次茅斯港到中国的渤海湾用了整整半年的时间。在海上漂流的几个月中，水手们的活动范围十分狭小，而且不得不没日没夜地工作，还必须忍受难以下咽的食物，例如压缩饼干、盐腌的牛肉和猪肉。因此，一旦抵达目的地，水手们长期压抑的情绪往往会集中爆发，他们常常会彼此之间或者与当地人发生争吵，难以控制。

在这样的背景之下，英国水手与中国人之间发生争执，乃至于发生人员伤亡事件，实属必然。对于这种必然性事件，要是有公平、公正且具有公信力的国际公法可依，双方均依法行事，则可以顺利化解矛盾，恢复秩序；但现实是，双方司法原则相去甚远。于是，这种事件变得十分棘手。

---

① Robert Van Bergen: *The Story of China*. American Book Company, 1902, pp. 171–172.

根据3月4日的书信，英国水手杀人事件发生后，广州当局要求英国人交出一个船员偿命，但遭到断然拒绝，于是，当局禁止"海王星"号卸货交易，并将这艘船的担保商、广利行的茂官（或为卢观恒），以及商船的翻译逮捕入狱。

在大名鼎鼎的"广州十三行"中，广利行排名第二。广州十三行，指的是清政府特许经营对外贸易的十三家洋货行，它们可以出卖茶和丝，其他商行则只准出售扇子、象牙器具、刺绣和一些小商品。外贸之所以要特许经营，是为了防止中外商民自由交往。

作为政府对外贸易的代理人，十三行在享受外贸特权的同时，也担负着特别的责任，为与之有贸易往来的外商提供担保即其中一项。如果外商有不法行为，担保的商行也要承担连带责任。

1926年出版的《东印度公司对华贸易编年史：1635—1834》一书记载了前述美国人书信中没有提到的细节：

> 2月27日早上，"海王星"号船长布坎南（Captain Buchanan）前来访问（东印度公司高管）剌佛主席（John William Roberts），并通知了一个不愉快的消息，即一名和"海王星"号及其他商船的水手船员斗殴负伤的中国人已于24日至25日之间死去……茂官似乎非常惊讶，他担心这件事会发展到用钱也难以摆平的程度，即便政府官员的贪贿众所周知，也难存一丝希望。

根据耶鲁大学历史学家彼得·珀杜的研究，事件发生后，广州当局立即派人调查与"海王星"号有关的一切人和事。作为担保人的茂官负责居中协调，但他处于两头受气的尴尬境地：中国当局要求惩处杀了人的英国水手，英国人则要求当局详细证明到底是谁杀死了那个中国人；英国人找不到自承犯罪的水手，中国官员则威胁茂官，如果不交出凶手，将对他罚以重金并将他拘禁起来。

茂官确实很快就身陷囹圄。《东印度公司对华贸易编年史：1635—1834》写道："3月2日晚上，茂官的账房先生找到刺佛，告知其主人被拘押的事情，并称，要是欧洲人不去受审，就会一直拘押茂官。"

3月6日的书信写道：

> （粤海）海关监督昨日下令停止与他们的贸易，下一步将是竭力断绝其供给，并抓捕商馆的一些人。这种情况必定会导致极其严重的后果。我知道，要是英国人能够找到那个杀人者，将不会反对将他交出去。但中国人不能因为英国人拒绝让无辜者遭难而指责他们。只有上帝知道这件事将如何收场。中国人多给了他们三天时间用来做决定。要是他们拒绝中国人的提议，中国人将想尽一切办法迫使他们照做。

接下来的很长一段时间里，广东当局与东印度公司一直处于僵持状态。前者不停地施压、威胁，后者则天天开会讨论应对之策。在这期间，茂官派人去泊于珠江的英国商船上悬赏，只要有人提供足以确证真凶的线索，就奖励他两万元。可惜的是，"这个伟大的尝试对英国海员没有产生一点影响"。

英国人最终还是同意了广东当局的审讯要求。

根据4月18日书信的记载，3月25日前后，在"狮子"号战舰（马嘎尔尼访华时所乘战舰）水兵们的保护下，"海王星"号的52名水手抵达广州商馆。广州的官员本想将这些水手带进城里审讯，但遭到英国人的坚决反对。在后者的坚持下，审讯在商馆进行。

接下来的进展并不顺利。按察使要求东印度公司的首脑、"狮子"号船长及东印度公司各商船船长在审判过程中站着接受庭审。英国人不同意，并出言威胁。但按察使的态度同样强硬。于是，事态又严重起来。最终，中方选择了妥协。

1807年4月6日，中国历史上第一次有外国人参与的司法审判正式开始。①根据《东印度公司对华贸易编年史：1635—1834》的记载，中国的主审官员一共有4位：现任广州知府、前任广州知府、澳门海防军民同知以及番禺知县。粤海关的"河伯"（Hoppo）也在堂上。东印度公司高管剌佛和威廉·布拉姆斯顿（William Bramston）、"狮子"号船长罗伯特·罗尔斯（Robert Rolles）、广利行的茂官、十三行的商总潘启官，以及怡和行的伍浩官等人都列席旁听。

中国官员在审判过程中的表现让在场的英国人极为蔑视。

经过第一轮审理，52名水手中，11名嫌疑最大者被挑选出来。然后，主审官们宣布改日再审，以寻找进一步的证据。

4月18日的书信写道：

> 重审时，主审官们不遗余力地劝他们认罪，并且暗示，认罪者不会受到惩处。但这种做法没有用。于是，主审官们又暗示，如果"海王星"号的官员们愿意作证，表示看见在一片混乱而匆忙的环境中，一个中国人不小心让自己的脑袋撞到某个

---

① Peter C. Perdue: *Rise & Fall of the Canton Trade System-III, Canton & Hong Kong.* 关于第一次审判的时间，有的西文史料认为是4月9日。

水手肩上的竹棍上，那么，这件事情可能就交代过去了。但这个荒谬而可耻的权宜之计理所当然地遭到了蔑视。主审官们的下一个提议是，英国人应该劝说水手中的某个人，死者可能想偷他口袋里的东西，碰巧撞上了他身后的竹棍，不幸被刺死了。

这些提议都被英国人拒绝。于是，主审官们不得不继续审讯。审到最后，除了嫌疑最大的两名水手，西泽（Julius Caesar）和希恩（Edward Sheen），其他人都被释放。

最终，希恩被认定是罪魁祸首，因为在械斗这一天，西泽虽然手上有一根细藤条，但他似乎并没有在工厂外面，希恩却在工厂外面，他手上有一根中式烟斗，烟管是竹子做的，因而被主审官认定为凶器，于是，他被定为罪犯。

接下来是关于如何处置希恩的谈判。根据4月18日的书信，谈判过程十分漫长。最后，主审官决定将案情呈报北京定夺。在圣旨到来之前，希恩交由英国东印度公司广州商馆的大班看管。

根据8月20日的书信，广州当局如此向刑部汇报案情：

> 正月十八日那天，英国人希恩在仓库楼上停留，那里的窗户安了木质百叶窗，可以俯瞰街景。他在用一根木棍挑起百叶窗的时候，木棍不慎脱手往下落，砸中正在窗下经过的中国人廖腾（音译）的左太阳穴。第二天早上，该人因伤势过重而死。我们一再要求英国商馆的负责人交出希恩，以便将他绳之以法，但得到的回复是，罪犯患上了疟疾和高烧，正在接受治疗。希恩痊愈之后，与死者家属见了面。经过再三审讯，他对上述事实供认不

讳。因此，他被判过失杀人之罪，可支付罚金，以抵绞首之刑。

根据这封书信以及《东印度公司对华贸易编年史：1635—1834》的记录，刑部审阅报告后认为，木棍砸中死者之前，犯人既没有看见，也没有听见窗户下有人走动，因此，同意支付罚金以抵消绞首之刑，判处犯人支付罚金白银12两（约4英镑），支付死者丧葬费，然后将其赶回英国，让他在自己的国家接受管制。

8月20日的信件的结尾处写道："为了让对这起可笑的案件有兴趣的各方保持沉默，行商支付的贿金似乎不少于5万英镑。"

至此，"'海王星'号事件"在司法意义上正式结束，但它的影响则刚刚开始。通过西方媒体和相关书籍的报道，中国官员们贪婪、无视法律、漠视生命的形象，在西方人的心目中进一步加深。

在此之前，西方人已经对中国的司法制度及中国官员的人格有所怀疑。

1806年11月29日，即"'海王星'号事件"发生前3个月，东印度公司商船"阿尼克炮台"号抵达广州那天，水手戴法道（Anthony Defado）刺伤了水手伯恩斯（Edward Burns）。第二天，伯恩斯去世。戴法道被船长关了禁闭。对于这起事件的处理建议，东印度公司广州商馆高层提出意见如下：

> 在其他国家，凡在当地犯法者，该地法律不会对罪犯完全置之不理，但幸运的是，中国人对当前事件并无表示干预的倾向。我们的意见是，向中国政府上诉或者请求他们干预，将是极其不智与不适当的。因为这样做可能会创立一个极其危险的

先例，即承认中国人拥有将其法律施加于外国人身上的权力，而中国的执法机构极其专横与腐败，它是建立在这样一种制度之上的，在很多方面都与欧洲的平等或公正的观念相矛盾。

最终，戴法道被送回英国受审，"因为此案没有牵连到中国人的性命或中国人的其他利益，故当局不予干预"[①]。

毫无疑问，对很多西方人来说，中国官员在"'海王星'号事件"上的表现，除了进一步印证中国的司法制度和现实"在很多方面都与欧洲的平等或公正的观念相矛盾"的判断，还如美国历史学家罗伯特·贝尔根所言，证明了"中国人的想象力有时候太生动，丝毫不关心真相"。

在一篇研究清朝贸易制度的文章中，耶鲁大学历史学家彼得·珀杜将这个案例称为"著名的审判"。在他看来，这起案件是中国历史上第一起具有国际影响力的案件。在其审判过程中，西方人与中国人是平等的，同时，虽然英国人有着与中国不同的司法制度，但他们不得不接受清朝的正式权威，不得不服从清朝官员的审判。

14年之后，即1821年，广州又发生一起类似事件。据1822年7月的《亚洲杂志》报道，1821年10月某日，美国商船"艾米莉"号正与一艘靠在舷侧的中国本地商船交易。突然，美国商船上的意大利水手特拉诺瓦（Terranova）不慎撞飞甲板上的大水壶，大水壶直接砸中一名贩卖水果的中国女性，致后者落水溺亡。广州当局以终止与美国人的贸易往来为威胁，逮捕了特拉诺瓦。10月27日，广州当局闭门审理了此案，"次日，特拉诺瓦被带到通常处决死囚

---

① H. B. Morse: *The Chronicles of the East India Company Trading to China, 1635–1834,* Vol. 3, Routledge, 2000, p. 40.

的地方，被处以绞刑"。

《亚洲杂志》评论："审判之后立即执行死刑的做法公然违背了一项法律，即未经皇帝批准，不得处死犯人……这起事件展现了广东政府的丑态。刚开始时，官阶较低的官员前来索要钱财，以此作为平息这件事的条件，接下来是番禺县的丑行……中国人的胆怯性格使官员们有理由以权谋私并且不择手段地去达成自己的目标。他们的做法往往能够成功。因此，就特拉诺瓦案件而言，期盼有一个公正的结果是难上加难。"

在这些司法纠纷之后，以英国人为首的西方人充分认识到在中国拥有司法审判权的必要性。在第一次鸦片战争获胜之后，他们将"领事裁判权"列入1843年7月生效的中英《五口通商章程》。

肆虐的海盗

无论是在西方媒体的报道中，还是在美国人的书信中，在提及"'海王星'号事件"时，一般用the mandarin、the government 或 the authorities 等词泛指清朝官员、地方政府或当局，偶尔用the Viceroy of Canton 特指两广总督。

两广总督一职设于明代景泰三年（1452年）。《明史》有载："景泰三年……浔、梧瑶乱，总兵董兴、武毅推委不任事，于谦请以翁信、陈旺易之，而特遣一大臣督军务，乃以命（王）翱。两广有总督自翱始。"但这一建制直至成化元年（1465年）始成定制。值得一提的是，在明代，两广总督是中央派出的钦差大臣，并无总揽地方军政要务的权力；至清代，则变为封疆大吏，全称"总督两广等处地方提督军务、粮饷兼巡抚事"。

　　"'海王星'号事件"发生时，两广总督是吴熊光。他当时面临的困难，使他根本不可能对英国人采取强硬态度。

　　吴熊光是江苏昭文人，乾隆朝曾任内阁中书、军机章京、刑部郎中及御史等职。1801年，嘉庆皇帝擢升其为湖广总督，4年后调任两广总督。"'海王星'号事件"发生时，是他在两广总督任上的第3年。当时，他正疲于应付祸害广东沿海的海盗。

　　乾隆末、嘉庆初，为祸福建、广东沿海一带的海盗势力，以蔡牵、郑一、乌石二等人为首。

　　用嘉庆皇帝自己的话讲，"海洋盗匪劫掠商船，并不始于近日。总由捕务懈弛，遂致匪船日多"。捕务懈弛的表现是"文武往往互诿卸，未能各尽其责"。[①]文官们认为，官府船只的数量与质量都够用，可水师出洋之后，经常以守候风信为借口，在港湾处躲避，实际上是心存畏惧，故退缩不前；武官们则辩称，他们整日在海上冲杀冒险，但岸上的接济却跟不上，以致无法成功剿捕。

　　最早关注中国沿海海盗的西方人，是在澳门居住或做生意的葡萄牙人。较早报道中国海盗的西方媒体，则可能是英国的军事刊物《联合军事杂志》(*The United Service Journal, and Naval and Military Magazine*)。1830年4月，这份杂志刊载了一篇东印度公司商船"伊利侯爵"号船长格拉斯普尔(Captain Glasspoole)的自述文章。这位船长曾与一伙在闽粤沿海一带活动的海盗遭遇，不幸被俘，直至东印度公司及广东行商交了一笔赎金之后才重获自由。

　　根据格拉斯普尔的讲述，1810年前后，这伙海盗已经有约600艘吨位在80至300之间的船只，不过，最大的海盗船配备的火炮也

――――――――――

① 《清仁宗睿皇帝实录》，卷一七四。

很少超过12门。海盗船上的火炮一般能发射6到18枚炮弹。这些炮弹主要夺自清朝水师，少部分购自欧洲船只。最大的海盗船能载100至200人左右。每艘海盗船都配有一艘战艇，用于劫掠海岸村镇。他们的武器主要是约14至18英尺长的长矛，枪身竹制或木制，配铁制矛尖。也有人用长2英尺左右的短剑。他们使用的火枪比较低级，没有后膛枪。

除了格拉斯普尔，一个名叫特纳的英国船员也曾被海盗俘虏。根据他的讲述，海盗的财源有两条，一是劫掠沿海村镇，一是绑架并勒索富人。"他们对待俘虏很粗暴。与此同时，他们自己也处于悲惨的半饥饿状态。"①

1807年3月初，闽浙总督阿林保上奏，因沿海补给线被切断，海盗头目蔡牵已率匪船窜逃至广东沿海，正催促福建舟师过境，与两广舟师一同剿匪。嘉庆帝听到这个消息后，十分忧虑，担心这伙福建海盗会与广东沿海巨憝郑一、乌石二等人声息暗通、同恶相济，"设蔡逆匪船入粤后，该逆等容留合伙，岂不又增其羽翼？"

3月13日，他在给军机大臣的上谕中提及，阿林保已经咨令闽浙水师总统李长庚赶到广东沿海，踪踪追剿海盗，但广东沿海地形复杂，恐其未能谙习，而且福建同安所造梭船（清朝水师主力战船），在广东海域用起来也未必顺手，故敦促军机大臣交代吴熊光：

> 或于粤省多备米艇，俟李长庚带兵到粤时，令其酌量换驾，俾资缉捕，尤为得力……此事责成吴熊光督饬钱梦虎、孙

---

① *The United Service Journal, and Naval and Military Magazine*, April, 1830.

全谋统领舟师，探踪迎击，与李长庚收两面夹攻之效，断不可令其与粤省盗匪合夥。此为最要，将此谕令知之。[①]

那么，广东水师实力如何？

我们可从嘉庆帝怒斥吴熊光的一道密谕中窥其一斑，时值1807年5月18日：

> 朕闻粤省水师全不得力，兵骄将玩，于缉捕毫不认真，实堪痛恨。即如造船一节，向系州县领帑建造，而船之可用与否，则全自营员操纵之。偶遇风涛，即报损坏，归咎于文员造船不坚，以掩饰其缉捕不力。

同日下发给军机大臣的上谕写道：

> 粤省水师积习疲玩，此时欲筹办战船，先须激励将士，使之人人勇往争先，不避艰险，方可驾船追捕。否则即有坚固船只，出洋后停泊躲避，仍于缉捕奚益？[②]

在此之前，吴熊光曾向嘉庆帝抱怨称，钱梦虎的才干远远不如李长庚，恳请皇帝命后者留在广东效力。嘉庆斥责吴熊光，李长庚本是闽浙水师总统，广东也有自己的水师，怎么就没有一个人能胜任呢？要是李长庚没去广东，广东难道就不剿捕海盗了吗？在嘉庆看来，吴熊光是在推卸自己的责任。

---

① 《清仁宗睿皇帝实录》，卷一七四。
② 《清仁宗睿皇帝实录》，卷一七七。

吴熊光、钱梦虎的表现终究没能让嘉庆满意。1807年6月28日
下发内阁的一道上谕写道：

> 钱梦虎等前次并未与李长庚跟帮剿捕，及蔡逆乘风东窜，
> 钱梦虎等总未探明踪迹，示以兵威，以致该逆折窜闽浙，来往
> 自如，其缉捕不力之咎，实无可辞……钱梦虎着交部议处。该
> 省水师，自总兵以下，都司以上，凡在事出洋巡缉者，着吴熊
> 光查取职名奏明交部议处，以示惩儆。至吴熊光，身任总督，
> 水师虽所统辖，但亦只能于沿海口岸督饬调度，并无亲莅洋面
> 督率剿捕之责，其咎尚有可原。吴熊光着加恩免议。[①]

英国历史学家包罗杰（Demetrius C. Boulger）对嘉庆十分同
情。他在1900年出版的《中国史》（*China*）一书中写道，清朝政
府官员的低效与冷漠，正是海盗势力得以壮大的原因，"无论他们
是参与了分赃，还是真的害怕这些掠夺者，事实十分清楚，他们没
有做一点抵抗的尝试，皇帝的权威完全被无视"。

清朝政府剿捕海盗的进展，一直受到欧洲人（主要是葡萄牙
人和英国人）的关注。1816年2月，英国东印度公司旗下《亚洲
杂志》刊载了一封书信，作者是三个葡萄牙人：迈克尔·阿里亚
加（Michael de Arriaga）、布鲁姆·西尔维娅（Brum de Silviera）、
约翰·巴罗斯（John J. de Barros）。写信的日期是1809年11月某
日。最为重要的信息是，这封信是写给新任两广总督张百龄的下属

---

① 《清仁宗睿皇帝实录》，卷一八〇。

Ciang Kinin。

我们可以从这封信中感受到海盗对居住在澳门的葡萄牙人造成的影响：

> 葡萄牙人在这里住了两百多年，没有受到任何干扰，直到最近，海盗变得肆虐并且残忍。他们的行踪飘忽不定，袭击中国大陆的商船，对贸易极为不利，人们的财产损失惨重。而且我们的商船的进出也十分困难，往来澳门的商船数量减少了。因此，日常用品越来越难买到。这些事情真令人痛心。[①]

显而易见，剿捕海盗对葡萄牙人而言也是一件好事。他们对清朝政府寄予厚望。这几位葡萄牙人写道："我们预期你们所拥有的巨大实力可以驱逐海盗、安定人民……海靖河清，使我们可以在理性之光下行走。"

对清朝水师"巨大实力"的赞誉，只是西方式的吹捧。事实上，他们当时已经认识到，仅凭清朝水师的实力与作战态度，恐怕一时很难肃清海盗，因而在信中提出了合作建议：

> 我们愿意装备6艘船与天朝的皇家战舰并肩作战。葡萄牙士兵勇敢善战，武器供应充足。为了装备这些船只，将需要最多不超过3万两银子。因此，我们希望总督能借给我们3万两银子，我们将在5年内偿还。
>
> ……

---

① *The Asiatic Journal*, for February 1816.

过去几年，澳门的葡萄牙人已经装备2艘战舰以保护澳门及公共财产。上个月，这2艘战舰击败了一支海盗舰队，拯救了多艘商船。虎门的官员们也知道这件事，他们亲眼见证了葡萄牙人的服务。不过，也有很多针对葡萄牙人的毁谤。有人说，葡萄牙人只有船，却没有人力物力去装备这些船，这些船也无法参加实战。那些丑化并诽谤葡萄牙人的人，只是为了得到一个损人利己的机会。

刊登这封葡萄牙人书信的同一个版面，还刊登了张百龄下属Ciang Kinin的回信。回信写道："我们派出的兵力已足以永久消灭海盗。局面将很快恢复平静，秩序将重建，你们提到的外国人的帮助绝无必要。不过，鉴于他们只是想得到与我们并肩剿灭海盗的机会，信中提到的外国船可以与我们的战舰合作，但这是仅就目前而言。我们将根据他们的贡献给予充分的回报。"

正史对清朝与葡萄牙之间合作打击海盗的记录并不详细。有一种说法是，双方确有合作协定，葡萄牙曾派出6艘战舰一起剿捕海盗，清政府给予的回报是8万两白银，以及对其占领澳门的认可。根据《清实录》的记载，1810年年中之时，福建、广东沿海一带的海盗基本被肃清。

在提到广州当局对"'海王星'号事件"的态度时，《东印度公司对华贸易编年史：1635—1834》一书写道："很难解释中国当局态度异乎寻常的变化。"[1]上述背景或许是一个解释。

显然，鉴于广东当时文武不和、水师疲玩、海盗横行、陈案累

---

① H. B. Morse: *The Chronicles of the East India Company Trading to China, 1635–1834*, Vol. 3. p. 47.

牍的局面，吴熊光既没有办法，也没有能力通过对西方人采取强硬态度为自己的政绩加分，他只能遵循明哲保身的为官哲学，大事化小，小事化了。

不过，"'海王星'号事件"过去一年之后，吴熊光再次遇到了来自英国人的挑战。

澳门危机

1836年，伦敦出版的一本文集写道，1808年初，法国人在东亚的扩张引起英国人的注意，在印度的英国人担心法国将取代西班牙成为马尼拉的统治者，最终威胁英国人在广州以及葡萄牙人在澳门的利益。在此之前，英国驻印度果阿总督明托勋爵（Lord Minto）与葡萄牙驻澳门总督法利亚（Bernardo Aleixo de Lemos Faria）达成一项协定，要保护葡萄牙人在澳门的利益。于是，明托勋爵派了一支远征军去澳门。

1808年9月11日，在海军少将度路利（Admiral Drury）的率领下，这支由一艘第一线作战军舰、一艘护卫舰、一艘单桅船组成的远征军进入澳门水域。"但是，在温情脉脉的虚假友情的面纱下，葡萄牙人似乎在暗中做了很多手脚，他们把英国人的意图误传给了中国的统治者。"[1]

葡萄牙历史学家卡洛斯在1902年出版的《历史上的澳门》一书中写道，度路利少将在登陆前，派了东印度公司高管剌佛去通知法利亚，表示希望得到友善的安排，以免引起中国政府的敌对情

---

[1]　Sir John Francis Davis, *The Chinese: A general description of the empire of china and its inhabitants*, Vol. 1, p. 88.

绪。法利亚的回复是，希望"英国人不会剥夺葡萄牙人捍卫澳门的自由，也不会强迫他做失职的事情"。他表示不会允许英国军队进入澳门港，因为这违反了葡萄牙与中国的约定。

度路利给法利亚回了一封信。他说，他唯一的目的就是保护澳门。他还颇有深意地告诉后者，葡萄牙王室已经在英国军队的护送下去巴西避难了。他表示毫不怀疑法利亚的忠诚，并希望能与其见面。

法利亚在给度路利的回信中说，他暂时不会将度路利的意图告诉中国政府，因为"对心胸狭窄、天性多疑的中国人来说，他（度路利）的意图不会被重视"，但他同时表示，澳门在中国的保护之下，考虑到澳门与中国之间的复杂关系，应该由葡萄牙摄政王决定是否允许英国军队入港。①

双方做了多次沟通，但都没有效果。最后，法利亚表示，除了请中国人帮忙对付在数量上占优势的英军，他别无选择。度路利则表示，他要亲自与两广总督吴熊光接触。接触的结果是，吴熊光命英国人赶紧离开。由于印度总督明托并无禁止与中国交战的指示，9月21日，度路利带领英国军队登陆澳门。

英国人确实对澳门有想法。事实上，早在17世纪30年代，英国人与葡萄牙人就曾因澳门问题闹过不愉快。

1636年，英国东印度公司的船长约翰·威德尔（John Weddell）率一支由6艘船组成的船队前往澳门。国王查理一世同意他与中国贸易，如果可能，还希望他找到一条连通加利福尼亚的新航线。威

---

① Carlos Augusto Montalto Jesus: *Historic Macao*. Original Publisher: Kelly, 1902.

德尔原本以为在澳门的葡萄牙人会给他提供帮助，因为在1635年，英国与葡萄牙签署了合作对付荷兰的《果阿协定》（Convention of Goa）。但是，当威德尔率船队抵达澳门后，葡萄牙人没有提供任何帮助。他们把英国人视为竞争对手而非盟友。最终，威德尔的船队在珠江被中国当局扣押，直到他们答应离开才放行。①

1783年，一位英国商人向政府提出一项改善英国对华贸易的计划。他说，如果中国的皇帝知道广州正在发生的变化，就会公平地对待外国商人。他提议派人出使北京，相关费用由东印度公司支付。1787年，出身外交世家的查尔斯·卡斯卡特中校（Charles Cathcart）奉命出使。他的任务是，使澳门或厦门成为英国商人的货物集散地。但这次出使以失败而告终：1788年6月10日，尚未进入中国海域，卡斯卡特在苏门答腊附近的班卡海峡去世。

这一次，英国人与葡萄牙人的合作基础，是共同对付拿破仑，但根源在于英法之间的竞争。

1789年至1799年，法国爆发了一场激烈的政治革命，即法国大革命。法国革命政府的革命热情导致其与西班牙、葡萄牙等国交恶。

1793年1月21日，法国国王路易十六被处死。很快，西班牙人和葡萄牙人组成反法联盟。2月1日，法国对英国及荷兰宣战。英法战争从1793年一直打到1802年。1802年3月25日，两国在法国北部城市亚眠签署和平协议。但是，和平状态只维持了一年。1803年至1815年，拿破仑领导下的法国，与英国、西班牙、俄国等欧洲

---

① Geoffrey Gunn: *Encountering Macau: A Portuguese City-State on the Periphery of China, 1557–1999.* Boulder: Westview, 1996.

国家进行了一场规模更大的战争，即"拿破仑战争"。

澳门是这场战争波及的地方之一。值得一提的是，与1636年的情形相比，1808年的澳门已经大不相同。自1711年英国东印度公司在广州设立分支机构开始，英国商船登陆澳门的次数日渐频繁。澳门也逐渐成为欧洲人甚至包括后来的美国人（而不仅仅是葡萄牙人）的居住地。这些变化让清朝统治者隐隐不安。

根据《清史稿》的记载，1808年9月，"英吉利兵船十三艘泊香山鸡颈洋，其酋率兵三百擅入澳门，占踞炮台，兵舰驶进黄埔"。但吴熊光没有应战，因为他认为"英人志在贸易，其兵费出于商税，惟封关足以制其死命；若轻率用兵，彼船炮胜我数倍，战必不敌，而东南沿海将受其害"。[①]

吴熊光所言并非全无道理，但嘉庆原本就对他在剿灭海盗一事上的表现不满，见他此番竟然继续以消极态度应对"外夷"，实在难以接受。11月14日，嘉庆在给军机大臣的上谕中训示：

> （吴熊光）所办太软！边疆重地，外夷敢心存觊觎，饰词尝试，不可稍示以弱。此时如该国兵船业经退出澳门则已，如尚未退出，吴熊光即着遴派晓事文武大员，前往澳门，严加诘责，以天朝禁令綦严，不容稍有越犯。
>
> ……
>
> 如此逐层晓谕，义正词严，该夷人自当畏惧凛遵。吴熊光等仍当密速调派得力将弁，统领水陆官兵，整顿预备。设该夷人一有不遵，竟当统兵剿办，不可畏葸姑息，庶足以伸国威而

---

① 《清史稿》，卷三百五十七，列传一百四十四。

清海澨。此于边务夷情，大有关系。该督抚不此之虑，而唯鳃鳃于数十万税银，往复筹计。其于防备机宜，全未办及。

吴熊光、孙玉庭，均懦弱不知大体。且吴熊光充当军机章京有年，曾经擢用军机大臣，尤不应如此愦愦。吴熊光、孙玉庭，着传旨严行申饬。伊等此次来折，仅由马上飞递，亦属迟延。此旨着由五百里发往。①

收到"五百里加急"送来的圣旨后，吴熊光在广州集合了一支8000人的陆军，同时又派一批战船入珠江截断所有航道，虎门炮台则堆满了军火和其他军需品。

随着事态逐渐恶化，英国人这边也出现了内讧。11月21日，度路利下令所有英国船只及不列颠臣民在48小时内撤离广州。当他的命令送达东印度公司船队队长克雷格（Miliken Craig）及其他船长面前时，船长们都拒绝接受，表示只听从董事会的安排。事实上，广州商馆主席剌佛下达的命令，他们同样没有执行，理由是，没有引水而驶船将非常危险。

因为相隔遥远，广州的这些情况未能被北京掌握。11月29日，嘉庆再次斥责吴熊光办事不力，任由英国兵船逗留，"竟不调兵防守，所办错谬已极"，同时表示，地方事务固然应该好好整饬，但是，"缉捕洋匪尤为该省要务"。

值得一提的是，这是清朝统治者第一次将"剿办洋匪"定为一省要务，只是他们还没有意识到"洋匪"对国家安全的威胁。

嘉庆的强硬态度让广州商馆高层大感意外。12月3日，剌佛收

① 《清仁宗睿皇帝实录》，卷二〇一。

到一封联名信，署名者是公司商船共计14位指挥官中的12位。他们在信中表达了对战争的担忧：

> 中国政府的每一个表现都出人意料。他们继续实施一直以来的停止贸易的政策，并反对我们的一切措施，现在又在进行后续的战争准备，而这可能最终导致冲突，将我们置于极其危急的局面中，使我们卷入一场严重的战争，并完全排除进一步友好协商的可能。因此，我们恳求容许现在申述，要是可以向中国政府提出一些符合英国气质的和平建议，它可能使目前的困难得到迅速和善意的调整。①

次日，剌佛接到地方政府的文书，上面写道，皇帝命你们撤退，否则会动用武力将你们驱逐出去，要是你们撤退的话，以前所有的友好关系及商贸活动都将恢复。随后，剌佛将文书的内容转告给了度路利。

12月20日，度路利率兵船返回印度。6天后，英国商船获准开展贸易活动。不久，广州人树立了一座宝塔，以纪念嘉庆的胜利。

但吴熊光没有从英国人的"失败"中得到荣耀。12月15日，嘉庆在给内阁的上谕中斥责："吴熊光平日因循废弛，只知养尊处优，全不以海疆为重，大负委任！着传旨严行申饬，先降为二品顶戴，拔去花翎，交部严加议处，用示薄惩。"同日，又在给军机大臣的上谕中斥责吴熊光"一味软弱，全不可靠"。②

---

① H. B. Morse: *The Chronicles of the East India Company Trading to China, 1635–1834*, Vol. 3, p. 90.

② 《清仁宗睿皇帝实录》，卷二〇二。

　　嘉庆对吴熊光的评价并非过激。根据东印度公司档案的记载，度路利曾致信吴熊光，希望去广州与之面谈，但没有收到任何回应。后来，"因为这位总督仍然拒绝与度路利将军会面，并称，除了东印度公司在广州的首脑，他不认识其他英国人，所以将军亲自去了广州。他坚持要见总督一面，并说，他将在广州停留半个小时。这位总督仍然拒绝会面。于是，将军不再坚持己见，回到了战舰上"。

　　1809年1月，吴熊光被革职，广东巡抚孙玉庭等人也都"交部议处"。①然而，这种人事任免完全无法抵挡王朝没落的大趋势。1807年的"'海王星'号事件"，以及1808年的"澳门危机"，预示着新的动荡即将到来。

---

① 《清仁宗睿皇帝实录》，卷二〇三。

第三章　情报战争

前文已经交代过，1757年之后，1842年（中英《南京条约》签订）之前，中国只有一个合法的通商港口——广州。每年的贸易季，一般是11月至次年3月，这里都会十分热闹。在这80多年的时间里，清朝政府主要利用西方人所谓的"广州体制"（Canton System）对外贸活动进行规范。

广州体制

根据《清高宗纯皇帝实录》的记载，1760年1月29日，皇帝批准了两广总督李侍尧提出的《防范外夷规条》。《规条》的主要目的之一是防范外夷与汉人及"内地奸商"交结往来，危害大清政权，其内容有助于我们理解乾隆为何在1793年拒绝马嘎尔尼有关增设通商口岸的要求。《规条》大意如下：

其一，"禁止夷商在省住冬"，如业务未能及时处理完毕，"亦令在澳门居住"；

其二，"夷人到粤，宜令寓居行商"，并由行商"管束

稽查";

其三，禁止向外夷借贷资本，禁止外夷雇请汉人；

其四，严禁外夷雇人传递信息，防其与内地奸商往来交结；

其五，夷船在广州停泊时，"酌拨营员，弹压稽查"。①

道光十五年（1835年），两广总督卢坤等上奏酌增章程八条，目的在于"防范贸易夷人"：

其一，外夷护货兵船，不准驶入内洋；

其二，夷人偷运枪炮，及私带番妇人等至省，责成行商一体稽查；

其三，夷船引水买办，由澳门同知发给牌照，不准私雇；

其四，夷馆雇佣民人，应明定限制，严防勾串作奸等弊；

其五，夷人在内河应用无篷小船，禁止闲游；

其六，夷人具禀事件，一律由洋商转禀，以肃政体；

其七，洋商承保夷船，应认派兼用，以杜私弊；

其八，夷船在洋私卖税货，责成水师查拿，严禁偷漏。②

道光批复："所议俱妥，务须实力奉行，断不可不久又成具文也，勉益加勉！"

无论是李侍尧提出的《防范外夷规条》，还是卢坤提出的酌增章程八条，都列出了若干禁止事项，却没有说明违禁将受到何种惩罚。于是，地方官们有了充分的"自由裁量权"，为其徇私舞弊提

---

① 《清高宗纯皇帝实录》，卷六〇二。

② 《清宣宗成皇帝实录》，卷二六四。

供了很多机会。

另外，根据这些规定，"洋商"（即行商）对外商的行为有监督和担保的职责；外商不能直接与官府接触，如果他们要向官府反映问题，必须通过行商转禀。通过这些制度安排，地方官可以通过压榨行商进行寻租，不必直接面对外国商人，万一出现事端，也可以撇清一些责任。对他们来说，与洋人面对面进行交流、亲身洞察夷情似乎是一件不重要甚至是丢脸的事情。

对行商们来说，在享受外贸垄断权的同时，"连坐之罪"是不得不承受的风险和代价。前文提及的"'海王星'号事件"就是一例。再比如，1827年10月8日，《悉尼公报》刊登了一篇讲述怡和行（广州十三行之一）当家掌柜伍浩官被敲诈的文章。文章大意是，一个洋人在伶仃洋杀死了某个中国人，伍浩官被指控放走了这个洋人，最终遭到被杀者之子及官府的敲诈勒索。文章写道："行商浩官的罪是有钱而胆怯。最近，他被人以多种方式勒索金钱……中国遍布着道德败坏，这里不信上帝，充满了肆意报复、说谎、欺诈和淫荡的恶行。"①

在与中国商人互通有无或钩心斗角的过程中，外国商人渐渐体会到其商业合作伙伴的难处。1830年出版的《爱丁堡百科全书》中有一段非常特别的文字，反映了西方人对中国政治和商业环境的认知：

> 在这个国家，要忍受官员们的任性、残暴和勒索的并非只有下层及贫困阶层，有钱人也缺乏足够的安全感，权贵们对他们的掠夺甚至更为频繁。因此，在中国，富人们非但不能从财富中得到安慰，相反，他通常害怕使用财富，至少害怕让人

---

① *The Sydney Gazette*, Oct. 8, 1827.

知道他在使用财富。他非常谨慎小心，不会通过住豪宅或者穿得比邻居更好的方式让人知道他有多么富裕，以免引起居住地长官们的注意。否则，长官们很快会找到某些手段（比如禁奢令）拿这位富人开刀。因此，我们总是可以看到，中国的官员们有权支配法律。虽然皇帝的诏书表达了最深切的焦虑，并且制定了最严厉的刑罚，以防止官吏们的渎职、腐败及对人民的压迫，但是，这些规定非常普遍地被那些最应该遵守的人无视。在这个世界上，几乎再也找不到哪个国家的政府比清政府更挥霍、更暴虐。贪污腐败是最被其法律谴责的罪行，但众所周知，这是中国最为普遍的罪行。显而易见，这种罪恶无处不在，以至于所有公平正义及良好政府的基础都被完全颠覆。在广州，英国商人从未遇到过不接受贿赂的政府官员。[1]

1835 年 5 月的《中国丛报》上的一篇文章引述了英国汉学家斯当东爵士在其翻译的《大清律例》一书序言中写的一段话：

　　尽管中国的法典存在缺陷、内容繁杂，但中国人提到它时普遍都感到自豪，并且赞叹不已。大体而言，他们渴望的似乎只是法典内容公正，不会朝令夕改，执行时不偏不倚，不受腐败的影响。但是，事实正好相反，中国的法律经常被执法者及护法者们破坏，而且不幸的是，他们还不受惩罚。[2]

无论如何，对外商而言，广州体制带来的不便是方方面面的。

---

[1]　David Brewster: *The Edinburgh Encyclopaedia*. William Blackwood, Vol. 8, 1830, p. 261.

[2]　*The Chinese Repository*, Vol. 4, p. 17.

如果说不许在广州过冬、不许带外国女人进广州、只能住在行商指定的住所等规定影响的是外商（确切说是贸易代表们）的生活，那么，其他规定影响的则是外商（确切说是来自各阶层的形形色色的股东）的生意。

更重要的是，在西方人看来，广州体制中的某些规定侮辱了他们的人格。当时有一篇文章解释道："（清政府认为）洋夷不懂道理，因此颁布了这样一道命令：当英夷和其他人住进行商的商馆里，行商有责任好好控制并约束他们，不要让他们随意出入，以免与不忠的本地人进行交流或达成秘密安排。"[1]

无论统治者出于何种考虑——比如，地方统治者出于寻租的需要，皇帝对洋人与汉人联盟的担心，他们出台的这些政策与西方人习惯的贸易体系相距甚远。这些政策加剧了双方的仇怨，冲突升级是自然而然的结果。

商人的苦恼

与贸易程序的烦琐相比，更让西方商人感到苦恼的是，中国似乎只喜欢他们的白银，对他们引以为豪的工业品缺乏兴趣。正如乾隆帝在1793年9月23日（马嘎尔尼使团行将离开中国之际）写给英国国王乔治三世的"敕谕"中所言：

> 天朝物产丰盈，无所不有，原不借外夷货物，以通有无。
> 特因天朝所产茶叶、瓷器、丝筋，为西洋各国及尔国必需之物，

---

[1]　*The Chinese Repository*, Vol. 4, p. 45.

是以加恩体恤，在澳门开设洋行，俾得日用有资，并沾余润。①

这道"敕谕"在西方十分有名，西方历史学家或汉学家在著述中国近代史时，无一不将此"敕谕"列为重点史料。

因为中国对西方的工业品不感兴趣，西方人对中国的茶叶、丝绸和瓷器等商品却有很高的需求，所以西方人只能用硬通货（白银）来购买中国的商品。久而久之，西方国家的白银库存急剧下降。他们不得不想办法"发现"或"创造"某种持续的商品需求，以便从中国本地获得白银，再用白银购买茶叶等商品。

这种商品就是鸦片。最迟从明代开始，中国已在进口鸦片。万历间已出台政令，规定每进口十斤鸦片收税银二钱。野史记载的一种不太靠谱的说法是，万历帝之所以30年不上朝，就是因为吸食鸦片上了瘾。康熙年间，鸦片仍作为药材进口。1729年，雍正听闻云南、广东一带吸食鸦片的人很多，若不禁止，恐生大乱，因此下旨禁烟。为防上行下效，《大清律例》甚至规定："宗室觉罗及王公有吸食鸦片烟者，拟绞监候，由宗人府会同刑部进呈黄册。"②

但是，鸦片买卖及吸食鸦片的恶习并没有杜绝。1780年及1810年，乾隆、嘉庆先后下旨禁烟。1796年，嘉庆下旨禁止种植鸦片。地方政府及海关部门也发文禁止鸦片贸易。例如，1799年及1809年，两广总督两度发文禁止鸦片买卖。1807年，广东海关也发文禁止鸦片贸易。

从西方媒体的报道来看，这些举措确实取得了一些效果，但它们同时也为地方官吏提供了敲诈勒索的机会。《亚洲杂志》（1816年

---

① 《清高宗纯皇帝实录》，卷一四三五。
② 《大清律例·名例律》，上之一。

2月刊）报道了一起鸦片商被捕事件：

> 1815年2月，主要的鸦片贸易商在澳门前山被一网打尽。地方官员想从他们身上敲诈钱财，他们也希望可以按照惯例支付银子以破财免灾，但他们出的价钱达不到地方官们的要求，于是被押送到广州。他们以为最后能达成和解，但不幸的是，这件事传到总督和其他高官们的耳朵里，无法掩盖……这些商人们遭到严刑拷打，被迫招供一切罪行，这些罪行可能比他们已经犯下的还要多，他们还被迫招供经常受贿的官员们的姓名。

事实上，鸦片贸易非但没有停止，1820年至1840年甚至呈现大幅增长的趋势。鸦片贸易带来的影响之一是，1793年前后，中国的白银库存约有7000万两，到了1820年，只剩下1000万两。正如前文所提，到了1825年，东印度公司在中国购买茶叶所需资金，绝大部分都来自鸦片贸易。

在西方媒体的报道中，鸦片或鸦片贸易并非见不得人的内容，相反，它甚至经常出现在标题上。

例如，1839年8月9日，鸦片战争爆发前夕，《悉尼先驱报》刊登了一篇题为《中国：鸦片在冒烟》的文章，是一位名叫贾斯蒂夏①的读者写给编辑部的。她写道：

> 我写这封信的首要目的是要表明，从一个抽象的角度看，

———————

① Justitia，罗马神话中的"正义女神"，可能是笔名。

中国的皇帝采取的一切措施都被证明是正当的。很明显，他受到最仁慈的感情的驱动，为他的同胞谋福祉。我衷心地希望，在不远的将来，这块殖民地（指澳大利亚）将采取同样果断的措施禁止可恶的饮朗姆酒的行为。基督教国度中的饮朗姆酒行为远不如异教徒国度中吸食鸦片的行为情有可原。①

贾斯蒂夏显然对中国的禁烟情况有一定的了解。她介绍，1796年之前，中国允许进口鸦片，并对鸦片的进口征收关税。鉴于其恶果，鸦片在1796年被禁。"吸食鸦片者将戴上枷锁并接受杖刑，贩卖及走私鸦片者将被流放或被处死。"

在她看来，英国商人在中国从事鸦片贸易的唯一动机就是赢利。由于利润如此可观，他们欲罢不能，越来越渴望从中获利："对他们来说，赢利不是达到目的的手段，而是目的本身。他们没有考虑到鸦片贸易会带来人口萎缩的结果，当然，即便考虑到了，这种贸易带来的影响同样可怕。"

这篇文章表明，西方人十分了解鸦片的毒害："吸食鸦片的习惯一旦形成，就会逐渐变得根深蒂固，越来越难以戒除，到最后，突然剥夺这种恶习一定会导致死亡。"

贾斯蒂夏如此描述瘾君子们的悲惨人生：

他们抵制诱惑的能力不那么强，身心虚弱，没有能力维持一份微薄的薪水。终有一日，当烟瘾再犯却买不起鸦片时，只能撒手归西。有的人会在鸦片馆门前上吊。铁石心肠的老板已

---

① *The Sydney Herald*, Aug. 9, 1839.

经榨干他们的一切，不会让他们再进门。有的人会被愤怒的亲属拒之门外，最终死在街道上，却不会引起人们的同情。

但是，贾斯蒂夏仍然相信鸦片商人们还有良知。她写道："如果富有的鸦片商人能亲眼看到这些悲惨的场景，他可能会了解可怜的顾客如何终结他们的人生。在成千上万的例子面前，要是他会结束自己的投机生意就好了！"

贾斯蒂夏提供的数据说明了鸦片走私的情况在1816年至1836年的中国有多么严重：1816年，中国消费鸦片3210箱，价值365.7万英镑；1825年，消费鸦片9621箱，价值760.8万英镑；1832年，消费鸦片23 670箱，价值1533.8万英镑；1836年，消费鸦片77 111箱，价值1790.4万英镑。

上述数据与英国首相罗伯特·皮尔（Sir R. Peel）收到的一份调查报告中的数据比较接近。这份1842年7月提交的报告称，1799年至1816年，中国年均进口鸦片不超过3000箱，1821年至1822年期间为4628箱，1825年至1826年期间为9621箱，1832年至1833年期间为21 279箱。1836年进口鸦片的数据（26 200箱）则与贾斯蒂夏的数据出入较大。到了1839年，已经超过3万箱。

根据上述数据，1816年至1832年，鸦片销量增长了6倍，价格则大幅下降：1816年，每箱鸦片约1140英镑，到了1832年，降到647英镑左右。原因主要有三个方面：其一，嘉庆禁止在国内种植鸦片的旨意，刺激了国外的鸦片种植，提升了鸦片商往中国贩运鸦片的兴趣；其二，除了传统的产自孟加拉的巴特那鸦片（Patna opium），大量产自印度中西部地区的马尔瓦鸦片（Malwa opium）进入了市场；其三，1834年，东印度公司贸易垄断权结束，许多私营走私公司涌入市场。

　　鉴于对华贸易十分有利可图，东印度公司的贸易垄断权在英国日益受到挑战。最终，一直被边缘化的普通商人势力成功地让政府和议员们相信，结束贸易垄断带来的好处不仅不会减少，还会大大增加。

　　1833 年 8 月 28 日，在英国首相查尔斯·格雷（Charles Grey）的推动下，议会通过一项法案，正式结束东印度公司对华贸易的垄断权。法案的生效日期是 1834 年 4 月 21 日。在外交大臣巴麦尊勋爵的力荐下，1833 年 12 月 9 日，律劳卑（Lord Napier）被任命为第一任驻华商务监督。驻华商务监督负有如下职责：

　　　　以贸易为宗旨，看管并保护居住在中国的英国国民的利益；在权限范围内向他们提供建议、信息和帮助，以使他们的商业交易行为安全并取得成功；尽力保护他们在中国设立的所有合法事业得以和平经营。①

　　此后，作为英国政府的代表，驻华商务监督（不再是东印度公司）开始主管英国的对华贸易。与东印度公司高管不同，他有权指挥驻广州海域的海军。东印度公司的唯一目的是贸易，商务监督则必须捍卫英国的国家荣誉。这意味着以前可以在东印度公司内部消化的冲突，例如"'海王星'号事件"等，此后都将上升到外交关系层面。

　　既然驻华商务监督有保护英国商人的职责，那么，我们不难想

---

① *Correspondence Relating to China.* Published for the House of Lords and the House of Commons in 1840. Printed by T.R. Harrison: London, 1840, pp. 1–3.

象，无论是出于眼前利益还是长远利益考虑，这些商人都会在与商务监督的交往过程中，极力建议他打开中国的门户，如果不能通过和平的方式，就通过武力的方式——这些商人对中国的武备情况知之甚深。因此，东印度公司贸易垄断权的结束，不仅带来了更多的鸦片，还带来了更多的冲突，这些冲突最终演化成一场战争。

根据贾斯蒂夏的描述，贪腐是鸦片禁而不绝的一个重要原因："广州及沿海其他地方的中国官员都是鸦片吸食者。给海关大楼的官员送一箱鸦片，就足以让他们同意卸一整船货。"

《新西兰殖民者报》刊登的一篇文章也写道："中国当局表面上禁止进口和吸食鸦片，却从未采取任何决定性措施去终结鸦片贸易。恰好相反，各级官员都在鼓励这种交易，因为每箱鸦片都要给他们一定比例的分成，尽管他们有时会发布公告，表示反对鸦片贸易。"①

西方人试图从文化角度解释为何吸食鸦片的恶俗可以在东方大行其道。例如，1840年12月1日，澳大利亚霍巴特市的《快报》刊登的一篇文章写道：

> 从土耳其到中国，鸦片的使用几乎是普遍的……鸦片的使用似乎与东方人的习惯相一致。他们一点也不喜欢交际的乐趣，宁可独醉也不愿意大家一起畅饮……土耳其与中国使用鸦片的方式有些不同。土耳其的方式是吞食一定数量的鸦片药丸……中国的方式则是先将鸦片放入水中熬煮，然后提炼、晾

---

① *New Zealand Colonist and Port Nicholson Advertiser*, Dec. 6, 1842.

干，再填入烟管中，就像我们吸烟一样。[1]

这篇文章还试图让人相信，吸食鸦片就像饮酒一样，只要不过量，对身体不会有太大的伤害，有些人甚至大量吸食鸦片也不会有事：

> 有人谈到过一个土耳其人的例子，他每天喝30杯咖啡，抽60管烟草，吸食3德拉克马[2]鸦片，固体食物则只有4盎司的米饭。琼斯博士（Dr. Jones）在其著作《揭开鸦片的奥秘》一书中说，英格兰有人每天都要吸食2到6德拉克马鸦片，据说有个人一天要吸食两盎司鸦片，这可能是人类历史上前所未有的纪录。

按照这篇文章的描述，当时的中国社会已完全认识到鸦片的危害：

> 中国政府充分认识到鸦片贸易的巨大危害……官员们对这个问题进行过深入讨论，对所有这些事实了然于胸……他们的伦理学家著述反对它，它成为画家们的题材。《中国丛报》刊登了一位中国画家的系列作品，这些画作展示了吸食鸦片者从健康走向贫穷和死亡的过程。这些作品中的想法及绘画方式与荷加斯（William Hogarth）的《堕落的过程》（A Rake's Progress）惊人地相似。

---

[1] *The Courier*, Dec. 1, 1840.
[2] Drachm，1/16盎司，约为1.77克。

禁烟纪事

随着经济、政治、文化上的冲突日益加剧，中英之间爆发战争已无可避免。林则徐领导的禁烟运动则成为导火索。

林则徐，福建侯官（今福州）人，"少警敏，有异才"，26岁中进士，历任杭嘉湖道、淮海道、浙江盐运使、江宁布政使、江苏巡抚、两江总督等职。主持禁烟运动前，正在湖广总督任上。

1838年12月27日，道光帝在一则上谕中痛斥官员渎职玩法，致使鸦片毒害传染日深：

> 鸦片烟流毒传染日深，实堪痛恨！屡经降旨，饬令中外严拿惩办，乃近来此种痼习，不但军民人等纷纷渐染，即世职官员，竟亦相率玩法！节据步军统领衙门查获犯案之男爵特克慎、候补监大使春龄、伯爵贵明，均经刑部分别按律治罪……嗣后文武官员军民人等，倘仍不知悛改，一经查拿，定行严办，决不宽贷！①

两日后，即12月29日，道光"命湖广总督林则徐在紫禁城内骑马"，以示恩宠。又两日后，降旨："命湖广总督林则徐为钦差大臣，驰往广东，查办海口事件。该省水师兼归节制。"禁烟运动正式开始。

较早报道禁烟运动的西方媒体是《新加坡自由报》。发表于1839年4月26日的一篇文章写道：

---

① 《清宣宗成皇帝实录》，卷三一六。

在广州的钦差大臣林则徐发现，温和的举措无法实现其努力想达成的禁烟目标。3月12日，他发布了停止与外国商人交易的命令，所有泊于黄埔的船只都被禁止开仓或者离港。3月18日，他发布了一项特令，要求停泊在伶仃洋及其他地方的外国商船在三日内上缴所藏一切鸦片，并声称，如若不从，将砍掉两位行商——浩官（Howqua）与茂官（Mowqua）——的脑袋。①

需要指出的是，文中关于3月18日特令的内容并不完全准确。1839年8月2日的《悉尼论坛报》刊登的这纸特令的全文译文则称，林则徐要求英国人3日内做出答复，并准备好上交鸦片的文件。

根据中文史料，3月18日，林则徐发布了《谕各国夷人呈缴烟土稿》，"令洋商伍绍荣等到馆开导，限三日内回禀，一面取具切实甘结，听候会同督部堂、抚部院示期收缴，毋得观望透延，后悔无及！"

综合西方媒体的报道，3月21日，即3日期限的最后一天，广州英国总商会召开了会员大会。会上讨论了上述公告，成立了一个专门委员会。这个专门委员迅速进行讨论，将意见上报总商会。总商会又迅速形成决议，将决议内容传达给行商。

当晚10点，全体行商到达总商会，与商会成员开会。行商们说，接到总商会决议公函后，他们立即亲自将其上呈钦差大臣，但钦差大臣表示，除了交出鸦片，别的事情都不能让他满意，他还决定要在次日早上审判行商。

---

① *The Singapore Free Press*, April 26, 1839. 这份报纸首刊于1835年，律劳卑也是筹办人之一。

根据林则徐《信及录》的记载，3月22日，林则徐发布了"饬拿贩烟夷犯颠地"的命令。这份命令写道：

> 查颠第即颠地，本系著名贩卖鸦片之奸夷。本大臣到省后，即欲委员前赴夷馆查拿究办。因该府县等面禀，夷馆中各国夷人畏法者尚多，非尽如颠地之奸猾，请先分别良莠，再行查拿，是以先令洋商赍谕前往开导，令将烟土呈缴，并具永不夹带甘结，尚可宽其既往，其不缴者立即惩办。去后，兹复据该府县等面称，"闻得美利坚国夷人多愿缴烟，被港脚夷人颠地阻挠，因颠地所带烟土最多，意图免缴"等语，是该夷颠地诚为首恶，断难姑容，合亟札饬拿究……法在必行，速将颠地一犯交出，职候审办。

文中提到的"颠地"，指的是英国大鸦片商邓特（Mr. Dent）。综合西方媒体的报道，3月22日，英国商会曾努力劝说邓特顺应钦差大臣的意愿，赶紧进入广州城。但邓特表示，除非钦差确保他的人身安全，否则他拒绝这么做。

次日，身着锁链的吴浩官、卢茂官及其他被褫夺官服的行商一起去了邓特的居所，告诉他，如果他不立即入城并在钦差面前接受检查，吴、卢两位行商晚上之前肯定要掉脑袋。于是，商会又立即召集会议。会上的普遍意见是，除非邓特的生命安全不会受到威胁，否则，他不应该进入广州城。

24日下午6点到7点之间，英国驻华首席商务监督义律（Captain Elliott）到达广州后，立即在英国商馆召集所有外国人开会。义律说，他已经得到英国人在广州被拘禁的消息，对广东政府会公正温和地处理这件事已不抱信心。他认为，继续与中国进行安全、有尊严并且有利的交往已不再可能。他要求所有英国船都挂起英国国旗，驶向香港，准备抵抗中国政府的挑衅行为。

当晚9点左右，中国人接到政府下达的命令：离开外国商馆，禁止卖吃食给外国人。同时，一队手握盾、矛、剑、棍的民兵以及一支清军在英国商馆门前扎营，以防邓特逃逸。25日，几条外国商船被查封。

两日后，义律发布公告称，他正被广东政府强行拘押，一起被拘押的还有其他在广州的英国商人及他国商人，他们没有食物，并被切断与各自国家之间的联系。他还收到钦差给他下达的要求英国人上缴所有鸦片的命令。义律号召所有在广州的英国人"为女王陛下的政府服务"，将各自名下的所有鸦片都交给他，再由他转交给中国政府。他还呼吁英国人将从事鸦片贸易的船只都交给他支配，并且说，英国政府将对所有上缴的财产负责。

根据《新加坡言论自由报》（The Singapore Free Press）的报道，4月7日，在一支舰队及两位行商的陪同下，义律的助理、负责向中国政府转交鸦片的参逊抵达澳门，但被拘押了起来。但这部分内容与中文史料不太相符。根据《信及录》的记载，4月2日，林则徐即"派委文武员弁带同参逊下澳，并将三板（即舢板）放行矣"。

根据西方媒体的报道，从4月10日开始，英国商人按照规定上交第一批鸦片。《信及录》的记载则是4月12日。至于上交鸦片的数量，西方媒体与《信及录》的记录都是20 283箱。西方媒体报道称，这批鸦片价值200万英镑，即每箱99英镑左右。前文提到，1832年，鸦片的价格是每箱647英镑左右。也就是说，在7年的时间里，价格下降了84.70%。我们不难从中得出一个大概的印象，即禁烟运动前夕，国内市场上的鸦片数量到了何等惊人的程度。

至于邓特的命运，根据《信及录》的记载，林则徐念及"该夷自谕缴烟之后，即能归并义律，迅速缴清，尚知畏法，本大臣仰体大皇帝如天之仁，宽其既往，不加深究……饬原商伍敦元等传谕该夷颠地，当此禁令森严之际，愿回该国，即出具永不再来甘结缴案，并于结内声明'嗣后冒混来粤，一经查出，愿甘从重治罪'字样"。5月24日前后，邓特与其他15名大鸦片商一起离开了中国。

根据1841年4月26日的《利物浦商报》的报道，烧毁的鸦片价值250万英镑，其中绝大部分是印度富商的财产，只有不到10%是大不列颠的英国人的财产。[①]

另据《新加坡殖民者报》，英国人上交了所有鸦片之后，林则徐觉得数目不对，于是拘押了英国驻华商务监督义律，直到后者补足了相应的鸦片款项（大概是3.5万英镑至4万英镑）之后，才将其释放。[②]

不久之后，又出现事端。

1839年7月，一伙英国人（或美国人）与广东人斗殴，结果一位林姓中国人（Lin Weike）被打死。林则徐要求义律交出凶手偿命，但义律找不到凶手，因此没有交差。于是，一艘英国商船遭袭，几名英国水手丧生。而后，两艘英国战舰［"沃拉吉"号（HMS Volage）和"风信子"号（HMS Hyacinth）］与一队中国水师发生遭遇战。英国人大胜，中方则损失几艘战帆，多名水手死伤。此事后，中英政府间交流中断。随着敌意的升级，战争已不可

---

① *Liverpool Mercantile Gazette*, April 26, 1841.

② *New Zealand Colonist and Port Nicholson Advertiser*, Dec. 6, 1842.

避免。

林则徐致信英女王

禁烟运动期间，确切说是1839年3月前后，钦差大臣、兵部尚书、湖广总督林则徐，兵部尚书、两广总督邓廷桢，以及兵部侍郎、广东巡抚怡良三人联名给英国女王伊丽莎白写了一封书信。书信写道：

> 天道无私，不容害人以利己；人情不远，孰非恶杀而好生。贵国虽在重洋二万里外，然而同此天道，同此人情，未有不明于生死利害者也。我天朝四海为家，大皇帝如天之仁，无所不覆；即遐荒绝域，亦在并生并育之中。
>
> 广东自开海禁以来，流通贸易，凡内地民人与外国番船相安于乐利者，数十年于兹矣。且于大黄、茶叶、湖丝等类，皆中国宝贵之产，外国若不得此，即无以为命。而天朝一视同仁，许其贩卖出洋，绝不靳惜。无非推恩外服，以天地之心为心也。
>
> 乃有一种奸夷，制为鸦片，夹带贩卖，诱惑愚民，以害其身而谋其利。前吸食者尚少，近则互相传染，流毒日深，在中原富庶繁昌，虽有此等愚民，贪口腹而戕其生，亦属孽由自取，何必为爱惜也。
>
> 然以大清一统之天下，务在端风俗以正人心，岂肯使海内生灵尽甘心鸩毒？是以现将内地贩卖鸦片并吸食之人，一体严行治罪，永禁流传。

惟思此等毒物，系贵国所属各部落内鬼蜮奸人私行造作，自非贵国王令其制卖。但各国之中，亦只数国制造此物，并非诸国皆然。然又闻贵国亦不准民人吸食，犯者必惩。自系知其害人，故特为厉禁。

然禁其吸食，何如禁其贩卖，并禁其制造，乃为清源之道。若自不食，而仍敢制造贩卖，引诱内地愚民，则是欲己之生而陷人之死，欲己之利而贻人以害。此皆人情之所痛恨，天道之所不容。

以天朝力震华夷，何难立制其命？而仰体圣明宽大，自宜告诫于先。且从前未用公文移会贵国王，一律严禁，则犹得诿为不知。

今与贵国王约，将此害人之鸦片，永远断绝。我内地禁人吸食，尔属国禁人制造，其从前已经造作者，贵国王须即令其搜尽，投之海底，断不许天地间更有此种毒物。非独内地民人不受其害，即贵国民人，既有造作，安知其不吸食？果并造作尚禁之，则该国亦不受其害，岂不各享太平之福，益昭贵国恭顺之忱？如此则明于天理，而上天不至降灾，协乎人情，而圣人亦必嘉详。

况内地既经严禁，无使吸食，即使该国制造，终亦无处可卖，无利可图。与其亏本徒劳，何不改图别业？况内地搜出鸦片，尽行付火油烧毁，再有夷船夹带鸦片前来，不能不一体烧毁，恐船内所载他货，难免玉石俱焚，是利不得而害已形，欲害人而先害己也！

天朝之所以平服外国者，正有不测之神威，毋谓言之不早也。贵国王接到此文，即将各海口断绝缘由，速行移复，幸勿

谎饰支延，贮切盼切！　①

我们暂且将上面引述的书信称为 A 版本，因为非常有意思的是，林则徐等人写给英国女王的书信还有 B 版本。B 版本以如下语句开篇：

> 惟我大皇帝，抚绥中外，一视同仁，利则与天下公之，害则为天下去之，盖以天地之心为心也。贵国王累世相传，皆称恭顺。观历次进贡表文云"凡本国人到中国贸易，均蒙大皇帝一体公平恩待"等语。窃喜贵国王深明大义，感激天恩，是以天朝柔远绥怀，倍加优礼，贸易之利，垂二百年。

以如下语句结尾：

> 我天朝君临万国，尽有不测神威，然不忍不教而诛，故特明宣定例，该国夷商欲图长久贸易，必当懔遵宪典，将鸦片永断来源，切勿以身试法。王其诘奸除慝，以保义尔有邦，益昭恭顺之忱，共享太平之福。幸甚！幸甚！接到此文之后，即将杜绝鸦片缘由，速行移覆，切勿诿延！　②

显然，无论是在措辞技巧还是说服力方面，B 版本都不如 A 版

---

① Samuel Wells Williams: *Easy Lessons in Chinese: or Progressive Exerciss to Facilitate the Study of That Language*. Printed at the office of the Chinese Repository, 1842, pp. 243–247.

② 《林则徐使粤两广奏稿》，第89—92页。

本。根据《清实录》的记载，这封书信在托人带往英国之前，林则徐等人先行将底稿上奏道光帝。

1839年8月27日，道光在下发给军机大臣的上谕中说：

> 据林则徐等奏，拟具檄谕英吉利国王底稿附折呈览。朕详加披阅，所议得体周到。着林则徐等即行照录，颁发该国王，俾知遵守。其余各国，俱着先行谕知。在粤夷目夷商，倘须移知各该国王，着奏明再行酌发。①

从国内史料上看，上呈给道光帝的应是 B 版本。刊登在西方媒体及书籍上的版本，则基本都是 A 版本。上述 A 版本的全文内容，引自美国汉学家卫三畏在1842年编写的一本中文学习教材，原文即是中文。

客观地说，A 版本充分表达了林则徐、邓廷桢、怡良等人对鸦片屡禁不绝、祸国殃民的忧虑，以及对鸦片商道德沦丧、唯利是图行为的愤慨情绪，他们希望英国国王出于道义上的考量进行有效的干涉。不过，我们也不难从中看出，即便是对"夷情"颇为了解的林则徐，也不敢如实向皇帝汇报中外实力之差距，继续让皇帝沉醉于"天朝君临万国，尽有不测神威"的迷梦之中。

这封信的英文版首先刊登在1839年5月的《中国丛报》上，而后被其他西方媒体（包括在中国办的外文媒体）广为转载，例如1839年7月15日的《广州新闻》（*The Canton Press*），以及1840年2月3日的《悉尼商报》（*The Shipping and Mercantile Gazatle*）等。

---

① 《清宣宗成皇帝实录》，卷三二四。

《悉尼商报》对这封信评论如下：

> 这是一份古怪的文件，在很大程度上显示了中国政府对外国人一贯的傲慢与自豪。我们相信，它会在中国人中间广泛流传。中国人可能以为这封信已经送达。商务监督无疑会得悉此信内容，但他不会将此信上呈维多利亚女王。我们相信他说过，如果钦差和总督愿意用与这封信同样的措辞致信他们自己的君主，他会非常乐意帮他们递交。无论如何，他们在信中的措辞是平等的[①]。

根据《悉尼商报》的报道，英国首席商务监督义律曾表示，如果这封信是写给女王的大臣们，那可能非常好，但他不会允许这封信被递交给女王本人。香港第一任财政司长马撒尔（1844—1845年在任）在1847年出版的《中国：政治、商业及社会》一书中也推测，这封信可能从未送达英国女王的手中。[②]

夏威夷大学历史学家艾琳·塔穆拉（Eileen Tamura）与琳达·门顿（Linda K. Menton）二人则在合著的《中国：了解其过去》一书中确定无疑地表示，英国女王从未收到这封书信。"一位英国茶商携带此信到了伦敦，但外交部拒绝接见他。这封信从未递交。《泰晤士报》刊登了这封信，但只是为了嘲讽而已……英国人显然觉得，他们一点也不惧怕天朝。"[③]

[①] 意思是说，林则徐等人将英女王看作与自己的身份相同的人，换句话说，在林则徐等人眼中，英女王的身份只是相当于大清国某属国的国王而已。

[②] Robert Montgomery Martin: *China; Geographical, Political, Commercial and Social; an Official Report*. James Madden, 1847, p. 245.

[③] Eileen Tamura, Linda K. Menton: *China: Understanding Its Past*, 1997, p. 100.

如果说，上述《悉尼商报》的评论是撰文编辑的就事论事之语，那么，下面的评论则展示了他对中国文化的观察：

> 这封信在很多方面都是空洞的形式，毫无用处。但对中国人来讲，他们的政府十分讲究形式和细节，他们会将空洞的形式上的胜利看成是一场最重要的胜利。

> 从我们的君主给中国的皇帝送礼物这个纯粹的形式中，他们认为我们是恭敬的并且是顺从的；从我们的大使所乘船只的桅顶悬挂一些小旗等纯粹的形式中，他们把英国看成是属国。如果允许这位钦差和总督将女王看作身份平等的人而致信，他们会很自然地得出结论，任何英国贵族（即便是最高级别的贵族）都是他们的下人，因此可以轻视并侮辱他们。

我们将在后面看到，在第一次鸦片战争战败、中英《南京条约》签署之后，清朝统治者仍然试图在形式上维持独尊的地位，直至圆明园被焚、第二次鸦片战争战败10年后，才不得不接受大清与其他国家平等的现实。

林则徐、邓廷桢、怡良三位官员写的上述书信，已成为西方学者研究中国近代史及中国文化的重要素材。正如前文所提及的，卫三畏在1842年编写的中文教材中，甚至将它列为外国人学习中文、了解中国文化的必读文章。

在美国汉学家费正清等人看来，之所以会出现这样一封信，是因为"中国官员虽然对人性及中国传统十分精通，但对西方超级无知"。他认为，林则徐的书信与他诉诸武力的禁烟运动一样，都是对"良心的呼唤"，但对林则徐来说，不幸的是，这两项举措都失败了，因为英国人的坚船利炮很快就来到中国复仇。[1]

美国历史学家萧邦齐（R. Keith Schoppa）则在《哥伦比亚中国近代史导论》一书中写道，林则徐等人写的这封信，揭示了中国的自我概念（self-conception）及中国与外国之间的关系，同时表达了中国人对英国在清楚吸食鸦片的悲惨后果之后还继续向中国走私鸦片的行为的失望与疑惑。[2]

英伦战争动员

1840年3月18日，英国《殖民周刊》刊登的一篇文章讲述了英国政府的战争准备工作：

> 报纸上以及从加尔各答、马德拉斯和孟买发出的私人书信中提到了对中国作战的大量准备工作。据说，从印度运兵至中国需要4万吨的船舶吨位。孟买的报刊上列出了一长串可怕的即将参与远征的战舰名单。

文章写道，3月12日，外交大臣巴麦尊勋爵（Lord Palmerston）在下院接受皮尔首相质询时说，将与中国进行一次沟通，"他谨慎地避免提到'战争'这个词。这种虚伪的表达真意何在？强大而昂贵的武器正在准备，数万名军人已经集结，大量炸弹、炮弹及其他

[1]　Ssu-yu Teng, John King Fairbank: *China's Response to the West, a Documentary Survey, 1839–1923.* Harvard University Press, 1979, p. 23.

[2]　R. Keith Schoppa: *The Columbia Guide to Modern Chinese History.* Columbia University Press. 2000, p. 270.

毁灭性武器已经配备就绪。他们将尽快出发。"①

同年3月28日，英国《旁观者》杂志刊登的一篇文章将巴麦尊的文字游戏解释为对宣战程序的规避：

> 在通过"老套的"程序将信息传达给议会之前，部长们已经往中国派了远征军。确实，巴麦尊勋爵声称，没有什么事情比与中国政府进行一次沟通更有意义。但是，鉴于派了10个兵团和10艘战舰，这实际上意味着，中国将在没有正式宣战的情况下遭到攻击。如果他的话不是正式的宣战，那将是不宣而战的野蛮暴行。只是因为没有正式宣战，巴麦尊勋爵将这场昂贵的战争说成是一次沟通，他的企图是明显而毋庸赘述的，是为政府在不与议会商量就发动对中国的战争而进行的辩解而已。②

但是，议会（因为支持者有9票的微弱优势）最终还是通过了战争议案。英国女王维多利亚也批准了对中国宣战，1840年4月4日，女王在白金汉宫向海军上将明托伯爵（Earl of Minto）、海军中将查尔斯·亚当爵士（Sir Charles Adam）、海军少将威廉·巴加爵士（Sir William Parker）、海军上校爱德华爵士（Sir Edward Thos）、萨缪尔爵士（Sir Samuel John Brooke Pechell）等人致辞。她说："考虑到中国皇帝的某些官员最近对我们某些官员和国民进行的伤害，我们已经下令，要求中国政府给予相应的补偿与赔款；为获得相应的补偿与赔款，作为权宜之计，我们应该扣押隶属于中国皇帝及其国民的船只与货物；如果中国政府拒绝给予相应补偿与赔款，已

---

① *Colonial Gazette*, Mar. 18, 1840.

② *The Spectator*, Mar. 28, 1840.

被扣押的船只与货物，以及未来被扣押的其他船货，将被没收并出售，其收益今后将由我们任意支配。因此，我们乐于听取枢密院的建议，命令我们的战舰司令官将所有属于中国皇帝及其国民，以及居住在中国领土上的其他人的船货扣押在港。如果中国政府拒绝给予上述补偿或赔款……我们特此授权并命令你们……根据英国海事法和国际法，依法处理已被扣押或未来将被扣押的船货及各种战利品。"①

英国人对这次战争抱有很高的期待。在孟买，甚至有人建议，这场战争要打到让大不列颠统治中国，即便不在北京安置一个总督，也要安置一个常驻代表。《伦敦早报》则颇有远见地提到，这场战争带来的短期影响将是中国对英国企业开放，长远影响将是一个王朝的败亡及一场革命。这份报纸上的一篇评论文章写道，善良、自由的英国人一点也不关心抽象的权利和正义，"虽然英国商人可能一开始就错了，但是，在一个流行的体制（比如我们的体制）之下，没有一个政府能够抵挡得住我们国内的商人和制造商们的压力。"

根据英国媒体的报道，巴麦尊爵士曾向议院提交一份厚厚的文件，证明英国商人犯了错，并且不仅是一开始就犯错，而且还一直持续到最后一刻。但是，正如《伦敦早报》所评论的，这个国家做出的决策，并没有让犯错的商人失去走私贸易的利润，而是让整个国家卷入一场昂贵的战争："如果说我们的商人和制造商口袋里装了一先令的走私所得，那么，这场非正义的战争将耗费这个国家上千英镑。"

---

① *The Shipping Gazette*, April 16, 1840.

伦敦《每月纪事》杂志（1840年6月刊）则除了抨击这场战争是"可耻的""不道德的"，更说它是英国党派（在野的保守党与辉格党政府）斗争的结果：

> 在整件事中，保守党的行为是最露骨、最纯粹的党派斗争的完美标本。在詹姆士·格雷厄姆（保守党成员）提交议案之前，对中国人的同情以及对不公正的鸦片贸易的愤慨受到所有保守派报刊的嘲笑和奚落。这些报刊都赞成战争，它们激烈地抨击政府没有派出哪怕是一艘战舰去炮轰广州，以报复侮辱过英国国旗、掠夺了英国人财产的那些傲慢的野蛮人。突然之间，政府的态度改变了。印度传来的消息表明，大臣们并没有在他们的岗位上沉睡，他们一直在为远征中国做着可怕的准备。3月19日，约翰·罗素勋爵（Lord John Russell，下议院辉格党领袖）在下议院宣布，为了商人团体、东印度以及公众的利益，这场战争的目标是要求中国政府对英国国民受到的伤害进行纠正，使我们与那个国家之间未来的商业往来建立在一个安全和体面的基础之上。①

为了塑造对中国战争的正义性，很多英国本土及英国人在殖民地创办的媒体不遗余力地进行颠倒黑白、混淆视听的宣传。用《旁观者》杂志（1840年3月28日刊）的一篇文章的话说："政府作家们正在不遗余力地为这场对中国的战争涂抹上可敬的色彩。他们正在将黑人洗白。"

---

① *The Monthly Chronicle*, Vol. V., January-June, 1840, p. 415.

例如，《伦敦早报》将这场战争称为"光荣的、正义的、必要的战争"。《检查者报》（The Examiner）嘲讽那些反对这场战争的人只是"片面的人性化"。最值得关注的是《环球报》（The Globe），它将"鸦片十字军"（The Opium Crusade）塑造成汉族的拯救者，因为这场战争会"将汉人从外族征服者的统治下解放出来"。

1840年7月11日，鸦片战争开始不久，马来西亚的《槟城公报》（英国殖民者创办的报纸）刊登了一篇文章，将中英之间爆发战争的原因，归结为中国没有妥善处理两国之间的贸易冲突。

这篇文章写道，一国有权对另一国提出，我们不允许你们将鸦片或其他商品带入我们的市场，但是，终结这种商品贸易的方式却有很大的不同。比如，命令进口商将鸦片或其他禁止进口的商品从这个国家拿走，或者动用武力查封这些商品，或者发出通知——如果拒绝放弃这些商品，将对进口商诉诸武力。"但是多年以来，中国一直允许英国人交易这种商品，因此，停止这种交易并且不允许进口国将禁止交易的商品拿走必定被认为是违反各国的法律。"文章作者列出了三个原因：

其一，鸦片不是中国人的财产，而是英国商人的财产；

其二，没必要通过武力镇压鸦片贸易，而应该通知英国人将鸦片拿走，不要再将鸦片卖入中国；

其三，没收商品比鸦片贸易本身更不道德。

正因为如此，"我们要求中国人赔偿，而不是由英国赔偿。这项要求是正当的"。

对于这些巧言令色的报道，《旁观者》杂志上的一篇文章给出了客观的评价。这篇题为《对华战争》的文章写道："他们在尽一切可能掩盖真相，但'鸦片战争'（The Opium War）这个名词将在历史上流传下去……每一种宣传伎俩（直接的或间接的）都是为了刺激'约翰牛'的斗志。"

美国法理学家、废奴主义者威廉·杰（William Jay）在1842年2月出版的《战争与和平》一书中将英国正在对中国发起的这场战争称为"一场玷污了英国历史的最可耻、最可恨的战争"。并说，"很难在历史上找到一场战争比英国的鸦片战争更为直接地针对人的健康、道德和幸福，或者说更出自一个卑鄙龌龊的目的"。[①]

信息不对称

鸦片战争以中国的失败而告终。在这场战争中，双方的军事实力悬殊，这固然是英国获胜的重要原因，另一个不容忽视的重要因素，则是封闭的中国处于"信息不对称"的劣势。

与之前历朝相比，清朝最大的不同之处在于，它不得不应对强大的"外夷"，而且诸"外夷"对自己还知之甚深。

1840年9月19日，澳大利亚《悉尼公报》转载的一篇原刊英国《旁观者》杂志的文章，在一定程度上可以揭示英国人对中国统治者的了解到何种程度。这篇文章的作者在谈到林则徐时说："如果中国皇帝发现林则徐对英国采取的严重不当的行为背叛了国家利益，他将会剥夺这位有过失的公仆的双眼花翎（peacock tail with two eyes）。"

这位作者的预测与道光帝的反应大致不差。

根据《清实录》的记载，1840年9月28日，道光帝在给内阁的

---

① William Jay: *War and Peace: the Evils of the First, and A Plan for Preserving the Last.* Wiley & Putnam, 1842, p. 24.

上谕中说：

> 前因鸦片烟流毒海内，特派林则徐驰往广东海口，会同邓
> 廷桢查办。原期肃清内地，断绝来源，随地随时，妥为办理。
> 乃自查办以来，内而奸民犯法，不能净尽；外而兴贩来源，并
> 未断绝。甚至本年英夷船只沿海游弋，福建、浙江、江苏、山
> 东、直隶、盛京等省，纷纷征调，糜饷劳师，此皆林则徐等办
> 理不善之所致。林则徐、邓廷桢着交部分别严加议处。林则徐
> 即行来京听候部议。

林则徐到北京后，"寻议革职，命仍回广东备查问差委"。次年
6月28日，道光帝再斥林则徐"办理诸未妥协，深负委任……着革
去四品卿衔，从重发往伊犁效力赎罪"。[1]

丹麦裔法国地理学家、著名记者康拉德·布伦（Conrad Malte-
Brun）在1824年出版的《世界地理》一书，从另一个侧面揭示了19
世纪早期的西方人对中国的了解到底有多深。这本书对中国社会有
着不无偏见却颇为独到的描述，其中某些描述甚至与鲁迅的某些观
点契合：

> 从道德的角度考虑，我们很快就觉察到，中国人身具奴
> 隶、制造商及商人的品德和恶习……中国人是一群被驯服的、
> 遵守纪律的未开化的人。他们很少放下像奴隶急于取悦主人
> 那种奴颜婢膝的样子。他们很少表现出一丁点的粗鲁或热情

---

[1] 《清宣宗成皇帝实录》，卷三三九、卷三五二。

的举止……简言之，中国人从小就被灌输的一个观念就是——顺从。

他说，中国的百姓通常不会反抗。他们虽然聪明，却没有反抗的勇气，他们甚至认为卑躬屈膝地趴在主人的脚下可以更安全地保护他们珍贵的财产。但在快要饿死的时候，农民们经常会冒着上绞刑架的危险行拦路抢劫之事。"当他们打败前去镇压他们的官兵时，谈判与招安随之而来，但他们也可能继续在当地占山为王。"

康拉德·布伦对中国的政治制度有过点评："最绝对的专制已经成为习惯，或者成为父权政府的外在形式……趋向于限制王权的唯一制度是，官员们有时被允许以非常谦卑的姿态就政府的错误向皇帝进谏。"

他显然已经注意到当时中国的民族矛盾，因为在讲到明朝的灭亡时，他说："这个国家最终落入外族征服者——满洲人——的手中。"确实，这种民族矛盾对西方人而言早已不是秘密。正如前文提及，有的英国媒体甚至以拯救汉人脱离外族的控制作为发动鸦片战争的借口之一。

布伦显然也注意到了中国的阶级矛盾，因为他十分清楚清朝官吏的权威，以及国民在这种权威之下的艰难生活。他写道："与赐予他们权力的君主一样，官员们也享有绝对的权力。"这种绝对的权力表现在，官员们可以随意蹂躏百姓，"有上百个刽子手为他开道……如果有人忘了退避三舍，将遭受皮肉之苦"。当然，官员们有时也自身难保，"但凡他们有丝毫敷衍塞责，皇帝也会命人对他们施以杖刑"。

至少从布伦所处的时代开始，西欧人不再相信伏尔泰对中国官员的美誉之词。这位比布伦年长60岁的法国著名思想家曾说，中国的官员都是哲学家，沉醉于美妙的自然宗教之中，极富同情心，像父亲一样关爱子民。布伦则说："他们并非一群正直而精力充沛地捍卫神圣的自由和正义的希望的爱国者。他们只不过是围绕在彻头彻尾的暴君周边的卫星。因为俸禄很低，他们总是通过无理的勒索满足自己的欲望。"

他甚至发现了中国专制独裁者的秘密。这个秘密就是剥夺国民自由表达的权利，剥夺国民形成新思想的能力。他认为，与法文、英文等欧洲文字不同，难学难懂的汉字，在一定程度上起到阻碍思想传播的作用。①

必须说明的是，他的观点并非绝对原创，而是基于对许多汉学前辈的总结。例如，书中有关中国社会习俗及政治制度的内容，就借鉴了法国汉学家德圭格尼斯（Joseph de Guignes，他的儿子也是汉学家）的许多素材。有关中国语言方面的内容，则借鉴了另一位法国汉学家傅尔蒙（Etienne Fourmont）的著作。

当然，无论是德圭格尼斯父子还是傅尔蒙，或者其他欧洲汉学家，他们对中国的研究，也不是凭空想象的，而是建立在前人的研究之上。

正如本书开篇所言，早在马可·波罗时代，即公元13世纪末14世纪初，欧洲就开始了对中国的研究。但是，真正系统的研究，是从16世末开始，当时起着主要作用的是以澳门圣保罗大学为基地、将西方文明引入中国的耶稣会传教士，其中最有名的是前面提到过

① Conrad Malte-Brun: *Universal Geography: or A Description of All Parts of the World.* The English Publishers, 1824, pp. 592–595, 603.

的利玛窦。

西方公认的第一位汉学家是尼古拉·米列司库（Nicolae Milescu）。1636年，他出生于东欧的摩尔达维亚。在俄国与奥斯曼帝国争霸期间，这个东欧国家站在俄国一边。

1675年，米列司库作为俄国大使出使北京，并得到康熙的接见。他在中国停留了3年之久。他写的《游记：从西伯利亚到中国边境》，以及上呈俄国外交部的《旅行笔记及中国概况》（共三卷），是西方人研究中国的经典素材。

18世纪启蒙运动期间，欧洲人对中国的研究达到一个新高度。正是在这一时期，中国的哲学、道德与法律体系及美学知识被欧洲汉学家传到西方。对中西方文化进行比较分析，是当时西方学者最热门的议题。在这段时期的欧洲文艺作品中，经常可以发现中国元素。例如，1755年，伏尔泰创作的剧本《中国孤儿》，即是基于元代纪君祥的杂剧《赵氏孤儿》。

也正是在这一时期，欧洲出现了第一家研究中国的机构，即那不勒斯东方大学的前身——中国研究院（Chinese Institute），时间是1732年，创始人是马国贤（Matteo Ripa）。

马国贤是意大利那不勒斯的天主教传教士。1710年，他抵达澳门，随后北上京师，在内务府担任画师。他在中国侨居了13年之久。在中国，他的名气远不如比他晚5年来中国的郎世宁响亮，但在欧洲汉学界，他却是不得不提的人物。1723年，从中国返回意大利时，他带了4名年轻的中国学生（同时也是天主教徒）同行。在教皇克雷芒十二世批准建立的中国研究院中，这几位中国人负责教授中文，他们的学生是即将被派往东方的传教士们。

1814年，法兰西学院创设了中文和满文教席。自学中文的巴黎年轻人让·皮埃尔（Jean-Pierre Abel-Rémusat）是这个学院的第一位中文教授，同时也是欧洲历史上第一位中文教授。

在俄国，曾在北京居住14年的传教士尼基塔·比丘林（Nikita Bichurin）于1837年创办了第一所中文学校。

英国的汉学研究起步比法国晚。根据19世纪英国外交家、汉学家、第二任港督德庇时（John Francis Davis）的说法，1793年马嘎尔尼勋爵出使北京之后，英国人才开始系统地对这个庞大的、独一无二的帝国的语言、文学、制度及习俗进行研究。但很快英国就后来居上，成为西方汉学研究最权威的国家。

如果说，法国、意大利及俄国对中国的研究，或者18世纪之前欧洲人对中国的研究，主要是通过传教士们进行，那么，在很大程度上，英国对中国的了解或研究，主要是通过与中国有贸易往来的商人来实现。例如前面提到的例子，通过东印度公司的商人或船员们带来的信息，19世纪初的英国人就能从海盗肆虐、海防松弛、地方无能、社会动荡以至皇宫竟然被叛军占据等报道中大致了解到，同时代的中国正处于危机之中。另一个具有代表性的例子是曾为东印度公司效力的亚当·斯密在1776年出版的《国富论》一书中对中国经济状况的分析：

> 大家知道，近代中国人极轻视国外贸易，不给予国外贸易以法律的正当保护。以一切邻国陷于贫困境况为目标的近代外国通商原则，如果能够产出它所企望的结果，那就一定会陷国外贸易于不被人注意、不被人重视的地位。
>
> ……

除了对日本，中国人很少或完全没有由自己或用自己船只经营国外贸易。允许外国船只出入的海港，亦不过一两个……更广泛的对外贸易……可以使中国的制造业大大增长，能极大提高其制造业的生产力。①

商人在情报收集与传播过程中所起的作用，对近现代史（当然包括晚清史）的发展有十分重要的意义。这与商人在欧洲的地位有关。

至少在20世纪初以前，欧洲的商人比中国的商人更幸运。尽管在文学作品中，商人备受戏谑与嘲讽，例如莎士比亚的《威尼斯商人》以及巴尔扎克的《欧也妮·葛朗台》；但在现实生活中，他们是比较受尊重的，因为与中国的情况不同，欧洲的先天条件使得贸易而非农业，成为改善生活的主要途径。

随着欧洲经济的发展，尤其在资产阶级革命之后，商人的地位进一步提高。欧洲的商业与政治文化，使欧洲社会具有与中国完全不同的"阶级流动性"。丹尼尔·笛福在1726年出版的《地道的英国商人》一书中写道，在当时，绅士参与商业并不丢人，商人加入贵族行列也并无不妥：

简言之，英国的贸易造就着绅士，并已使绅士布满这个国家。因为就像那些出身最高贵和出身最古老的家族的人一样，商人的子辈（或者至少是孙辈）开始成为地道的绅士、政客、议员、枢密院官员、法官、主教和贵族。②

---

① 《国富论》第四篇，第七、九章。
② D. Defoe: *The Complete English Tradesman*. London, 1726, pp. 376–377.

这种阶级流动性使商人与贵族之间产生一种"相似的利益"（A Similarity of Interest）。当商人也能成为英国下议院的议员时，这种"相似的利益"进一步得到加强。

正是因为贵族与商人具有"相似的利益"，换句话说，正因为贵族和商人结成了利益共同体，1793年，英国的马嘎尔尼勋爵才不远万里出使中国。

正是因为这种利益共同体的存在，欧洲商人所了解的有关中国的信息、对中国的态度，以及他们所希望的对华政策，就不再只是他们自己的事情，也是政客和议员们的事情，同时也成为国家的事情。

因此，这种阶级流动性使得西方国家，尤其是英国以及后来的美国，建立起一套高效的情报收集和处理系统。基于这套系统，发生在世界各地的事情，可以及时地呈送公司决策层的办公桌。经过公司决策层或者专门的智囊机构（例如独立的汉学研究机构或者政府下属汉学研究机构）初步分析后，又呈送国家决策层，成为制定国策的基础。

重要的是，因为公司决策、国家决策建立在情报分析的基础之上，换句话说，在很大程度上取决于情报的可靠程度，以及情报分析的准确程度，无论是公司还是国家的决策层，都要求基层情报提供者提供真实的信息。因为"相似的利益"的存在，它同时成为基层情报提供者的自我要求。

需要指出的是，情报收集与分析过程中对真实性的追求，与情报对外公开发布时的真实性是不同的概念。出于各种目的或动机，例如党派斗争或集团利益的需要，公开发布的情报往往经过修饰。

而在专制国家，比如大清，个人前途往往取决于上司的喜恶，因此，欺上瞒下成为一种必然文化。于是，最高统治者看到的信息往往与真实情况相距甚远，依据这些信息做出的决策更会误国误民。

通过制度安排（无论这种安排是有意为之还是不得已而为之），再加上舆论引导，西方国家的决策者们（贵族、议员、政客、商人等）可以将"利益共同体"的圈子不断扩大。这样做不仅可以获得更多的情报，还可以调动更多因素来贯彻自己的决策。

英国东印度公司就是一个例子。英国伦敦总部高层日常处理的问题主要有两个，一是分析并做出经营决策，再就是处理与海外分支机构的关系，既要让在海外的雇员们踏踏实实做事，又要确保他们的忠诚。他们与设在雅加达、孟买、马德拉斯、加尔各答和广州等地的分支机构之间，通过商船传递文书来进行沟通。这些文书已经成为研究那段历史的重要材料。

对身在伦敦总部、极有经济学素养的公司高层来说，只要有足够的信息，分析并做出经营决策并不是一件难事。难办的事情在于，让海外的高管及雇员努力并且忠心地为公司卖命。

《亚洲杂志》（1816年2月刊）披露了东印度公司涉及与印度和中国进行贸易的人力资源的部分情况：

> 除了大约8000名水手，东印度公司轮船上还有大概1400名指挥官和高级职员。在泰晤士河上为公司商船供货的商人大概有1200人，他们的货仓里大概雇用了3000名劳工。所有这些人，加上他们的家眷，人数应在3万以上。①

---

① *The Asiatic Journal*, February, 1816.

17世纪初期，海外雇员们的薪水并不高，负责撰写文书的文员的年薪大概20英镑，经理的年薪大概30英镑，总经理的年薪大概350英镑，也有少数人年薪500英镑。因为薪水平常，东印度公司雇员利用职务之便谋私利的事情十分常见。例如，根据公司档案，理查·韦翰（Richard Wickham，一个在日本工作了5年的职员）的年薪最多不过55英镑，但他于1618年去世之时，遗产中的现金部分达到1400英镑。最终，他留下的不动产被公司以调查之名扣押。

为了在公司内部杜绝秘密的私人贸易，1674年，东印度公司出台了一项重大决策，即允许在印度的海外雇员及自由商人（多数是前雇员）在亚洲范围内从事港到港的贸易，但规定有些商品只允许公司进行贸易。他们可以将宝石、麝香及龙涎香等特定香料、毛毯、贵重的丝织品等商品卖到英国去。到了18世纪中期，商船从中国返回英国时，指挥官可以将38吨重的私人货物装载上船。

1834年，英国政府结束了东印度公司对华贸易垄断权，其结果是，"利益共同体"进一步扩大。

正是在这些背景之下，在中国与欧洲国家（尤其是英国）之间，贸易关系上出现的任何变化，影响的不仅仅是几个商人的利益，而是"利益共同体"的利益，最终体现为国家的利益。

让我们重回信息不对称的议题本身，看看19世纪40年代之前，英国人对中国的军事情况了解多少。

仍然从1793年马嘎尔尼勋爵出使中国说起。前文已有交代，这次出使并没有达成目的，有关增加通商口岸、在北京派驻代表等要求全被乾隆拒绝。但是，他们并非没有收获——

他们得到大量有用的情报。

1797年，马嘎尔尼与一同出使的另外两名贵族〔乔治·斯当东及伊拉斯谟·高尔爵士（Sir Erasmus Gower）〕将出使经历写成一本书。他们不仅在书中列出中国各省人口数、面积、财政收入（含土地税、盐税及其他税项）、农作物产出的情况，还列出上至总督、下至县令的收入，以及军事方面的情况，包括各级军官、各兵种将士的数量及收入。

例如，书中提到，中国有18位提督，年薪4000两银子；有62位总兵，年薪2400两；有121名副将，年薪1300两；有165位参将，年薪800两，等等。其他各级军官的人数与年薪也一一详列。各级军官年薪总数为1 974 450两。

书中所列各兵种数据是：步兵100万，每年军费2400万两；骑兵8万，每年军费3840万两；每年花在马匹上的开支是160万两；花在军服上的开支是720万两；装备、武器的磨损以及应急事项每年要花掉180万两。所有这些开支，加上军官们的年薪支出，使得每年军费高达74 974 450两。

向马嘎尔尼等人提供情报的是一位名叫Van-ta-zhin的清朝官员。Van-ta-zhin可能是"王大臣"的音译，既可能指王姓大臣，也可能指某位亲王大臣。至于后者是无偿提供情报还是出卖情报，我们不得而知。①

英国外交官亨利·埃里斯（Henry Ellis）则告诉西方人，清朝军官们对国家的军力毫无信心。1816年，埃里斯跟随阿默斯特勋爵

---

① Sir George Staunton, George Macartney, Sir Erasmus Gower: *An Authentic Account of An Embassy from the King of Great Britain to the Emperor of China*. London, 1797. Vol. 3, pp. 467–474.

出使北京。次年，他将出使经历结集成册。他写道："中国人对军事的无知是如此的明显，以至于军官们（无论其级别多高）毫不迟疑地承认这一点。"①

英国人总是通过各种渠道收集并更新情报。

例如，《绅士杂志》（1823年6月刊）引用了法国汉学家德圭格尼斯的数据：中国有步兵60万，其中，八旗兵35万，绿营25万，另有骑兵24.2万。这篇文章的编辑者评论，德圭格尼斯有关骑兵的数字过高，因为中国喂养马匹有限，同时很难从外国购买战马。文章写道："中国骑兵既没有卡宾枪，也没有手枪，只有长矛和马刀。"文章甚至介绍了旗兵与绿营士兵体罚方式的不同："汉族士兵受杖刑，八旗士兵受鞭刑。"②

《联合军事杂志》（1832年出版）引述了侨居中国多年的法国人黎恩济提供的军事数据：常规步兵30万，非常规步兵40万，常规骑兵22.7万，非常规骑兵27.3万，炮兵（装备可怜）1.7万，常规军军官6892位，非常规军军官5201位，水军3.24万。③

英国哲学家边沁（Jeremy Bentham）创办的《威斯敏斯特评论》杂志（1834年10月刊）引用了德国传教士郭实腊提供的数据：

中国陆军数量惊人，但其胆怯程度及效率之低更为惊人。他们的士兵报酬极低，装备极差，有的只有火绳枪，有的使用长矛，有的使用弓箭……炮兵十分可怜。戍守北部边境的军

---

① Sir Henry Ellis: *Journal of the Proceedings of the Late Embassy to China*. London, 1817, p. 253.
② *The Gentleman's Magazine, and Historical Chronicle*, Vol. 93, p. 605.
③ *United Service Journal and Naval and Military Magzine*, Part II, 1832, p. 80.

队可能比欧洲人有过接触的南方省份的军队更勇敢、更有效率……火药非常糟糕，枪炮保养不善，运用不熟，火门非常大，制式比例失调。我非常相信，有些枪炮给炮手带来的危险比给敌人带去的危险还要大。中国享受了很长的和平时期，他们所有的军事工作都已陷入衰退。他们甚至渴望所有军事工作都化为乌有，认为战争应该从记忆中抹去。①

美国马萨诸塞州的《伍斯特历史杂志》(*The Worcester Magazine and Historical Journal*)（1826年4月刊）上的一篇文章，引述了俄国旅行家蒂姆博斯基（M. Timbowsky）提供的情报："蒂姆博斯基在中国停留期间收集了一些引人注目的数据，这些数据与这个国家的军事情况有关。从数量上看，中国的兵力似乎非常强大，但事实远非如此……军队的士气与纪律处于不可思议的低潮，因此，中国的上一位皇帝嘉庆在1800年发布诏令，以先辈的英雄事迹激励满人，他责备军人们战备不精。"

有证据表明，最迟在1831年，英国人已在讨论与中国作战的可能性，非常有信心能够击败中国。这一年4月出版的《亚洲杂志》写道，在中国居住多年的英国人一直在讨论与中国作战的话题，他们认为，"虽然中国的人口可能达到2.5亿，但2万名英军就可能从广州一路打到北京，不会遇到阻碍或干扰"。

因此，当我们看到，在鸦片战争爆发前的若干年，一首被作者称为"献给即将远征中国的军队"的《战歌》刊登在多家西方媒体上，例如《文学、娱乐及教育镜刊》(*The Mirror of Literature, Amusement*

---

① *The Westminster Review*, October, 1834.

and Instruction)（1832年伦敦出版）以及《悉尼先驱报》（1834年3月20日刊），我们不应该感到惊讶。

尽管这首战歌不无戏谑意味——它似乎以"圣洁的女战士"（virgin amazon）为鼓动对象，但它完全反映出英国人对发动一场对中国的战争的渴望。其内容节选如下：

> 来吧，系好你的帽带、披肩，还有你的围巾！
>
> 各位骄傲圣洁的女战士，跟我向前走！
>
> 来吧，起来战斗吧，
>
> 所有喜爱屯溪茶（Twankay）、小种茶（Souchong）或武夷茶（Bohea）香味的女人们！
>
> 来吧，挥起你的茶杯，舞起你的勺，
>
> 敲响你的茶盘、茶壶和茶缸；
>
> 不为你的爱人或甜蜜的蜜月，
>
> 而是为了屯溪茶；
>
> 战争让你柔软的胸怀燃烧！
>
> ……
>
> 如果我们胜利了，
>
> 我们要喝二十杯茶；
>
> ……
>
> 往前走，勇敢的少女们，离港起锚！
>
> 这样一位光脚暴君，
>
> 我们丝毫没有放在眼里！
>
> ……
>
> 用一块结实的维特尼毛毯，

　　将这个可怜虫捆起来！

　　噢！洗劫北京！多么好的丝绸！多少好的围巾！

　　中国人[①]将得到自由；

　　……

　　那么，英国到底动用了多少兵力呢？

　　参与这场战争的英国军官邓肯·麦克弗森（Duncan MacPherson）在1843年出版的一本书中披露的数据是，陆军方面，英国调动了第18、第26、第49兵团，以及马德拉斯炮兵，还有工兵等，总计3000人；海军方面，出动了3艘战列舰，2艘配备44门火炮的护卫舰，14艘配有28门或18门火炮的战舰，以及4艘武装轮船。正如麦克弗森所感叹的：“只动用这么少的兵力，英国就敢征服中国。”[②]

大不列颠的荣誉

　　1842年8月29日，泊于南京下关江面的英军战舰“皋华丽”号上，中国方面的代表钦差大臣耆英、两江总督牛鉴及署乍浦副都统伊里布，与英国女王的全权大使璞鼎查（Henry Pottinger）签署了中国历史上第一个不平等条约——中英《南京条约》。

　　“皋华丽”号战舰值得一提。这艘战舰约54米长，15米宽，柚木船身，配备74门火炮，是英国皇家海军的第三级战列舰。它的下水时间是1813年5月12日。除了鸦片战争，它还参与了克里米

---

① The Chinese，此处指汉人。

② Duncan MacPherson: *Two Years in China: Narrative of the Chinese Expedition*. London, 1843, pp. 10–11.

亚战争，当时指挥它的是英国未来的第一海务大臣乔治·卫斯理（George Wellesley）。

当然，更值得一提的是璞鼎查——首任港督。

璞鼎查出生于爱尔兰。1804年，年仅15岁的他就加入了驻印度的英军。他曾化装成穆斯林商人，在印度至波斯一带刺探情报。干了两年类似间谍的工作之后，他进入了英国东印度公司。31岁时，他成为英国驻巴基斯坦信德地区的行政长官。1839年，他回到英国。女王授予他"从男爵"的爵位。这个爵位并非贵族爵位，受封者仍是平民身份。

1841年，璞鼎查接受英国外交大臣巴麦尊勋爵的任命，担任出使中国的全权大使，并取代义律成为驻华商务监督。巴麦尊交代他要"仔细观察香港的自然条件"，并且说，"你不会同意放弃这个岛，除非你能在广州附近找到另一个岛，它比香港更适于实现这两个目的：防御，及为战舰和商船提供足够的保护"。①

1841年11月4日，接替巴麦尊担任英国外交大臣的阿伯丁勋爵致信璞鼎查，他怀疑夺取香港可能会增加行政支出，并且使英国与中国及其他国家的关系更为复杂。尽管有这些顾虑，英国人最终还是没有放弃香港。

1842年10月，《中国丛报》《广州纪事》等英国人创办的媒体记录了谈判过程。大致细节如下：

中英谈判代表第一次会面是8月20日，时间是璞鼎查提议的。这是纯礼节性的会面。当日早上10点过后，中方代表耆英等人及扈从分乘6艘船，出现在江面上。璞鼎查派汽轮"美杜莎"号出迎。

---

① Steve Tsang: *A Modern History of Hong Kong*. I.B. Tauris, 2004, p. 17.

在希腊神话中，美杜莎是一个满头蛇发、长相恐怖的女妖。

登上"美杜莎"号后，中方代表就座，扈从护卫在侧，"这艘小船的各个角落都挤满了人"。中方代表衣着朴素，身穿官衣，顶戴花翎，有的扈从却穿着高贵优雅的礼服。很快，"美杜莎"号将钦差大臣耆英、伊里布及两江总督牛鉴等人送上"皋华丽"号。"那里已集合很多陆军和海军军官，全都身着制服，与中国人的穿着形成强烈反差。"

璞鼎查及英国海陆军将领出迎，将中方代表带到后舱，在那里，午餐已准备就绪。用餐后，中方代表参观了这艘战舰，然后离开，"他们对受到的礼遇感到十分高兴，在船上停留了大约两个小时"。

第二次会面原定两日后进行，但因为那天早晨大雨倾盆，且一直不停，璞鼎查决定延后会面。中方这边则正好赶上伊里布染病。于是，双方同意会面日期往后顺延两日。

8月24日，两国代表在位于南京城西北的静海寺进行第二次会面。

中方代表抵达的时间比约定时间早很多，英方代表过了10点才到。英国人将要到达时，中国人放了三响礼炮。璞鼎查及海陆军将领走在最前面，身后是护卫队及乐队。

钦差大臣耆英等人皆出迎，礼数非常周到。"落座后，中国人送上茶水及甜点等吃食，然后是演奏中国音乐。这次会面持续了大约一个小时。英国人离开时，乐队演奏了英国国歌。"

8月26日，双方进行了第三次会面。英方代表10点左右出发，乘船登陆后，"两江总督牛鉴的助手及伊里布的助手已在那里迎接。大约21位英国代表及十几个扈从，与大约二三十位中国官员骑马走了 1.5 英里后，进入伟大的南京城——一座屡遭不幸、人口依然众多的古都"。

这队人马经过时，成千上万的人安静而又急切地注视着他们。会面的地点是一个会堂。钦察大臣耆英等人出迎，将璞鼎查等人带入一间布置典雅的会议室。

璞鼎查入座主席，左边坐着耆英，右边坐着伊里布。"一开始就上了茶点和红酒，然后是交流各种事情。三四个小时后，双方都安静地休息。这是十分美好的一天。1839 年的 8 月 26 日是多么的不同啊！那一日，林则徐将英国人逐出了澳门！1840 年 8 月 26 日，英国全权大使试图与琦善一晤。1841 年 8 月 26 日，英军在厦门大败中国军队。1842 年的同一日，英国人赢了这场三年之战，以胜利者的姿态进入这个帝国的古老都城，而林则徐和琦善都在流放。"

根据澳大利亚《快报》的报道，璞鼎查的秘书麻恭（G. A. Malcolm）8 月 26 日晚上给在中国的英国国民写了一封信，信中写道，全权大使今天与中国钦差议定了一份条约，"在发布这个让人极度满意的消息时，女王陛下的全权大使没有详细表达他本人对英国联合部队各兵种各级军官——从最高级到最低级——及士兵在导致这些重大成果的战争过程中表现出来的卓绝技巧、精力、奉献精神及勇气所感受到的情绪。这些已经议定的要求确定无疑将得到最高当局的承认。与此同时，女王陛下的全权代表就实现和平向在中国的英国国民表示祝贺。他希望并且相信，这个及时出现的和平将同样惠及英国与中国的国民。"①

8 月 29 日，《南京条约》正式签署。目击者记载了颇有意思的

---

① *The Courier*, Nov. 25, 1842.

一幕："原以为伊里布不会出席，因为他病得很重。耆英和牛鉴抵达'皋华丽'号战舰时，也并无伊里布陪同。他们二人被带到后舱，在那里享受丰盛的午餐。大约半个小时之后，伊里布乘坐自己的小船出现了。英国人不得不将他抬上战舰。璞鼎查及英国海陆军将领出迎，扶着他进入后舱（因为他无法自己走路），将他安置在一张长椅上。"

趁着伊里布还有精神，英国人立即开始工作。"这份条约先是盖上璞鼎查的印章，盖章者是璞鼎查的秘书马儒翰（John Robert Morrison），然后盖上耆英的印章，盖章者是耆英的秘书 Wang Tajin。"盖完章后还有签字的程序。耆英、伊里布和牛鉴都依次签字后，璞鼎查才签上自己的大名。

签完字后，谈判代表们在签字桌旁就座休息。璞鼎查举杯，祝祷英国女王和中国皇帝身体健康。此时，英国人放了21响皇家礼炮。"皋华丽"号战舰的主桅与后桅升起一面中国的黄旗和一面英国国旗。然后，耆英、伊里布等人换船离开。

璞鼎查的特别副官洛克是整个签字过程的见证者之一。一年后，他出版了一本著作。书中写道："毫无疑问，他们带着卑微的骄傲离开了，但是，公正的补偿拯救了他们的古都，或许也拯救了他们君主的宝座。"[1]

仪式完成后，这份条约被急递北京，等待皇帝批准。根据《清实录》的记载，1842年9月6日，即签字一周后，道光见到了这份和约。他在给军机大臣等的上谕中说：

---

[1] Granville G. Loch: *The Closing Events of the Campaign in China.* London, 1843, p. 188.

朕详加披阅，俱着照所议办理。惟尚有须斟酌妥协者，即如该夷赴各该口贸易，无论与何商交易，均听其便一节，须晓谕该夷：一切听汝自便，与地方民人交易，但日久难保民人无拖欠之弊，只准自行清理，地方官概不与闻。其各国被禁人口，自应一律施恩释放，以示格外之仁。将来五处通商之后，其应纳税银，各海关本有一定则例。该夷久在广东，岂有不知？至中国商人在内地贸易，经过关口，自有纳税定例。所称定海之舟山海岛、厦门之鼓浪屿小岛，均准其暂住数船，俟各口开关，即着退出，亦不准久为占据。以上各节，着耆英等向该夷反复开导，不厌详细，应添往约内者，必须明白简当，力杜后患，万不可讲究目前，草率了事……将此由六百里加急，谕令知之。①

条约送回南京后，璞鼎查派秘书麻恭将其送到英国，待女王签字后再送回。

这份条约不仅被视为英国的胜利，还被视为西方世界的胜利。1842年10月，《中国丛报》发表的一篇文章表达了在广州的英国商人的激动心情："得知英国与中国的全权大使在南京议定和平条约的这个让人高兴而意外的消息时，我们确信，英国、美国及一直在关注战事进展的西方土地上的其他国家同样兴奋。"

亲身经历了战事及条约签署过程的英国军官邓肯·麦克弗森在其一本著作中写道：

---

① 《清宣宗成皇帝实录》，卷三七九。

在这个古都的城门之前，陈列着无数英国战舰。我们在中国沿海的不断胜利，我们对大运河——这个帝国的主动脉——的占据，注入我们的"鬼船"或轮船的非凡并且非人力可为的动力，最终让这个帝国的皇帝及其大臣们确信，继续抵抗纯属徒劳。他们担心我们会进而攻入北京，因而乐意"优雅地屈服"，并缔结附有条件的和平……我们的适度条件将永远有助于大不列颠的荣誉。我们已经为彻底清除天朝迄今为止仍在坚持的排外与独尊思维铺平了道路。我们已经为世界打开了最有价值的商业市场。同时，在上帝的帮助下，我们可能在这些灵巧而聪明的人民中间播撒下基督教的种子。[1]

但是，至少在鸦片问题上，"大不列颠的荣誉"被玷污了。在与英国人谈判的过程中，耆英等人十分渴望能在鸦片问题上与璞鼎查达成一致意见，以期永久杜绝鸦片贸易。然而，这项要求被英国人拒绝。

1842 年 12 月 3 日，《泰晤士报》发表社论，就鸦片贸易引起税收损失及对中国发起非正义战争等问题批评议会。针对英国政府与议会及其谈判代表在鸦片贸易问题上的立场，这篇文章评论道：

这件事应该立即得到大臣们的严重关注。我们与中国的新的商业关系所及的大部分利益，无论是在持续时间方面，还是广度方面，可能要视鸦片贸易的方针而定。我们认为，大不列颠政府此刻应该一劳永逸地断绝与这种贸易的关系，不仅在外

---

[1] Duncan MacPherson: *Two Years in China: Narrative of the Chinese Expedition*, 1843, p. 262.

交层面，还在道德与实践层面。我们不应再卷入这种交易，不应像约翰·霍布豪斯爵士（Sir John Hobhous）与奥克兰勋爵（Lord Auckland）时代一样，鼓励它或者使它成为印度收入的来源。我们不仅要否定，而且要断然阻止并且从正面反对在中国的所有港口从事这种贸易，而不是像罗宾森爵士（Sir G. Robinson）与义律时代一样，支持并保护这种交易。总之，这种贸易应该被取缔，只要我们政府这一方能够取缔它，同时不违反我们不为其他国家的税收法律作保的原则……如果我们采取这些措施，我们将得到中国政府和人民的尊重和支持，否则，这种支持只能通过他们的恐惧来维持。我们不要忘记，在这件事上，宗教、正义和人道都指引着同一个方向。

我们亏欠中国一些道德补偿，因为我们掠夺了她的城镇，屠杀了她的国民。如果我们没有犯下这种国家罪行（指鸦片贸易），这场争端根本不会发生。

对于《泰晤士报》的评论，英国政治家沙夫茨伯里勋爵（Lord Shaftesbury）深有同感，他在一篇文章中写道："我对我们的成功高兴不起来。我们赢得了一场有史以来最非法、最不必要、最不公平的战争……基督徒在这两年之中给异教徒造成的伤害，比异教徒在两百年的时间里给基督徒造成的伤害还要多。"[1]

---

[1]　Eugene Stock: *The History of the Church Missionary Society: Its Environment, Its Men and Its Work*, vol. 1, 1899, p. 470.

第四章　暗流涌动

鸦片战争前，不少西方人已在反思鸦片贸易。因为对西方国家来说，鸦片贸易就像是金庸笔下的"七伤拳"，在伤害敌人的同时，也损害了自己的利益。

1840年11月9日，即鸦片战争期间，《悉尼商报》刊登了一篇以鸦片贸易为题的文章。作者是英国茶商威廉·弗莱（William S. Fry）。这篇文章是他在议院发言的节选。文章中写道："我将给出一些证据……如果文中观点被认为是正确的，我强烈呼吁立法机关进行干预。"他给出的证据涉及法律、道德、经济和宗教层面：

其一，无论是过去还是现在，将鸦片卖到中国都直接违反了那个国家的法律，是对中国政府的蔑视；

其二，英属印度政府在我们的东印度属地垄断了鸦片的生产，并将鸦片销往中国，丝毫不尊重那里的法律；

其三，不止英属印度属地的人，在不列颠印度政府的支持下，不列颠国民也一直在将鸦片运到中国出售；

其四，作为一种刺激物或奢侈品，鸦片会对身心造成最严重的伤害；

其五，在英属东印度属地上，鸦片的种植与垄断伴随着严重的罪恶与压迫；

其六，无论是过去还是现在，鸦片贸易都在损害大不列颠的合法商业，对茶叶贸易（国民收入的重要组成部分）造成极大威胁；

最后，同时也是最重要的，它对基督教在东亚的发展造成极大干扰。

共　识

鸦片战争结束后，对鸦片贸易利弊的讨论仍在继续。

1843年5月30日，《悉尼先驱晨报》转载了一篇原刊于伦敦《泰晤士报》的文章。这篇文章是基于前述英国首相皮尔（Sir Robert Peel）在1842年7月收到的一份调查报告而撰写的。确切地说，这份调查报告是一份联名文件，署名者是来自英国最主要的工商业城市（例如利物浦、曼彻斯特、利兹、普雷斯顿、布拉德福）的名流，包括利物浦的约翰·格拉斯通（John Gladston）、利兹的詹姆士·布朗（James Brown），以及曼彻斯特的威廉·格兰特（William Grant）等。

无论是从报告本身的内容，还是从报刊文章内容来看，英国工商界已达成一项共识，即鸦片贸易损害了正当贸易的利益。

根据这份报告，1803年至1808年，英国东印度公司对中国的出口额，仅毛织品一项，每年平均达到1 128 557英镑。虽然在1808年至1839年，大不列颠在工艺、财富等方面取得重大进步，并且从1834年开始，自由贸易体制取代了垄断体制，然而，到了1839年，英国各类商品及工业制成品对中国的出口额只有851 966英镑，回到1800年的水平。1834年至1839年，年均出口额不到

100万英镑。同期鸦片贸易却在大幅增长，从1816年的3000箱左右增长到1839年的30 000箱以上，增幅超过10倍。文章作者评论道：

> 的确，这就好比瘦黄牛吞了肥黄牛，发霉的玉米腐蚀了好玉米。它就像是贸易肌体上的脓包或浮肿，而且它贪得无厌，吃得越来越多，但相对于通过系统循环摄取的有益养分，它对肌体的损耗越来越大。

《泰晤士报》这篇文章发表前，《南京条约》已经签署。中国承诺向英国开放广州、厦门、福州、宁波、上海为通商口岸。对英国工商界来说，这是前所未有的商机。因此，文章作者呼吁英国政府："我们现在正处于与中国进行更广泛交流的前夜，希望在印度的不列颠政府停止卷入鸦片贸易。"

但是，由于《南京条约》并未禁止鸦片贸易，同时因为有"领事裁判权"的庇护，鸦片战争后，鸦片贸易比战前更加猖獗。

《美国药学》杂志（1853年1月刊）写道："鸦片战争的结果之一是香港岛割让给了英国人。该岛落入胜利者手中后，岛上的鸦片贸易就合法化了，很快就有20家商铺得到售卖鸦片的牌照……因此，这场战争并没有终止或约束鸦片贸易体系，相反，贪婪的英国人为这种生意提供了比以往更多的便利。"[1]

《北英评论》杂志（1857年2月刊）上的一篇文章引述在厦门居住多年的美国传教士波尔曼的话："仅厦门就有1000家鸦片馆，那里除了提供鸦片，还提供烟具。"这篇文章写道，在开放通商的

---

[1] *American Journal of Pharmacy,* January, 1853, p. 269.

整个中国沿海地区，以及这些地区的所有城镇，都可能见到这样一幕：

> 吸毒的父亲和丈夫让家人陷入不幸的窘境，有人甚至乞讨为生。很多人失去了房子和家庭，在大街上、田野中、河岸边奄奄一息，垂死挣扎，没有哪个陌生人会去照顾他们。他们死后，曝尸荒野。①

从事正当贸易的商人受到的影响越来越大。

1846年，即鸦片战争结束4年后，《广州通闻》发表评论："孟加拉鸦片的原始成本为每箱250卢比左右，现在售价是1200—1600卢比，因此无须再问谁是这场鸦片战争的最大受益者。鸦片贸易确定无疑是一个大恶魔。现在，它对其他商品的销售造成了间接伤害。"

1847年4月20日，议员诺顿（W. Norton）在英国下议院做证时提出，1846年，英国（包括英属印度）对中国出口贸易额为232万英镑，进口贸易额为449万英镑，中国的贸易顺差为217万英镑，"如果这个数据属实，我很自然会想到，英国工业品贸易将有很大增长空间。但因为购买鸦片的支出达到540万英镑，中国最终是232万英镑的赤字……中国已被逼到这样的程度，以致最终无力购买我们的工业品。"

两年后，香港第一任财政司长、英国商人马撒尔发出感叹："北部开港后，鸦片贸易对合法贸易的侵害已发展到异乎寻常的程度。"

他举了生丝为例。《南京条约》签订之前，上海运往大不列颠

---

① *The North British Review*, vol. XXVI, 1857, p. 543.

的生丝，每年是3000—5000包，到了1848年，增长到1.7万包，按道理，"中国生丝出口的大幅上升，本该有利于对英国工业制成品的进口。但不幸的是，鸦片贸易使进口减少了……没有克服这个困难的办法，鸦片贸易稳步增长。大不列颠对中国茶叶和生丝消费的增长，只导致鸦片贸易的增长。英国的制造业在中国毫无希望"。

马撒尔曾询问上海道台，怎样才能让中国多进口外国的工业产品，"他给我的答案是，'别再卖给我们这么多的鸦片，我们就有钱买你们的产品了'。我们说这番话的时候，英国驻上海领事巴尔富（G. Balfour）也在场"。

马撒尔是一个精明的政治家和商人。根据《中国丛报》（1845年12月刊）的报道，他担任香港财政司司长期间，曾建议英国政府用香港岛换取浙江的舟山岛，因为"舟山比香港更适合贸易的目的，它比香港更富裕，显然也更具生产力。香港只是一个贫瘠的船坞。舟山则相反，那里出产的大米足以支撑大量人口"[①]。

1850年1月，美国商人吉迪恩·奈伊（Gideon Nye）在纽约《商人杂志与商业评论》（*The Merchants' Magazine and Commercial Review*）上发表了一篇题为《茶叶与茶叶贸易》的文章。文章引述一位在上海做生意的西方商人的话："中国不能同时接受商品和毒品，因此，对英国来说，到底哪个产业应该受到鼓励？"

到了1856年，这场争论甚至引起英国军界高层的注意。陆军少将亚历山大（R. Alexander）在其著作《英国鸦片走私的兴起与发展》一书中引用了一组广州商会披露的数据：

---

① *The Chinese Repository*, Dec. 1845.

1837 年，中国对英国的贸易顺差是 320 万英镑，对美国的贸易顺差是 86 万英镑，二者（全都是合法贸易）合起来是 406 万英镑。同等水平的贸易顺差一直维持到 1852 年。但是，这些贸易顺差都被鸦片贸易给吞噬了。鸦片贸易每年从中国人那里提走了 400 万英镑……据估计，中国用于支付鸦片的资金在本世纪已达到 9000 万英镑左右。

这种状况导致的结果是，鸦片价格稳定或有所上涨，同期西方工业品的价格却逐渐下降，降幅达到 1/3 甚至 1/2，很多时候售价甚至低于制造成本（不含运输成本）。例如，1836 年至 1837 年，上等棉布的价格为每匹 1 英镑，到了 1851 年，最低降到 7—11 先令（1 英镑 =20 先令）；同期鸦片交易量翻了一倍，售价基本维持原有水平。[①]

尽管鸦片贸易影响了英国商人的合法贸易，取缔鸦片贸易却并不符合英国的利益，因为这会严重影响英属印度政府的收入，从而影响英国在印度的控制力。在印度宗教复兴、民族主义复兴的背景下，这是绝对不允许发生的事情。正如《美国药学》杂志所言："没有来自鸦片贸易的巨额收入，英属印度政府将无以为继。"[②]

鸦片对英属印度政府的重要性，可以用《商人杂志》披露的一组数据予以说明：1845 年，印度向中国出口鸦片 4 万箱，英属印度政府获得了 476.65 万英镑的财政收入。这笔收入占到总收入的 20% 左右。

既然一方面合法商人不断叫屈，另一方面鸦片贸易必须维持，

---

① R. Alexander: *The Rise and Progress of British Opium Smuggling*. London, 1856, p. 41.

② *American Journal of Pharmacy*, January, 1853, p. 269.

英国政府和议会只剩下一个选项：继续迫使中国开放市场。这是英国人发动第二次鸦片战争的根本原因。马撒尔在《中国之友》杂志（1849年刊）上发表的一篇文章道出玄机："关于我们不完善的对华贸易，真正的补救方式不在于削减100万或200万英镑的茶叶关税，而在于与中国进行完美的自由贸易，在于深入那个庞大国家的内陆市场。"[1]

法国儒安维尔亲王（Prince de Joinville）在第二次鸦片战争爆发前写的一篇文章，有助于我们了解19世纪50年代的中国在西方政治家眼里是什么样子，以及英法等国对第二次鸦片战争的战略考虑。

儒安维尔是法国国王路易·菲利普的第三个儿子。1830年的"七月革命"后，法国人推翻了波旁王朝，建立了君主立宪制的"七月王朝"（又称奥尔良王朝，1830年至1848年）。菲利普是这个王朝唯一一位国王，同时也是法国历史上最后一个国王。

正是在"七月王朝"，儒安维尔的军事才华得到充分展现。1844年，26岁的他率领法国海军入侵北非国家摩洛哥，成功占领莫加多尔。他因此被授予海军中将军衔。

1848年，"二月革命"终结"七月王朝"，建立了法兰西第二共和国。菲利普国王逃亡英国，儒安维尔亲王则逃亡阿尔及利亚。

1852年，法兰西第二共和国总统拿破仑三世称帝，建立了法兰西第二帝国。他渴望实现伯父拿破仑的野心，征服欧洲，乃至整个世界。在第二帝国存续期内（1852年至1870年），他发动或卷入了

---

[1] *The Friend of China*, July 28, 1849.

一系列战争，例如争夺近东势力范围的克里米亚战争、征服塞内加尔、墨西哥战争、普法战争、法越战争等，当然还有第二次鸦片战争。法兰西第二帝国的出现，及其奉行的侵略与扩张政策，意味着帝国主义开始在欧洲大行其道。

"七月王朝"被推翻后，儒安维尔的政治生命几近结束，但是，通过撰写军事及国际时局方面的文章，他一直在展现自己的才华。其中，他在第二次鸦片战争爆发后写的一篇论述欧洲对华政策的文章，引起极大关注。法国杂志《两个世界的评论》（*Revue des Deux Mondes*）（1857年6月刊）及英国杂志《威斯敏斯特评论》（1859年10月刊）都做过隆重推介。

儒安维尔在文中将中国称为"腐朽的帝国"（a decadent empire），并列出中国走向腐朽的许多迹象，例如，日益严重的腐败、唯利是图的政治与行政体系、形同虚设的内阁、宗教分裂与军事叛乱——太平天国起义、禁而不绝的鸦片贸易等。

在他看来，第一次鸦片战争是"纯粹的英国人的战争""纯粹的贸易战争"，而第二次鸦片战争则牵涉欧洲的利益，是欧洲人的战争。理由是，如果英国独力征服中国，那么，出于对英国独大的担心，欧洲国家会联合起来反对英国。而且英国具有极大的商业优势，没有必要通过彻底征服中国来获得市场，让中国保持独立对英国更有好处。他建议成立欧洲联盟（European Coalition），以防俄国或英国独占中国的利益：

> 联盟国家要承诺对中国采取道德和物质上的行动，使欧洲人在中国的每个地方都享有交易、居住、财产等方面的权利，都享有传教的特权，使我们在中国获得的领土及在这些领土上

生活的国民原则上保持独立。中国的社会及政治组织，应该在
西方的习俗、思想及宗教的影响下被逐渐重组，不给鼓吹东方
至上的两个敌对势力（伊斯兰教和儒教）中的任何一个以机
会，使中国在伟大的基督教家庭自治成员中找到适当的位置。[①]

这或许是有关瓜分中国的最早的建议。

顾盛的遗产

无论第二次鸦片战争本质如何，它与前次最明显的不同之处在
于，正如儒安维尔所言，它反映的是欧洲（或者"西方"）与中国
之间的问题，而不只是英国与中国之间的问题。换句话说，这场战
争是西方列强瓜分中国的开始。至于西方人发动第二次鸦片战争的
目的，也如儒安维尔所言，是要让西方人在中国各地享有贸易、居
住等在他们看来是天赋的、不可剥夺的自由权利，同时实现基督教
一统天下的宗教理想。

实际上，早在19世纪40年代，西方国家已有联合瓜分中国的
迹象。继英国与中国签订《南京条约》（1842年）、《五口通商章程》
与《虎门条约》（1843年）之后，1844年，美国和法国先后与中
国签订了《望厦条约》和《黄埔条约》。除却赔款、割让领土等条
款，美法两国获得的权益大致与英国相近，例如，在五个通商口岸
自由贸易、居住等权利，关税优惠的权利，领事裁判权与最惠国待
遇等。

① *The Westminster Review*, Vol. 72–73, 1859, p. 326.

中美《望厦条约》中的一项条款为第二次鸦片战争的爆发埋下了伏笔。条约第三十四款，即最后一款规定：

> 和约一经议定，两国各宜遵守，不得轻有更改；至各口情形不一，所有贸易及海面各款恐不无稍有变通之处，应俟十二年后，两国派员公平酌办。

也就是说，美国可以在1856年与中国重新议定条款。因为英法两国都享有最惠国待遇，因此，它们也可以与中国重新议定条款。

纯粹站在中性的立场上看，这一条款极具政治智慧。它是美国特使顾盛（Caleb Cushing）的杰作。

1800年，顾盛生于美国马萨诸塞州，父亲是一位富有的造船专家和商人。他13岁进入哈佛大学念书。而后，他的人生几乎四年一变：17岁大学毕业后，留校教授数学；4年后进入司法界；再4年后，当选麻省众议员；又过4年，即29岁时，远赴欧洲，34岁当上国会议员。

他的国会议员身份一直持续到1843年。第27届国会期间（1841年3月至1843年3月），他是美国众议院外交事务委员会的主席。1843年，美国总统约翰·泰勒（John Tyler）提名他出任美国驻华专员。

1844年2月，经过208天的航程，顾盛抵达澳门。4个月后，他与谈判对手、钦差大臣耆英在澳门见面。

纵观耆英生平，其人学无专长，凭祖荫出仕，仕途杂乱无序，宗人府、兵部、内务府、理藩院、工部、户部、礼部等中央各部走了个遍。在家天下时代，这种例子比比皆是。他们大都以人情世故为专业，能力止于欺上瞒下，少有能堪大用者。

遇上像顾盛这样科班出身的专业人士，耆英只能甘拜下风。经过半个月时间的谈判，1844年7月3日，双方在澳门附近的望厦村签订条约。对耆英来说，既然大局已定，留下"俟十二年后（再议）"这样的口子根本不是问题：列强环伺，国势羸弱，谁能知道12年后的事情呢？

对顾盛来说，这一条约足以成就他的名声。

美国历史学家塞缪尔·蒙德（Samuel Maunder）在1845年出版的《历史文库》一书中写道："与中国签订条约是本季最引人注目的事件之一。有些人曾很有把握地预言他出使期间将遇到很多困难，但出乎他们的意料，顾盛先生完成了受托的每一件事情，整个出使过程出奇地成功。"①

由于"俟十二年后（再议）"条款的存在，1854年，即《南京条约》签订12年后，英国政府援引最惠国待遇条款，认为自己有权利与中国再议条约，于是派约翰·包令爵士（Sir John Bowring）与中国政府进行磋商。

1854年2月13日，英国外交大臣维利尔斯（The Earl of Clarendon）致信包令称，毫无疑问，英国渴望获取一些权益，这方面甚至有条约［"俟十二年后（再议）"条款］可循："在这些权益之中，我要提到的是与中国当局进行自由而无限制的沟通、自由进入一些中国城市（尤其是广州）的权利。但是，处理这些问题要十分谨慎。因为如果通过口头威胁施压不能奏效，国家荣誉将要求我们诉诸武力。但诉诸武力的实际好处却并不清楚，因为我们在中国已经成长起来的巨大商业利益可能被置于危险之中。通过良好而温和

---

① Samuel Maunder: *The Treasury of History,* New York, 1845, p. 581.

的方式进行处理，将极大扩展我们实际得到的好处。"①

包令生于商人家庭，极具商业和外交天赋。他被认为是最伟大的语言天才之一，据说懂200种语言，并且能说100种。英国著名哲学家、法理学家边沁和他是忘年交。包令曾在边沁创办的《威斯敏斯特评论》杂志担任编辑。担任编辑期间，他致力于倡导自由贸易、议会改革及普及教育。1835年，43岁的包令涉足政坛，成为一名议员。

1849年，外交大臣巴麦尊任命包令为驻广州领事。4年后，他从广州回到英国，随后出版了一本货币学著作。接到维利尔斯的指令后，包令作为全权代表及香港总督再次出使中国。

与此同时，美法两国也援引最惠国待遇条款，要求与中国政府重新议定和约。由于目的一致，英法美三国决定共同施压。

1854年6月23日，咸丰在一道上谕中说：

> 其美酋麦莲、英酋包令同时更易。据该督（指两广总督叶名琛）探知，系因前在江南定约时，有十二年后再行重订之语。是该夷意在要求，尤当不动声色，加之防范，届时惟有随机应变，以绝其诡诈之谋。②

至于具体如何防范，如何应对，咸丰未有指示，因为"叶名琛在粤有年，熟悉情形，谅必驾驭得宜，无俟谆谆告诫也"。

由于圣旨语焉不详，对于英国全权代表包令、美国驻华专员麦莲（Robert M. Mclane，顾盛后任）多次提出的会晤及修约要求，

①　Leone Levi: *Annals of British Legislation*. Elder & Co.,Vol. III, 1858, p. 292.
②　《清文宗显皇帝实录》，卷一三一。

两广总督叶名琛只能以"拖"字诀应对。对于此"拖"字诀，晚清学者薛福成有过精彩评论："凡遇中外交涉事，驭外人尤严，每接文书，辄略书数字答之，或竟不答。顾其术仅止于此，既不屑讲交邻之道，与通商诸国联络；又未尝默审诸国情势之向背虚实强弱，而谋所以应之。"①

如果我们了解与英国人擅自修约的耆英的下场，则能理解叶名琛的无奈。

1850年，道光驾崩后，19岁的咸丰即位。同年12月1日，咸丰下发了一道问罪耆英的上谕：

> 任贤去邪，诚人君之首务也。去邪不断，则任贤不专，方今天下因循废堕，可谓极矣！吏治日坏，人心日浇，是朕之过……耆英之无耻丧良，同恶相济，尽力全之。似此之固宠窃权者，不可枚举……伊犹欲引耆英为腹心，以遂其谋，欲使天下群黎，复遭荼毒。其心阴险，实不可问……至若耆英之自外生成，畏葸无能，殊堪诧异。伊前在广东时，惟抑民以奉夷，罔顾国家……上乖天道，下逆人情，几至变生不测……今年耆英于召对时，数言及英夷如何可畏，如何必应事周旋，期朕不知其奸，欲常保禄位，是其丧尽天良，愈辩愈彰，直同狂吠……贻害国家，厥罪维均。若不立申国法，何以肃纲纪而正人心……耆英虽无能已极，然究属迫于时势，亦着从宽降为五品顶戴，以六部员外郎候补。②

---

① 薛福成：《庸盦全集》，见《书汉阳叶相广州之变》。
② 《清文宗显皇帝实录》，卷二〇。

英法美三国要求重新修约时，中国正南北受困：南面太平天国起义如火如荼，已在一年前定都南京；北面俄国步步紧逼，5月末兵陈黑龙江。内困外扰，互为呼应，中央政府束手无策。于咸丰而言，既然将议和斥为"抑民奉夷、罔顾国家"之举，自是金口玉言，不到穷途末路万不得已时不会食言。

于是，修约之事一拖再拖。1856年10月，以"亚罗号事件"为借口，英国人终于发动了第二次鸦片战争。至于动武可能影响英国在华商业利益，英国政府和议会顾虑不了那么多了。

密谕外泄

1857年发生的一件事，有助于我们理解英国情报网络的效率，也有助于我们从另一个角度理解英法等国的结盟。

这一年的1月26日，英国驻宁波副领事密迪乐（Thomas Meadows）给香港总督包令写了一封信：

> 我得到一份去年12月27日所颁上谕的副本。它是就近期英国人与中国人在广州的敌对行动下发给江苏、浙江、福建各省当局的最新指示。我很遗憾无法及时翻译这份文件，因为贝莎今天去了香港。因此，随信附上的是中文副本。我丝毫不怀疑其真实性。

> 阁下您将了解到，基于钦差大臣叶名琛的上奏，中国皇帝在上谕中说，广东水师在一艘船上抓获几名盗匪，英夷头目巴夏礼以此为借口，欲重提进入广州城之事，并炮轰城墙，毁坏一些商铺和民居；10月29日和11月9日，双方两次交火，英夷

伤亡 400 余人；美国人、法国人以及葡萄牙人知道英国人无理在先，拒绝帮助他们。

而后，皇帝做出的猜测是：英国人的士气已经被对手瓦解，又发现自己处于孤立境地，因而可能渴望结束敌对关系。皇帝命叶名琛钦差不要将事态激化，命他利用自己的经验及对夷情的了解，采取措施重建和平。

然后，皇帝通知四个北部通商口岸（即厦门、福州、宁波、上海）所在省份的督抚们，英夷的轮船对江苏、浙江和福建沿海颇为熟悉，当他们发现自己的目标不能在广东实现，可能去骚扰上述港口，因此，各省应采取预防措施。皇帝命各省督抚秘密通知下属地方官员悄悄做好防御工作。万一夷船就广州之事前来交涉，各省要据理以对。

最后，这份诏书命各省采取防御措施时不要过于声张，以免引起人民的惶恐情绪。①

密迪乐同时是英国著名汉学家，师从德国慕尼黑大学的东方学家诺伊曼，1843 年来华，三年后著成《关于中国政府和人民及关于中国语言等的杂录》，1856 年著成《中国人及其叛乱》，被英国人誉为"关于中国人的真正专家"。

对照《清文宗显皇帝实录》，密迪乐提到的这份上谕，是 1856 年 12 月 14 日下发的两道密谕。原文如下：

---

① House of Commons of Great Britain: *Papers Relating to the China War, 1856–1858; Further Papers Relating to the Proceedings of Her Majesty's Naval Forces at Canton*, 1857, p. 13.

谕军机大臣等：

据叶名琛奏，九月中，因水师兵勇在划艇内拿获盗匪李明太等，英夷领事官巴夏礼借端起衅，辄敢驶入省河，将猎德炮台肆扰，又在大黄窖炮台开放空炮。自九月二十九日至十月初一日，攻击城垣，纵火将靖海门、五仙门附近民房尽行焚烧。初一日，又纠约二三百人扒城，经参将凌芳与绅士欧阳泉等迎击跌毙。初九日，该夷由十三行河面驶至，直扑东定台，经兵勇轰坏兵船，并毙其水师大兵头西马米格里，夷匪伤亡四百余名。现在该督等已守旧城，调集水陆兵勇二万余名，足敷堵剿。绅民等同矢义愤，即美法两夷及西洋诸国，俱知该夷无理，未必相助，其势尚孤。叶名琛熟悉夷情，必有驾驭之法，着即相机妥办。

至夷酋怀恨，借口从前，不使入城。而上年英夷在上海又称广东总督拒绝不见，口出怨言，处处要挟，思欲逞其谋利之图，夷心叵测。此次已开兵衅，不胜固属可忧，亦伤国体；胜则该夷必来报复，或先驶往各口诉冤，皆系逆夷惯技。当此中原未靖，岂可沿海再起风波，宽猛两难之间。叶名琛久任海疆，谅能操纵得宜，稍释朕之愤懑。倘该酋因连败之后，自知悔祸，来求息事，该督只可设法驾驭，以泯争端。如其仍肆鸱张，断不可迁就议和，如耆英辈误国之谋，致启要求之患。所有阵亡之抚标，中军参将凌芳着交部加等从优议恤。将此由六百里密谕知之。

又谕：

叶名琛奏英夷借端起衅我军两战获胜一折。九月间，广东水师兵勇因查拿划艇盗匪，英国夷酋巴夏礼欲借此为词，复作进城之想，竟敢放炮攻击城垣，焚烧铺户。十月初一、初九等日，我兵接战，两获胜仗。夷匪伤亡四百余名，并将该夷水师大兵头歼毙。粤省绅团同伸义愤。夷胆已寒。所调水陆兵勇，业有二万余名。该夷纵极狡横，经此挫败，谅不敢再肆猖獗。且美利坚、法兰西及西洋各国均知，此事起衅，曲在英夷，未肯相助。其势亦孤，当可悔祸罢兵。本日已谕叶名琛，如果英夷自为转圜，不必疾之已甚，倘仍顽梗如故，势难迁就议和，复启要求之渐。叶名琛久任粤疆，夷情素所谙熟，谅必能酌度办理。因思江苏、浙江、福建沿海地方，向为该夷火轮船熟习之路，倘该夷不得逞志于粤东，复向各海口滋扰，亦当豫为之防。着怡良、赵德辙、王懿德、何桂清，密饬所属地方官吏，如遇夷船驶至，不动声色，妥为防范。或来诉粤东构衅情事，亦着据理折服。俾知无隙可乘，废然思返，仍不可稍涉张皇，以致民心惶惑。将此由四百里各密谕知之。[1]

显然，这两份密谕的核心思想是：英国人势单力孤，断不可被其声势震慑，完全可据理折服之，使其放弃重修和约的要求。

在给包令的书信中，密迪乐没有提及是谁、通过何种渠道获得这份密谕。至于提供情报者，可能是与相关官员过从甚密的商人，也可能是被买通的官员。前文也提到，马嘎尔尼访华期间所获情报，部分即来自一位被称为 Van-ta-zhin 的人。

包令收到密迪乐的信函后，于2月4日及2月9日分别致信美国

---

[1] 《清文宗显皇帝实录》，卷二一二。

驻华专员伯驾（Peter Parker）及英国外交大臣维利尔斯，并将上述密谕附在信中。

2月7日，即收到书信的当天，伯驾给包令回了一封信。信中写道："我仔细阅读了这份文件。我完全相信这份上谕的真实性……我尤其注意到叶名琛钦差提到的美国人、法国人及其他西方国家的意见，以及皇帝陛下对英国军队的敌对行为的评述。我毫不犹豫地说，这两方面的内容都不准确。我相信皇帝陛下在不远的将来也会得出相同的结论。我认为，阁下您能得到如此重要的情报十分幸运。"他说，这封信痛苦地展示了人类的愚蠢。"在这个伟大帝国的官员中，一个像叶名琛钦差这样位高权重的人，竟能堕落如斯，以致误导君主，使国家卷入最严重的民族灾难之中。"①

三天后，即2月10日，伯驾给叶名琛去了一封书信，指责他肆意曲解美国政府对英国的态度。书信大意如下：

> 2月7日，本人收到英国全权大使包令的书信，随信附有一份咸丰皇帝的上谕，其真实性毫无问题。根据这份上谕，阁下您曾对皇帝说过"美国人、法国人及其他西方国家的人都认为英国人在这起争端上有错，不会选择与他们合作"等语。
>
> 对其他国家之间的所有争执，美国政府维持严守中立的态度不会改变。关于中国与英国之间的政治，美国不会发表任何倾向性的意见。但是，因为阁下您揣测了美国政府的意思，并且错误地将这个意思告诉了皇帝，本人责无旁贷地表示，不敢苟同阁下您有让美国政府牵连进来的权利。

① House of Commons of Great Britain: *Papers Relating to the China War, 1856–1858; Further Papers Relating to the Proceedings of Her Majesty's Naval Forces at Canton*, 1857, p. 16.

　　如果一定要本人评判当前争端谁对谁错，本人希望问这么一个问题：在事态恶化之前，两国政府的高级官员面对面商谈，并根据原因和正义解决这件事，阻止财产遭到重大损害、阻止流血事件的发生是否不对？因为阁下您拒绝会晤，才导致这些惨剧的发生。

　　本着真正的友谊的精神，请允许本人向阁下您表达这样一个观点，即中外之间一切困难的根源在于中国不愿意承认英国、法国、美国及其他西方国家是平等的、真正的朋友，不愿意以朋友的方式对待这些国家。至于这方面的严重问题，美国认为英国人是对的，并会选择与他们合作。①

　　2月26日，密迪乐又将咸丰另一道密谕通过书信寄给包令。密谕是咸丰于1856年12月24日下发的，有几层意思：对内，让沿海各省密为防范，同时让各省明白，英国人处于孤立境地，不要被他们迷惑，不要主动迁就他们，可以等他们主动求和；对外，督抚们要让外国人明白，他们出于对外国人利益的考虑，并没有将冲突之事禀告皇帝，所以皇帝并不知道内情。

　　皇帝之所以假装不知冲突之事，是为了给自己留下后路，方便在事态恶化时推卸责任。密谕原文如下：

　　谕军机大臣等：

　　　　英夷在广东滋事，前经叶名琛奏到。已谕知沿海各督抚密为防范，并恐其赴各海口申诉广东构衅情事，亦谕令据理

① House of Commons of Great Britain: *Papers Relating to the China War, 1856–1858; Further Papers Relating to the Proceedings of Her Majesty's Naval Forces at Canton*, 1857, p. 27.

折服。

　　兹据怡良、赵德辙奏，英夷领事赴苏松太道投递照会，仍系从前故智，既不可示以怯懦，长其骄志，亦不可绝之已甚，致激事端。夷人唯利是图，重在贸易。怡良熟悉夷情，当饬该道等，谕以从前万年和约，原为永息兵端，今忽以细故称兵，一经入奏，必致查办，无论曲在何人，所有通商各口，不得不暂停贸易，恐于尔等未便，是以未敢入奏。至该夷与上海并无嫌怨，仍宜安静通商，方为正理。如此明白晓谕，或可杜其咆渎干求。

　　至叶名琛，办理夷务已久，于一切驾驭之方，当不至毫无把握。该夷若悔祸求和，谅必仍事羁縻，不使决裂，但不可先行迁就，致启要求。

　　前据叶名琛奏，美法各夷，均知该夷理曲，不肯相助。兹怡良等奏，探报内有英美二夷均据炮台之语，恐即英夷造言耸听，冀饰其独启衅端之罪。该督等勿为所惑……将此由五百里各密谕知之。①

3月5日，包令分别致信法国驻华公使布尔布隆（M. de. Bourboulon）及美国驻华专员伯驾，随信附上所获上谕副本。

　　给布尔布隆的书信中写道："我谨传达给阁下您一份有趣而重要的正式文件，其真实性我十分确定。我无须多谈，这份文件是……条约国之间应精诚合作的最有说服力的证据。"

　　给伯驾的书信中则写道，这份文件表明，为了促进全面的目标

---

① 《清文宗显皇帝实录》，卷二一三。

的实现，有必要采取共同行动。4天后，即3月9日，伯驾写了一封
回信：

> 我很荣幸收到阁下您本月5日和6日的消息及随信附上的
> 那份文件，即由某些省份高官呈给中国皇帝的讲述外交关系现
> 状的备忘录的中文及译文版本。我注意到南方的叶名琛阁下与
> 北方的两江总督及江苏巡抚的不同说法。在现在这个关键的时
> 候，这份关于内阁政策的备忘录是一份最为重要的文件。
>
> 更有价值的是，作为一份国家秘密文件，它表达了内阁毫
> 不掩饰的情绪。我同意阁下您关于"希望共同行动并合作以促
> 进全面的目标的实现"的看法。①

3月12日，包令给伯驾写了一封回信。他先是对伯驾的回复致
以谢意，然后说道："无论叶名琛阁下的失实陈述在短期内会对中国
政府的政策造成什么影响，我很高兴地认为，缔约国的行动将实现
他们的共同目标，因为这些行动受到一个普遍信念的刺激，即西方
国家之间的关系有必要并且有机会建立在一个比当下更令人满意的
基础之上，西方国家有共同合作以实现这个重要目标的意愿。"②

显然，上述密谕充分展现了咸丰皇帝及督抚们的"政治智慧"，
例如，避敌锋芒，使其"无隙可乘，废然思返"；夷人孤立时，不
要刺激夷人，也不要主动示好；夷人唯利是图，那就让他们无法获

---

① House of Commons of Great Britain: *Papers Relating to the China War, 1856–1858; Further Papers Relating to the Proceedings of Her Majesty's Naval Forces at Canton*, 1857, p. 26.

② House of Commons of Great Britain: *Papers Relating to the China War, 1856–1858; Further Papers Relating to the Proceedings of Her Majesty's Naval Forces at Canton*, 1857, p. 27.

利，使其主动退兵，等等。但是，这些"智慧"一旦被西方人识破，就再无用处。

密谕所示最重要的"智慧"，莫过于皇帝假装不了解情况，以方便自己在事态恶化时推卸责任。我们将在后文看到，这是英法联军攻打北京并火烧圆明园的重要原因之一，因为西方人已然认识到，一定要打到皇帝避无可避，才能顺利达成心愿，否则只能被督抚们的"拖字诀"困住。

三合会与天地会

前面提到，咸丰密谕特别指示东南沿海各省督抚在处理与英国人的关系时"不可稍涉张皇，以致民心惶惑"。之所以如此叮嘱，是因为担心民众认为朝廷控制不住局面，乘机造反。

既然西方人已经掌握密谕内容，他们自然会体察到皇帝的忧虑，并在制定决策时将这个因素考虑进去。但这并不意味着西方人是在得获密谕内容之后才了解中国内乱的严重性。

正如前文所言，1813年10月天理教教徒闯入紫禁城的消息，已通过东印度公司内部刊物，继而通过西方媒体公之于世。至少从那个时候开始，在意识到中国内乱严重性的同时，西方人开始了对秘密社团的研究。如果读者对秘密会社在包括辛亥革命在内的反清革命中所起的作用（本书第十章将有所提及）有所了解，就会被西方人在这个课题上的研究的前沿性所折服。

而谈及对秘密社团的研究，有一个西方人不得不提，他就是米怜（William Milne），英华学院第一任校长。

米怜是苏格兰新教传教士。1812年，27岁的他接受伦敦传教会的委派，来到中国传教。他是第二位来中国传教的新教传教士。他的同胞、前文提到过的马礼逊是第一位，时间是1807年。11年之后，马礼逊创办了英华学院，并委任米怜当校长。4年后，米怜去世。

除了与马礼逊共同将《圣经》翻译成中文，米怜的另一项重要成就，是对中国秘密社团的研究。他的研究报告被大不列颠及北爱尔兰皇家亚洲学会收藏，部分内容刊登在1831年1月出版的《威斯敏斯特评论》杂志上。①

研究报告中，凡涉及秘密社团的名称、仪式、暗语等名词，米怜都特别标注中文。例如，在讲述秘密社团名称时，他用中文提到三合会、天地会、天后会、娘妈会；在讲述秘密社团的宗旨时，提到"有福同享、有祸同当"；讲述组织内部称谓时，提到"哥""兄弟"；讲述组织仪式时，提到"三十六誓""过桥"，还提到"英雄会合团圆时，兄弟分开一首诗""兄弟全阵，各有号头，高溪分派，万古有传"等语句；讲述组织秘密符号时，提到"洪"字。

三合会（The Triad Society）是米怜的重点研究对象。他解释，"三"指的是自然界中的三大力量，即天、地、人。他写道：

> 这个组织在嘉庆初期既已存在，只是名字不同而已。那时叫天地会（tien ti hwui）。它在各省快速扩张，几乎颠覆了政府。这个组织未被完全镇压。嘉庆八年，天地会首领被抓，并被处死。皇帝发话："不要让任何一位天地会成员留在世上。"但事实是，他们仍然存在，并继续活动，只是以更秘密的方式进行。据

说，为了掩饰其目的，数年后他们启用了"三合会"这个名称。但是，他们主要用"洪家"二字以与其他组织相区别。在中国及其属国还存在其他一些组织，比如天后会、娘妈会，但这些组织更具商业性且具有偶像崇拜的特征，并不是为了推翻社会秩序。

讲到三合会的目标时，米怜写道，它起初并不具有伤害性，"但是，随着成员数量的增加，其目标从单纯的互助逐渐变为偷窃、抢劫、推翻政府，乃至获得政治权力。在中国的属国，这个组织的目标是劫掠和共同防御。无所事事的、好赌的、吸食鸦片的中国人，尤其是下层阶级，通常倾向于加入这个组织"。

在米怜看来，三合会的目标并不高尚，"他们互相保护，以免遭到官府衙役的袭击；他们彼此隐藏罪行；帮助被通缉者逃脱法律的制裁"。他举了一个例子：

> 1818年底，在马六甲，一个名叫Tsaufu的中国裁缝犯了杀人罪。当局将他转移后不久，他就被这个组织的一个头目救走，最终逃脱制裁。这位头目手下有很多人，遍布海内外……当某个成员受到伤害，其他人会帮他报仇……在爪哇、新加坡、马六甲和槟城等地，当来自中国的陌生人到达那里，无论准备待多长时间，一般都会向这个组织上交一点钱，以免被他们骚扰。

米怜如此讲述入会仪式中"过桥"一节："此桥由刀剑组成。刀剑或置于两张桌子之间，刀（剑）尖相抵，或者由两列人手执刀剑，刀（剑）尖相抵，构成一个拱形。宣誓入会者从此桥下经过，这就叫'过桥'。在此桥的尽头，主要首领坐在椅子上宣读誓词，每念一句，宣誓入会的新成员就坚定而响亮地回应一句。然后，新成员砍下一只公鸡的脑袋，意思是，谁泄露秘密谁就要死。"

米怜的研究报告影响了香港秘密社团的命运。根据1845年出版的《共济会季刊》的记录，1845年1月，第二任港督德庇时发布了镇压三合会及其他秘密社团的法令。法令特别申明，之所以镇压三合会等秘密社团，是因为"它们与良好秩序的维持及法律权威不相容，与生命及财产的安全不相容。它们为犯罪提供了便利，为罪犯逃脱制裁提供了帮助"[①]。

除了米怜，马德拉斯陆军少将威尔逊（Wilson C. B.）对中国的秘密社团也颇有研究。1841年，《皇家亚洲学会杂志》刊登了一篇由他和陆军中尉纽博尔德合写的文章。文章写道："长期以来，中国存在各种社会组织。在这些组织的早期阶段，秘密性是其显著特征，因为帝国政府将五人以上的组织定性为非法组织，其组织成员要被处死。"

文章提到9个秘密社团，其中包括白莲教、小刀会和三合会。"三合会盛行于广东，在马六甲海峡独霸一方。"作者甚至认为三合会的历史可以追溯到三国时代。文章还提到马来西亚三合会一个名叫Kwang San的首领，说他"为了使自己看上去更凶猛，曾从被杀死的人身上取出胆汁，然后混入酒中喝掉"。

前文已提到，官员的奏折是西方媒体的重要情报来源。就秘密社团而言，大臣曾望颜的奏折不得不提。他的奏折被译成英文后，首先

---

① *Freemasons' Quarterly Magazine*, Second Series, 1845, p. 168.

刊登在香港的《中国邮报》（*The China Mail*）上，而后被西方媒体广为转载，例如澳大利亚的《霍巴特水星报》（*The Hobarton Mercury*）及《快报》。

香港《中国邮报》的编辑如此交代曾望颜身世：翰林出身，早年在户部任职，后来做过顺天府尹，再后来担任福建布政使；1839年国库亏帑事发后，他和其他200多名相关官员都被贬职。

需要指出的是，这篇文章对曾望颜身世的交代并不完全准确，例如，国库亏帑一事发生在1843年，而非1839年；曾望颜也并没有因这件事而遭贬黜，而是因为此事从福建布政使任上调回京城，以御史身份查案。

文章特别提到，1854年，奏折的译者在上海见过曾望颜，当时，后者正要赶赴京城，因为皇帝召见了他。"他是一个朴素、庄重的老人，年近七旬，但精神矍铄，富有智慧。"文章引述的这份奏折写于1854年前后。文章作者交代，获得这份奏折的副本毫不费力，因为它就放在广州某位商人的店铺里。

正是通过曾望颜这份奏折，西方人进一步了解到，秘密社团之所以在广东一带长盛一衰，重要原因之一在于地方政府不作为。例如，1831年，有官员奏称，在广东等5个省份，三合会肆行无忌，且发展十分迅速。道光命地方政府严惩。不过，广东竟然一个三合会成员都没有抓到或惩处，其他省的情况也是一样。

正因为地方政府管理不善，秘密社团在地方横行无忌，社团间的恶斗时有发生。1843年9月，三合会与困龙会（Sleeping Dragon Society）在广东顺德某村发生一场激战，参与者有上千人，有3人死于恶斗。但地方政府没有采取任何措施，就像恶斗从未发生过。

地方政府不作为的结果是，这两个帮会在5个月后又发生一场械斗，地点仍在顺德，只是换了另一个村庄。这一次，至少有上百人死亡，数百人受伤。一名地方官闻讯，迅速赶到事发地，待秩序恢复后，赶紧回到衙门并向上级汇报。上级给他的命令是，不要让这件事传出去。

然而，过了一段时间后，这件事仍然传到道光耳中。皇帝命人彻查。广州当局草拟了一份文件，否认地方发生了秘密社团械斗之事，然后派人将文件送至顺德，再由顺德当局召集乡绅在文件上签字。顺德当局还编造了一个谎言，言说当地每年都有龙舟竞赛，前次发生的事件只是吵架而已，并非械斗。

澳大利亚《霍巴特水星报》的编辑评论：

> 通过这些方式，地方官的乌纱帽得以保全，却付出了地方安全的代价，并牺牲了公共美德和荣誉。自此之后，秘密社团的活动加速扩张。其招募活动不再秘密进行，而是在公开场合搭起台子公开招募。①

因为对中央政府否认强大的秘密社团的存在，地方政府无法从中央借调兵力，而仅凭地方军队无法对付日益庞大的叛乱组织。"革命者很快就占据了优势，并消除彼此间的隔阂。他们有足够的实力对抗地方当局。通过集结部队，他们能够守卫堡垒，攻城略地。他们在群众中壮大，以惊人的速度发起一个又一个战役，直至皇帝睁开双眼，发现自己已被一场最强大的、吞噬一切的革命所包围。"

---

① *The Hobarton Mercury*, April 2, 1856.

秘密社团的活动威胁到外国人的人身安全和商业利益。1843年4月12日，《南澳大利亚人报》（*The South Australian Register*）刊登的一封书信，表达了他们的担心。这封书信是一位香港政府官员写给璞鼎查和驻华英军总司令休·高夫（Hugh Gough）的，作者写道：

> 地方当局没有能力或不想提供足够的保护，以便及时阻止生命和财产的重大损失……在地方政府的保护下，人身和财产都不安全……除非我们自己的政府能提供保护，否则英国人不能安全地在广东停留。

事实上，外国人感受到的这种不安，在某种程度上是他们自己行为的结果。正如英国政治家理查·伯克勋爵（Richard Bourke）于1863年7月6日在下议院演讲时所说，任何对过去十几年的中国事务做过深入研究的人一定会认同这样一个观念，即英国的持续干涉及其对中国皇室权威的敌意，已经在很大程度上瓦解了这个国家，而那些深入考虑过这个问题的人，将会同意中国的混乱局面（主要来自秘密会社及太平天国）由三个因素造成：英国人对中国政府的敌意，鸦片问题，以及中国最近三位统治者懦弱的性格及其聊胜于无的影响力。①

天京：最伟大的奇观

西方人有很多理由对太平天国感兴趣。正如《商人杂志与商

---

① *Hansard's Parliamentary Debates*, Third Series, 1863, p. 272.

业评论》（1865年1月刊）所言：“在中国太平起义的早期阶段，整个基督教世界都对它充满期望，以为它将为商业事业打开一扇大门。”①

太平天国源于1843年洪秀全在广东花都区创立的“拜上帝教”。它吸收了不少基督教教义。有一种说法是，洪秀全等人研读的《圣经》，是米怜翻译的那个版本；还有一种说法是，洪秀全等人从米怜的弟子梁发（第一位华人新教牧师）编写的《劝世良言》一书中找到很多灵感。

《商人杂志与商业评论》刊登的一篇文章如此讲述洪秀全创立“拜上帝教”的经过：

> 1833年，广州举行了一次科举考试，秀全（Siu-Tsuen）也去参加了。在那里，他遇到两个人，其中一人给了他一套共9小本的《劝世良言》。此人是一名当地的基督徒，同时也是叫卖《圣经》的小贩。这套书原本是为了传播宗教信仰知识，但是，因为内容冗赘、缺少章法，受过良好教育的中国人无法接受，普通大众也几乎看不懂。正是通过这套书，洪秀全第一次对基督教信仰有了印象。1837年，他再次去广州参加科举考试，但又一次名落孙山。怀着沮丧和压抑的心情，他回到家乡。因为大受打击，他得了一场重病，在病床上躺了很长一段时间。他的脑子里开始充满了奇怪的幻象……几年之后，他创立了拜上帝教。②

---

① *The Merchants' Magazine and Commercial Review*, Jaunary to June Inclusive, 1865, p. 38.

② *The Merchants' Magazine and Commercial Review*, Jaunary to June Inclusive, 1865, p. 41.

1844年，洪秀全和表亲冯云山等人到广西传教。6年后，"拜上帝教"已形成很大规模，并拥有一支两万人的军队。用上述杂志的话说，洪秀全等之所以选择广西，是因为"广西人性格叛逆，而且当地正处于无政府状态之中"，以至于地方政府宁愿容忍这个叛乱组织，也不愿意去镇压它。

1851年1月11日，即洪秀全37岁生日那天，"拜上帝教"在广西金田起义，立国号"太平天国"。两年后，攻占南京。

太平天国占领南京后，不少西方人进城一探究竟。一篇同时刊登在香港《中国之友》(*Friends of China*)、澳大利亚墨尔本《阿尔戈斯报》及《悉尼先驱晨报》上的文章写道，有个西方人惊讶地发现，城里散发了很多小册子，"其中一本是《旧约》的缩写版。整个宗教基于《旧约》的精神"。西方人还从太平天国政府颁行的法令中发现，他们要求信徒每天做祈祷，"饮酒和抽鸦片都是不允许的"。

还有人在南京见到"当代最伟大的奇观"，即8万全副武装的人一起祈祷，"很多人可能对此嗤之以鼻，但这是千真万确的，他们说'上帝与我们同在'……这就是变化！"[1]

文章引述太平天国将士的话说："他们说我们使用了魔法。我们唯一的魔法就是向上帝祈祷。在广西，我们进攻永安时，处在悲惨的险境，只有两三千人马，四面受敌，敌人兵力比我们大得多。我们没有火药，粮草也消耗殆尽。但是，天王出现了，领着我们突了围……如果上帝要我们的天王做中国的皇帝，他就会成为中国的皇帝，如果上帝不愿意，他将会死在这里。"

---

[1] *The Sydney Morning Herald*, July 26, 1853.

但西方人对太平天国并不完全认同："基督教的影响仅限于极少数人，这是毋庸置疑的……可以确定的是，他们中的绝大多数人无所不为，除了纯洁和慈爱的事情。他们一位首领好像至少有36个妻子。他们吹嘘在南京屠杀了2.5万名满人，男女老幼皆不放过。"

《泰晤士报》上的一篇文章批评，太平天国的宣言和文件亵渎了基督教，其内容是滑稽可笑的。"中国人准备接受任何宗教，并将其与儒家哲学嫁接，这种嫁接方式就像英国的家庭主妇将马蹄铁钉在门上，或将三撮盐撒在她的肩膀上一样可笑。"文章写道，太平天国之所以模仿基督教，是因为基督徒是胜利者，他们认为他们的宗教一定会幸运，"他们模仿它，就像他们仿造我们的轮船，并努力做到外形相似"。

不过，在太平天国早期阶段，西方国家，尤其英国，确实考虑过与它合作。

1853年3月，太平军攻陷南京后，第三任港督文咸爵士（Sir George Bonham）的翻译密迪乐受命前往南京打探虚实。到达苏州之后，地方政府对他严加监视，尽一切可能阻止他获得情报。但密迪乐还是成功获得苏州道台发布的几道公文。

墨尔本《阿尔戈斯报》上的一篇文章写道："这些公文声称，英国已经答应让清政府使用几艘战舰，并将尽一切努力消灭叛乱。据说，这个情报促使文咸爵士决定造访南京。这个城市现在完全被叛军掌控。他想与叛军首领直接交流，让他们相信英国人将严守中立。"

4月22日，文咸乘坐"赫尔墨斯"号离开上海，沿长江驶往南京。他们准备在一个叫Tautoo的地方靠岸。"叛军三天前到过那里，他们毁坏了所有神像。有的神像还漂浮在水面上。"突然，太平军占据的一座炮台向它开了火。"他们认为这艘船与清国水军是一起的。'赫尔墨斯'号迅速离开交战区，继续前行。途中，他们遇到一艘载有两个人的小船。这两个人上了船，得到很好的招待。次日，这艘英国战舰抵达南京江面。南京的炮兵向它开了火。英国人请前一日上船的那两个人上岸传达了和平的信号，南京的炮兵很快就停止了攻击。"

而后，文咸派密迪乐等人登陆。密迪乐对一些太平军首领做了长时间的采访。他成功地让太平军的首领们相信，在当前的这场战争中，英国政府将严守中立立场。

4月28日，太平天国政府一位高级官员造访了"赫尔墨斯"号。他打算安排文咸次日与政府首领见面。但文咸最终放弃了访问南京的计划，因为他觉得这是"对叛乱政府的不合适的支持"。他派了由密迪乐、舰长费士班（Captain Fishbourne）及其他官员组成的代表团上岸做了解释。这个代表团受到很好的接待。"停泊南京这段时间，很多叛军参观了这艘战舰。他们极其渴望购买船上的物品，例如近期从海盗那里夺得的刀剑、雨伞等……叛军们很高兴地发现，拜访他们的人跟他们一样留着长发。一个年轻人还摘下了文咸爵士的帽子……"

按照《新编剑桥近代史》（*The New Cambridge Modern History*）的说法，文咸之所以放弃造访南京，是因为太平天国一位官员对他说："天父已经派我们的君主降临人间。他是世界上所有国家唯一真正的君主。他（文咸）必须承认自己是天王的子民。作为英国维多利亚女王的代表，他不能这么做。因此，他本人未与太平天国领袖有任何接触就乘船离开了。"

随着太平天国实力的变化,在第二次鸦片战争时期,尤其是英法联军入侵北京前后,如何处理与太平天国之间的关系,成为英法等国最需要解决的外交难题。关于这方面的内容,后文将做进一步的交代。

第五章　祸入北京

第二次鸦片战争大体可以分为两个阶段：第一个阶段围绕广州展开，时间在 1856 年至 1858 年；第二阶段围绕北京展开，时间在 1858 年至 1860 年。

1856 年 10 月 8 日发生的"亚罗"号事件，被认为是第二次鸦片战争的开始。"亚罗"号是一艘在香港注册的中国人的商船。根据香港的规定，船只执照要年检，但是，事发时，"亚罗"号的执照已经过期 11 天。由于怀疑该船藏匿海盗并参与走私，10 月 8 日，广东水师逮捕了船上的 12 名中国船员。

英国驻广州代领事巴夏礼（Harry Parkes）得知消息后，要求两广总督叶名琛下令释放船员，理由是这艘船在香港注册，应该受《南京条约》的保护。但叶名琛以"亚罗"号是中国船为由，拒绝释放船员。英国人又坚称船上挂有英国国旗，广东水师士兵侮辱了这面国旗。广东当局则坚称"亚罗"号没有挂英国国旗。依据英国法律，执照过期的船只根本没有权利悬挂英国国旗。

巴夏礼将情况向英国全权大使、港督包令做了汇报。10 月 10 日，广州当局释放了 9 名船员，有 3 名仍被拘押。包令警告叶名琛，除非释放所有船员，并赔礼道歉，保证以后绝不发生此类事件，否则英国人将采取军事行动。10月22日，叶名琛释放了所有船员。他还给包令去了一封信，重申"亚罗"号不是英国船，而是中国船，但他依然做出承诺，表示未来将慎重处理类似事件，水师将不会以不适当的方式登上英国船只。

两广总督的诚意并没有打动英国人。10月23日，英国海军开始攻击珠江的堡垒。

1857年2月26日，英国议员理查·科布登（Richard Cobden）在下院发表演讲时说："10月23日至11月13日，英国海陆军的军事行动一直在继续。珠江堡垒、虎门炮台等要地被占据。23艘中国水师船只被摧毁。广州市郊被夷为平地。战舰可能向城墙开了火。"①

科布登之所以发表这个演说，是因为他在仔细查阅很多资料后发现，英军挑起的这场战争完全是非正义的。他说："包令是我的熟人，20年的老熟人。我并不是要跟他过不去，也不想跟任何人过不去。我希望政府不要在这个问题上做出草率的决定，以便我们可以本着公正的原则考虑摆在我们面前的这件事。"

科布登的演说在下院引起长达4天的辩论。最终，他的提议得到西德尼·赫伯特（Sidney Herbert）、詹姆斯·格雷厄姆（James Graham）、威廉·格莱斯顿（William Gladstone）、约翰·罗素（John Russell）、本杰明·迪斯雷利（Benjamin Disraeli）等人的支持。最终的结果是，下院通过了谴责政府的议案。

3月3日的辩论会上，曾三任英国外交大臣并于1855年当选首相的巴麦尊勋爵指责科布登的演说充满了"反英情绪"，他没想到

① Richard Cobden: *China and the Attack on Canton*, February 26, 1857.

一位议员会说出这样的话，"在他们眼里，英国人做的每一件事情都是错的，针对英国人的每一件事情是对的……谴责政府的提议如果通过，意味着下院放弃了在地球另一端面对一群犯下绑架、谋杀、投毒恶行的野蛮人的大批英国国民"。

巴麦尊做出的回应是，请求维多利亚女王解散下院，进行普选。普选（3月27日至4月24日进行）的结果是，巴麦尊领导的辉格党大获全胜，获得下院65.9%的席位。下院同情中国的声音完全被压制。基于巴夏礼对"亚罗"号事件的报告，议会决定对中国展开报复。

5月10日，印度爆发了民族起义。由于大量资源和兵力受到牵制，英国不得不调整入侵中国的战略。

英国提议与法国、美国和俄国等国组成同盟。法国人以"马神甫事件"为借口，同意英国人的提议。美俄两国没有立即提供军事援助，但分别派了特使去香港表示支持。

"马神甫事件"颇值得一提。马神甫（Auguste Chapdelaine）是法国天主教神甫，中文名为马赖。1856年2月，在广西传教时，因"胡作非为"被广西西林知县处死。根据中法《黄埔条约》第二十三款，法国人只能在通商五港活动，要是远入内地，"如有犯此例禁，或越界，或远入内地，听凭中国官查拿，但应解送近口法兰西领事官收管；中国官民均不得殴打、伤害、虐待所获佛兰西人，以伤两国和好"。显然，在法律层面，西林县是理屈一方。而且西方人认为马赖是被虐待致死。地方的野蛮无知，终于惹来麻烦。

可悲的君臣

1857年12月，英法联军兵临广州城下。此时，两广总督叶名琛正疲于应付广西剿匪之事。根据《清文宗显皇帝实录》的记载，12月3日，咸丰收到叶名琛"克复广西南宁府城一折"。阅毕捷报，咸丰命"叶名琛督饬将弁乘胜进攻，迅图克复横州、永淳二城，毋留余孽"。

12月28日，英法联军炮轰广州。次日，广州城破，叶名琛被俘，巡抚柏贵及将军穆克德讷投降。巴夏礼让柏贵、穆克德讷担任原职，维持局面。

可笑、可悲又可叹的是，广州失守20日后，即1858年1月17日，咸丰还在批阅"叶名琛柏贵奏逆匪攻陷（广东开建县城）城池旋即克复一折"，以及"叶名琛奏官军收复老隆镇（今属广东河源市龙川县）并陆续歼擒贼首一折"。正是这一日，咸丰还收到有关广州局势的好消息。他对军机大臣等颁布上谕如下：

> 叶名琛奏英法二酋呈递照会据理回覆各情形一折。该夷酋自知理曲，犹肆要求，希图获利。该大臣据理辩驳，委婉详明，措词甚为得体，谅该酋当无从置喙。前此屡至各口，皆系英美夷酋狼狈为奸，法夷向未干预。此次随同要挟，显系受俄酋怂恿。俄酋虽为咆酋，牵制该国王，不许与中国滋事，不过稍迟时日，自有转机。叶名琛既已窥破底蕴，该夷伎俩已穷。俟续有照会，大局即可粗定。务将进城赔货及更换条约各节，斩断葛藤，以为一劳永逸之举。如果该夷兵船全行退出，各国贸易开舱有期。即着迅速驰奏。此时各省军饷待用孔殷，该督定能兼权缓急，早裕利源也。将此由五百里密谕知之。①

---

① 《清文宗显皇帝实录》，卷二四一。

情报不实至斯，皇帝幼稚至斯，真是令人叹为观止。

5天后，咸丰终于收到让他大受打击的坏消息（按道理，遇到广州失守这种军情，以广州至北京约2000千米的距离，由快马投递最多只需12天），他在给军机大臣们的上谕中说："穆克德讷等联衔具奏夷人乘机入城一折。览奏实深诧异！英夷构衅，叶名琛节次奏报，办理似有把握……不料该督刚愎自用，于美酉请见，坚持不肯。夷人两次送来五衔照会，又不与将军巡抚等会商……叶名琛办理乖谬，罪无可辞！"

咸丰对叶名琛深恶痛绝，甚至特别交代穆克德讷，要是英国人以叶名琛性命相要挟，"可声言叶名琛业经革职，无足轻重，使该夷无可要挟"。

2月15日，正月初二，咸丰帝在两道上谕中再斥"叶名琛辱国殃民，生不如死，无足顾惜"。此时，他已将南方和平的希望寄托在"熟悉夷务"的柏贵、穆克德讷等人身上了。

英法联军占领广州长达4年之久。深信英法有隙、英夷技穷的叶名琛后来被英国海军押送到印度加尔各答，最终在那里绝食而死。

对于英法联军入侵广州，薛福成有评论："英人初志，在得入城，见大吏，借以通隔阂，驭商民。乃粤民一激再激，叶相复一误再误，使拱手而有粤城，非英所望也。然其意终在更定约章，索偿款，增商埠。又因粤事，益知中国易与。遂纠法俄美三国兵船北上，驶入大沽，阻我海运，立约而还。"[1]

占领广州后，英法联军沿海北上。5月，占领天津大沽炮台。眼看北京岌岌可危，咸丰决定议和。一个月后，钦差大臣桂良及花

---

[1]　薛福成：《庸庵全集》，见《书汉阳叶相广州之变》。

沙纳，与俄国、美国、英国和法国分别签署了《天津条约》。

除却专门针对英国和法国的赔款内容，《天津条约》主要内容包括：英国、法国、俄国和美国有权在北京开设公使馆；牛庄、淡水、台南、九江、汉口、南京等处开设通商口岸；外国船只可以在长江各口往来；外国人有权在内地旅行、通商；基督教有权自由传教等。

8月，中国与俄国签订《瑷珲条约》，放弃了黑龙江以北、外兴安岭以南约60万平方千米主权。俄国终于将领土范围扩张到太平洋西岸，使其可以在太平洋沿岸建设海军基地，为进一步南侵奠定基础。

3个月后，中国再与英国签订《通商章程善后条约》。条约规定：海关聘用英国人帮办税务；海关对进出口货一律按时价征税5%；洋货运销内地或英商从内地收购土货出口，只纳子口税2.5%，不再纳厘金税；"洋药"（鸦片）准许进口贸易，每百斤纳进口税银30两。至此，西方商人（无论是鸦片商还是合法商人）的权益都得到条约的保障。

换约冲突

根据中英《天津条约》第五十六款，中法《天津条约》第四十二款，签约后一年内，中国皇帝及英国、法国皇帝要分别审阅条约，钦定批准后，中英及中法代表要在北京"交互存照"。换约后，条约章程将通报全国，正式实施。

1859年6月15日，一年之期已满。在英军总司令格兰特（James Hope Grant）的率领下，英法两国20多艘战舰载着数千名士兵北上，欲进北京换约。根据《清文宗显皇帝实录》的记载，6月22日，咸丰帝在给军机大臣等的上谕中提道：

> 僧格林沁等奏，夷船陆续驶进海口，遵旨晓谕情形。并恒福片奏，请饬明善来津等语。此次该夷等为换约而来……僧格林沁等，当告以桂良等回京消息，令移泊北塘口外，静待经手人到，互换合约。如坚执不听，着妥为开导，专令伊国换约之官员，由北塘到津静候。并着恒福、文煜与其约明，不准随带多人，执持军械，惊扰人民，方合和好之意。并告以议和并非用兵，所有该国提督及带来兵船，均不可登岸。[①]

也就是说，咸丰同意换约，但希望在天津换约，而非之前约定的北京，同时以经手人桂良等尚在外地为由，希望英美等国稍事等待。

6月25日，咸丰已得知"该夷兵船陆续到津者已属不少"，而桂良等6月16日刚从上海赶到苏州，于是派恒福、文煜等去安抚英法代表，"令其绕泊北塘，静候桂良等到京换约，以为暂时羁縻之计，但恐夷人不能就待……至所称欲入京朝见一节，该夷在天津，及所来照会内，并无此言，自无庸先与置办"。

而在同日另一份上谕中，又有"该夷反复无常，难保不肆其悖悍，设竟闯入内河，该大臣（指僧格林沁）仍当示以镇静，派员谕以上年所定合约，中国既许以互换，决不肯食言"，"所有换约官员人等至多不得超过二十人之数，沿途备办供给，必当尽礼"等语，也就是说，咸丰最终还是同意在北京换约。

---

① 《清文宗显皇帝实录》，卷二八四。

然而，两天后，咸丰收到僧格林沁的奏报称，就在6月25日，"夷人不遵理谕，闯入内河，向我炮台先行开炮，官兵愤怒，列炮还击，将该夷船击损多只。"

8月9日，咸丰在一份上谕中指责"英国布鲁斯到津不遵桂良等原约，竟欲闯入大沽口内……志在决战"。

得知这份上谕内容后，英国全权公使布鲁斯（Frederick Wright-Bruce）立即报告英国政府"中国皇帝已经被莫名其妙地误导了"。后来，他致信军机大臣彭蕴章等人，恒福、文煜等人根本没有将咸丰命英国船只"绕泊北塘"的意思详细转告他，"他们甚至没有提过北塘"，因此，就绕泊北塘一事，"本人也没有与他们达成任何共识"。①

根据西方媒体报道，英军在这场战斗中损失了4艘炮舰，还有2艘破损严重。在乔赛亚·塔特诺尔（Josiah Tattnall）率领的美国舰队的护送下，英军才得以撤退。这意味着美国人放弃了中立立场。事后，塔特诺尔以"血浓于水"（blood is thicker than water）解释自己放弃中立的行为。

得悉清军战胜消息后，咸丰并没有兴奋过头，他交代僧格林沁："倘该夷心生畏惧，不敢仍前搦战，即该夷仍驾船游驶，抑或扳弄铁戗，稍有骚扰，断不可先行开炮。设使该夷人开炮，再行轰击，以顾全大局。"同时命恒福等"派妥员或令天津道行文该夷，诘以既为换约而来，并已许其进京互换，是中国已属尽情，毫无他意，何以反先行开炮，肆行骚扰？是伊先自背约，并非我之无信"。

咸丰对僧格林沁及恒福等人说，要是英国人知道自己理屈，事有转机，就请他们在拦江沙外泊船，或在天津等候，待桂良等到北

---

① Lieut.-Colonel G. J. Wolseley: *Narrative of The War With China in 1860*. Longman, 1862, p. 8.

京后，再互换合约。但是，尽管咸丰现在诚意十足，英法两国入侵北京主意已定。

根据《纽约每日论坛报》(*New York Daily Tribune*)的报道，9月16日，英军在天津海河失利的消息传到英国。英国首相巴麦尊没有召集议会，而是致信法兰西第二帝国统治者拿破仑三世，商讨对中国进行新一轮"盎格鲁—法兰西远征"。拿破仑三世的回复是，感谢女王陛下将发生的事情告诉他们，感谢英国为远征中国所做的准备。

在3个月的时间里，英国港口和兵工厂如火如荼地进行准备，并往中国调运炮兵、军需物资及炮艇。除了海军，还派出大量陆军。"就这样，政府未与议会沟通意见就发动了一场大规模的远征。"

在英国，未经议会表决就发动战争是违宪的行为。正如财政大臣威廉·格莱斯顿在下院就英国入侵波斯事件（1856年11月至1857年4月）发表演讲时所言："未咨询议会就发动战争的行为完全与这个国家的惯例相悖，是危害宪法的行为，绝对需要下议院的干预。"

但对巴麦尊来说，这些问题都不构成障碍。"他利用议会的权力对抗王权，又利用君主的特权对抗议会，还利用议会和君主的权力对付人民。"

格莱斯顿则被证明是"道貌岸然的人"。对于巴麦尊未经议会表决而发动第三次中国战争，即第二次鸦片战争的第二次远征，这位财政大臣持支持态度。

外交方面，英国政府也争取到一些方便。根据一份枢密令，维多利亚女王亲自出面，说服签署1856年《海事法》的奥地利、法国、普鲁士、沙俄、撒丁、土耳其等国在英国与中国交战时保持中立。

万事俱备。1860年夏，英法联军173艘战舰从香港和上海出发，沿海岸线北上。战舰载有 1.77 万名士兵，其中 1.1 万名由英国格兰特将军和英国全权代表额尔金勋爵（Lord Elgin）指挥，6700名由法国将军蒙托邦（Cousin Montauban）和法国特使噶啰（Louis Gros）指挥。他们很快就攻陷了烟台和大连，并封锁渤海湾，7月底开始入侵天津。

根据美国《纽约时报》的报道，7月30日，"英法联军舰队在距离海河口大约9英里的地方泊定……8月1日开始登陆。法国人光荣地抢在英国人前面跳入海里，膝盖深埋在泥浆之中。英国人则等到潮退了一些，条件更好的时候才登陆。第二天，中国人先前已经放弃的北塘村的堡垒被联军占领。他们没有遇到任何抵抗的尝试。许多炮舰在北塘河占据了位置。"

清军在海河部署了重兵。通往大沽炮台的，是一条长约2—3英里、宽约16英尺的的堤道。堤道两旁是沼泽地。"左侧沼泽地非常软，右侧稍硬一些，但只有在干燥的天气中，才勉强可以骑马通过……联军右方大约4英里处，有一个兵力四五万的中国军营，远处还有一个4万兵力左右的中国军营。"

英法联军的计划是，先袭击右方清军，以便利用硬度较高的沼泽地，然后从侧翼攻击清军军营和堡垒。但是，因为天降暴雨，突袭时间被迫推迟。"如果长时间推迟，很多疾病将接踵而来，沼泽地容易引起疟疾，英国运输船扔下来的马和牛的尸体（它们随潮水来回漂流）则引发阵阵恶臭。"

让英法联军感到惊讶的是，清军没有任何动作，相反，"中国当局非常友好，并送来大量水果和新鲜供给品"。[1]

---

[1]　*New York Times*, November 2, 1860.

但中国当局的示好并没有阻止英法联军的进攻。在格兰特将军的指挥下，8月21日早晨，英法联军袭击了大北炮台。他们一面炮轰大北炮台，一面派出英国炮船和法国炮船各4艘在北岸行动，以分散大北炮台的火力。

英法联军的阿姆斯特朗炮值得一提。这种火炮是1855年研制出来的新品，"杀伤力十分巨大。这些炮弹打穿并炸裂了大北炮台的围墙，爆炸声地动山摇"。大北炮台被攻克后，其他炮台也相继投降。天津失守。

顺从的国人

攻克大沽炮台后，一条传言不胫而走："作为中国皇帝的客人，额尔金与噶啰将去北京，仅有一支骑兵护卫队陪同。"听到这个传言后，《泰晤士报》发表了一篇评论文章。从中可以看到英国人对中国官场文化的观察：

> 如果这条消息属实会发生什么呢？北京的街道上会流传清军获胜的消息。毫无疑问，他们的消息还会加上这么一句：因为没有能力对抗可怕的炮台，夷人已经投降；我们允许他们作为朋友进城；他们已经停止了暴力；他们中的大人物将率领勇敢的卫兵帮助大清帝国镇压上海的叛军；这些夷人都是来向皇帝献礼的。
>
> ……
>
> 中国政府给了马嘎尔尼勋爵很好的接待。如果他们不从这位高级大使及其庞大的骑兵扈从身上捞一些政治资本，则是一件

奇怪的事情。我们不怀疑额尔金勋爵和噶啰男爵会在北京受到礼貌的接待，因为官员们的内心仍然对远方看不见的军队感到害怕。但是……这两位全权大使并不会因此而成功地完成自己的使命。皇帝不会对一个他以为是手下败将的人做出重要的让步。

文章清楚地阐明了英国人一定要攻入北京城的原因：

> 　　要与中国达成和平，没有什么事情比让北京知道英国随时能够攻打中国并且会惩罚任何违约行为更加必要。在中国皇帝知道这一点、官员们知道这一点、贵族们知道这一点、中国的百姓们知道这一点之前，与中国达成的任何条约绝不可能有任何实际的价值。只有当他们都知道这一点，我们才能从这项长期以来迫使我们在这个帝国的郊区屠杀华人群众的令人厌恶的工作中解放出来……正是为了这个目的，数百万的战争预算已经得到批准。[1]

　　英法联军在天津到北京的征途上获得的经验，不仅是战争经验，还包括对中国老百姓的认识，使他们对未来的行动充满信心。

　　根据《纽约时报》的报道，9月8日和9日，一队骑兵和大约1000名英法联军士兵先后从天津出发，开赴北京。9日中午，联军士兵们在浦口镇停了下来。因为害怕战争给自己带来灾祸，这个镇子的居民逃走了一半。"但是，从天津就跟着我们上路的中国人很快就建起一个市场。生活必需品流入市场，每件事都像预期的那样

---

[1]　*Times*, Nov. 2, 1860.

舒适……第二天，我们抵达一个叫杨村的大镇，那里也容易买到生活必需品。我们在那里买了400只绵羊。"

在当地人的帮助下，英国人和法国人的后勤补给没有大的问题。不久后，《泰晤士报》发表了一篇题为《英国未来的对华政策》文章。文章写道：

> 中国老百姓顺从的性格可以帮助我们克服所有困难，只要能调动并维持中国老百姓（对我们）的信心。为此，必须要展示坚定不移的强硬姿态……毫无疑问，我们将达成一个新的条约，并将在中国保留足够的兵力，以确保此条约彻底执行。[①]

中国百姓"顺从的性格"，带给西方人巨大的惊喜。尽管少数西方人早已经认识到，中国人这种"顺从的性格"与几千年来的专制政体及相应的文化有关，但他们中的许多人却错误地认为，中国百姓的顺从是欧洲强硬姿态下的必然结果，他们以为"只要欧洲继续表现强硬，中国百姓就将继续顺从"。

实际上，战争刚开始时，西方人对英法联军的命运不无担心。导致他们担心的最大因素，正是中国庞大的人口。

8月18日，《纽约时报》上的一篇文章写道，考虑到中国人口超过了3亿，这场战争可能变成一场能够改变人类历史面貌的长期战争，英法联军在中国将要遇到的困难或阻滞，或许可以与觉醒了的日耳曼野蛮人带给罗马帝国的危险相提并论。

由于作者尚未获得英法联军在天津大沽获胜的捷报，这篇文章

---

① *New York Times*, Jan. 1, 1861.

的基调有些悲观，但其价值在之后几十年逐渐得到印证。

根据英国《雷诺报》(*Reynold's Newspaper*)的报道，9月18日，英国特使巴夏礼率一队人马与僧格林沁谈判，但却被拘押。得到这个消息后，英法联军与清军交火。

《纽约时报》则报道，9月18日和21日，双方先后两次交火，地点分别在通州的张家湾及八里桥。僧格林沁率领的3万清军被彻底击败，失去所有火炮。英法联军只有18人受伤。[①]

后来，在劫掠圆明园的过程中，一个英国士兵意外地发现僧格林沁写给咸丰的奏折。一位见证了双方交火、劫掠圆明园及发现这份奏折的整个过程的英国人写道："他向皇帝保证，他有信心歼灭我们，因为他已经在张家湾的路面上做了安排。9月18日，我们和清军曾在张家湾交战。僧格林沁恳请皇帝不要担心结果，因为他已经查明我们的兵力很少，他有信心可以围歼我们。"

9月22日，英法联军在距离北京约11千米、距离通州约6.5千米的地方扎营。联军之所以没有骚扰通州，"是为了让通州居民有两个选择：或者在公平和对等的条件下向联军提供必需品，或者被洗劫。他们选择了前者。于是，后勤补给没有困难了。"

此时，清政府又提出谈判请求，但额尔金表示，要等到巴夏礼及其他被囚官员被释放才愿意谈判。他还威胁，要是不释放他们，就炮轰北京城。

额尔金的威胁最终被证明是徒劳的。同时，因为联军缺乏足够的炮弹，他的威胁也无法立即实施。

---

① *New York Times*, Dec. 13, 1860.

10月5日，所需火炮和弹药通过大运河运达通州后，英法联军朝北京进发。听说有大量清军在北京北部扎营的消息后，他们将击退这股清军作为第一目标。但是，前锋部队搜查了很大一片地方，却没有发现清军的踪影，也没有发现清军军营的痕迹。"我们在下午1点停止搜查。晚上派出了侦察兵，他们与清军的哨兵遭遇，这些哨兵向他们开了三枪。6日早晨，我们再次出动，并抵达前晚发现清军哨兵的地方，但是，那里只剩下一片寂静。我们发现一个非常高的砖窑，站在上面，可以清楚地看见5英里外北京城墙内的几座城楼和其他建筑物。"①

英法联军继续追踪撤退的清军。穿过北京城的一个树木繁盛的村子之后，他们发现一个800米长的土木工事。这个土木工事距北京约1.6千米，清军就在附近的房屋之中。一场交火后，清军败走，留下8名死伤者。之后，联军占领了这个土木工事。西北约8千米的地方，就是圆明园。

于是，大部分英国陆军在这里扎营，法军、大部分英国骑兵及一些炮兵则向圆明园开拔。

圆明园之劫

10月6日，英法联军突袭圆明园时，园内有300名太监及40名园丁，其中，有枪的只有20人。这些人做了无力的抵抗，结果2名太监被杀，2名法国军官受伤。圆明园被占领。

《雷诺报》刊登了一封由某个随军英国人写的书信，它描述了

---

① *The Sydney Morning Herald*, Dec. 18, 1860.

10月6日至8日英法联军劫掠圆明园的过程：

　　每个房间都被洗劫。中国的古董、外国的工艺品都被拿走，如果太大而不能被拿走，则就地将它毁掉……房间里堆满了用昂贵的丝线和金线绣成帝王龙图案的外套、靴子、头巾、御扇等物。储藏室内堆满了一卷卷的丝绸布料。在广州，这些布料要卖20—30美元一匹。经清点，储藏室里的丝绸布料有七八万匹。数百匹丝绸布料被扔在地上，在地面上铺了厚厚一层，士兵们践踏其上。他们互相抛扔这些布匹，能带走多少就带走多少。他们用丝绸布料而不是绳索加固满载绸布的车辆。整个法军军营有几百匹这种布料，有些被堆积起来，有些用于制作帐篷、床铺和床单。

　　8日下午，一队法国人拿着棍子进入各个房间，将带不走的每件东西——镜子、屏风、格子墙等——统统打碎。他们说，这样做是为那些遭到野蛮对待的战俘和同胞们报仇。

　　圆明园有一个金库，已经在一支守卫队的看守之下。这个金库藏有大量金锭和银锭。这些金银财物将被英国人和法国人瓜分。

　　被毁坏的财产的总价值抵得上我们所要求的一大笔赔款。在圆明园某个房间里，我们发现了额尔金勋爵签署的中英《天津条约》。这个文本之前被人扔在地面上，与一堆破碎的东西搁在一起。文本上醒目的英文文字，吸引了发现者的眼光。

　　英军总司令发布的一条命令规定，将士们掠得的所有财物都要公开拍卖，拍卖所得归军队所有，拍得的宝物归拍买人所有……估价达到6.1万美元的财宝只卖了3.2万美元……这笔钱将当作奖金被瓜分。

英军总司令的这个决定引起极大不满，因为参与奖金分配的只有在场官兵，那些留在营地、驻守通州和其他地方的士兵则被排除在外。为了平息这种不满，英军总司令和将官们放弃了自己的分配权利。

英军将士将一把价值不菲的金壶献给了总司令……大型珐琅彩、花瓶和饰品的拍卖价格赶上了上海的市价。因为是咸丰皇帝的财产，这些宝物身价倍增。举行拍卖会的地方是一个寺院（The Temple Lamasiri），这里是联军的临时总部。拍卖的场景值得艺术家用铅笔画下来……圆明园财宝的四分之三被毁掉或者被法国人抢走。①

刊登在《雷诺报》上的另一篇文章写道：

额尔金勋爵、韦德先生、格兰特将军、纳皮尔爵士带着他们各自的队伍抵达圆明园时，发现法国人已经舒适地在那里安营扎寨了。大部分最珍贵的财宝已经被法国人拿走。他们将笨重的、不那么珍贵的财物留给了英国人。或者说，法国人将不能带走的东西留给了我们。

圆明园的辉煌壮丽无法用语言描述。门口或接待大厅铺上了大理石，并涂上金色、天蓝色及最华丽的大红色。皇帝宝座是用美丽的黑木雕刻而成，靠垫上绣了几条金色的龙，凡见者无不由衷地赞美。每间内室和大厅的装饰都非常不俗。

---

① *Reynolds's Newspaper*, Dec. 16, 1860.

那一卷卷的丝绸、缎子、黑纱，都是极好的工艺，是法国士兵制作腹带和头巾的好材料……玉石和瓷器都价值连城。一些路易十四时期风格的瓷器会让很多古玩爱好者的眼睛放光。我们看见一柄宝剑，其上有英国盾徽，镶有宝石，明显是一件古物，引起了一些猜想。《天津条约》也被找到。各式战利品如此之多，让人不知带走哪些为好。

有一个事实足以说明宫里的绸缎之多：英法联军士兵们用最昂贵的丝带和缎带捆绑家禽、旧罐子等物品。

宫中所有女人都逃走了。被她们遗忘的那些小型日本狗（有点像查尔斯王犬）紧张不安地四处乱跑。

韦德先生找到一些珍贵的书籍和文稿。我们相信，其中一些会捐给大英博物馆。

10月6日（劫掠圆明园第一天）晚上，额尔金派人联系北京当局，并提出两项要求，一项是释放被拘俘虏，一项是打开北京城门；要是不答应，就炮轰北京城。"8日，我们高兴地欢迎巴夏礼、亨利·洛克（Henry Loch）、一名法国官员及几位招募自印度的锡克骑兵团成员（The Sikh Cavalry）回到军营。"

巴夏礼等人倾诉了自己在监狱中受到的折磨。《雷诺报》刊登的一封书信如此描述：

他们在僧格林沁军营受到最残忍的折磨。他们被迫跪在每位军官（无论这些军官级别多低）面前。他们的脸被摁在地面上。他们的双臂被绑在身后，然后被放在马背上，先是运到通州，而后装入一辆乡下手推车，被送到北京，而后被关入地牢……巴夏礼先生曾因没有即刻回答问题而被打，额尔金勋爵的秘书洛克先生则因为不会说中文而挨打。

另一封书信写道："安德森先生（Capt. Anderson）和诺曼先生（Mr. De Norman）分别在被俘后的第8天和第11天死亡。他们死于清军的残忍虐待之下。这些虐待包括：用绳索紧紧绑住他们手腕，不给他们吃的，以及其他惨无人道的酷刑。跟他们绑在一起的一名锡克军士活了下来，他向我们讲述了这些事实。"

英国《牛津杂志》引述一篇发自《泰晤士报》的报道，这些人被拘押在公共监狱拥挤不堪的牢房中，铁链缠身，被困锁在长椅上，颈上再套铁枷，铁枷又被从房梁上垂下来的铁链锁住。"因为乞求食物和水，安德森、诺曼、鲍比（Mr. Bowlby）、布拉巴宗（Capt. Brabazon）及被俘的锡克骑兵团成员，白天被暴晒在烈日之下，晚上经受着严寒，锋利的皮带嵌入他们的手腕和脚踝。他们忍受着中国狱卒的踢打。"

这些俘虏中，最值得一提的是英国《泰晤士报》记者鲍比。不久后，他的尸体被找到。

鲍比的遭遇引起西方媒体同行的广泛关注和不满。如果说，得知虐囚事件，尤其是鲍比遭遇酷刑乃至死亡的消息之前，西媒在报道英法联军入侵中国一事上还会考虑平衡支持与反对两种意见，那么，此后则基本只有一种声音——支持。需要说明的是，摧毁圆明园的行为仍然遭到许多西媒的谴责，但是，这并不妨碍他们支持入侵中国。

巴夏礼等人回营后，额尔金与法国的格罗斯将军等人一起商议了报复的策略。额尔金主张踏平紫禁城，以警告中国人不要用绑架作为谈判手段，格罗斯则主张烧毁圆明园，因为这样做不会危及条约的签订。格罗斯的主张得到采纳。[①]

英法联军对圆明园的劫掠，震慑住了清朝皇室。10月13日早晨，清朝皇室派恒祺与巴夏礼等人谈判。之所以派恒祺出马，是因为他曾出任"河伯"，即广东海关监督，与曾经担任英国驻广州领事的巴夏礼相熟。但是，在当时的情境下，这种交情显得有些讽刺，正如巴夏礼没有因为这种交情而免受虐待，恒祺也不会因为这种交情得到任何好处。

巴夏礼告诉恒祺，要是不在13日中午前投降，英法联军就要炮轰北京城。巴夏礼说这番话的时候，攻城炮已经就位。"恒祺走出接待厅时表示，他们同意我们所有的要求，他们会打开城门，不会有任何抵抗。"[②]

英法联军进城后，立即挂起英国和法国国旗。"英国国旗套在城门旁高高的旗杆上，法国国旗则在城墙垛口外飘扬，表明北京城已经被英法联军占据，北京城的无敌神话由此破灭……中国人提出的唯一要求是，别让联军中的中国苦力进城。联军答应了这个条件。"[③]

《泰晤士报》发表的一篇文章对控制北京的英法联军的前途表达了乐观情绪："额尔金勋爵此时掌握着大清朝廷的命运。他可以让它继续下去，也可以消灭它；他可以恢复官僚系统，也可以永久废除它，让这个国家改变其制度。"文章作者甚至认为，完全可以

① Endacott, George Beer. Carroll, John M: *A Biographical Sketch-book of Early Hong Kong.*

② *Reynolds's Newspaper*, Dec. 16, 1860.

③ *The Sydney Morning Herald*, Dec. 18, 1860.

在中国建立一个新的政府：

> 世上没有哪个民族像中国人那样，如此倾向于自我管理，或者如此迅速地养成自我保护的习惯。这种能力可能来自这样一种从未停止的需要：他们从来不能指望他们的政府，也从来不能从强盗、造反者或贪污腐败的官僚那里得到保护。而且，因为强盗、造反者和贪官污吏总是威胁或劫掠他们，他们只能被迫联合起来。实际上总有一套系统使他们走到一起。因此，在中国组建一个新的政府并不存在不可逾越的困难。

文章作者写道，除掉大清专制政府并不会使中国面临任何无政府状态的危险，因为在漫长的历史中，中国一直处于无政府状态之中，"满人的专制只是中国漫长的无政府状态的面具而已"。

这篇文章将咸丰皇帝称为"软弱且放纵的人"。文章写道，咸丰皇帝已经带着朝臣、家眷和军队出逃热河，在那里的宫殿中，在沉闷的亭台楼阁中，继续过着放纵的生活。长期以来，他"只是这个帝国的一尊被百姓蔑视的雕像而已"。[1]

圆明园的厄运并没有因为北京投降而改变。10月18日，部分英法联军再向圆明园进军。英国《伊普斯维奇杂志》（*The Ipswich Journal*）发表的一篇文章提出，他们的军队在向圆明园进军时没有遇到任何阻碍，因为一个清兵也没看见。[2]

《纽约时报》刊登的一篇文章写道，法国和英国士兵从一个房间走到另一个房间，挥舞着棍棒和斧头乱砍，屏风、壁橱，凡是太过

---

[1]　*Hampshire Telegraph and Sussex Chronicle etc*, Dec. 15, 1860.

[2]　*The Ipswich Journal*, Dec. 29, 1860.

笨重而无法移动的，都没有幸免。"很难为第二次加剧的复仇找到正当理由，因为幸存的战俘已经被释放回营，而且清朝政府已经答应支付赔款，这些赔款已经兑现。这是作为谋杀欧洲人的惩罚。"[①]

最终，这个"万园之园"被付诸一炬。在摧毁圆明园的过程中，士兵们意外发现1793年出使北京的马嘎尔尼勋爵送给中国皇帝的两件礼物：一辆典礼用的四轮大马车，以及两门榴弹炮。"这两件礼物都依然完整，保持非常好的状态，显然是得到仔细保管。但奇怪的是，他们拥有这些枪炮，却从未做过任何努力去改善他们自己的野战炮车。"[②]

在法国出兵远征中国前，法国考古学家乔马德（Edme F. Jomard）恳求法国政府派一些训练有素的人跟随军队，以阻止他们对古迹、纪念品和艺术品的破坏。"他预见了在10月犯下的这场暴行。但他的警告没有得到重视，圆明园及园内珍品皆被摧毁……圆明园藏有的不仅有中国皇室的漂亮家具和无数奢侈用具，还有这个帝国无价的档案材料，以及这片土地最珍贵的传统，这些传统从未与4000年的历史失去联系。"

文章引述乔马德及巴黎大学汉学教授斯坦尼斯劳·朱利安（M. Stanislaus Julien）的话说，圆明园是一座举世无双的博物馆。"他们说，与英法联军对圆明园的破坏相比，对卢浮宫或大英博物馆的破坏显得无足轻重，因为法国和英国的馆藏主要来自其他地方，圆明园则是中国历史和中国艺术的宝库……乔马德认为额尔金勋爵的行为'对人类造成无法弥补的伤害'，他想知道，是否可以找到抵

---

① *New York Times*, Mar. 29, 1861.

② *Times*, Dec. 28, 1860.

抗这种恶行的人。"①

贫困的北京

10月20日，焚烧圆明园之火尚未熄灭，恭亲王奕䜣履约派人将30万两白银送到北京城北英法联军司令部，并附上一封书信，"热切地恳求尽早确定签署和约的日子"。

收到恭亲王书信和30万两白银之后，英国人急于在北京寻找一个合适的地方以建立大使馆，他们还需要为签约仪式寻找一处足够宽敞的公共建筑，"确保签约仪式以能够让人们记住的方式进行"。

额尔金派巴夏礼和洛克探察北京所有公共建筑，初步选出那些最适合的地方。英军总司令格兰特则派军需长官罗斯中校（Lieutenant-Colonel Ross）为额尔金勋爵在京停留期间的护卫队寻找合适的住所。《泰晤士报》上的一篇文章写道：

> 北京的贫困及公共建筑的破败状况十分悲惨。巴夏礼率领一个50人的护卫队前往北京城北部探察，三四名清朝官员全程陪同。在此之前，这些官员已选出条件最好的建筑。他们之所以跟着，是为了确保欧洲人可以进入他们想要探察的其他建筑。但是，这些建筑一栋比一栋破败和凄凉。沿着一条南北向的宽阔街道，他们从城北来到城西。随着进一步走近这座城市，他们发现街道变得更加拥挤，商业也更加繁荣。到了城南，街道变得狭窄和曲折。他们在这里参观了三四处建筑，但

---

① *New York Times*, Mar. 29, 1861.

无一适合居住……紫禁城南门外是一个封闭的大广场。紫禁城东面有政府各部办公楼。礼部办公楼很豪华，有很好的庭院和礼堂。户部办公楼则是一堆废墟。兵部等机构的条件也好不了多少。最终，礼部被认为是最适合进行和约签字仪式的地方。

但巴夏礼没有找到适合设立大使馆的地方。因此，他们要求恭亲王立即准备一些私人住所用于接待额尔金勋爵。怡亲王的私人住所被选中，"因为他的住所地理位置便利"。这是一个占地面积非常大的住所，"仅外屋就能轻轻松松容纳3000名士兵。不过，宫殿与花园的条件并没有比之前参观过的其他建筑好太多。于是，他们派了300名中国工匠去修缮……公共建筑和私人住所——甚至像怡亲王这样的帝国最大、最富的亲王的府邸——的破败情况，让人对中国的未来感到忧虑。"①

签约之日定在10月24日。之前几日，巴夏礼忙于与清朝官员讨论和约条款，安排这些条款及《天津条约》生效后的相应事宜。恒祺与一位王姓官员是参与讨论的清朝官员中的两位。"1858年，这位王姓官员曾与直隶总督谭廷襄一起阻止额尔金勋爵率兵前进。"

10月24日早晨，在600名护卫队成员及100名驻京军官的陪同下，额尔金及英军总司令格兰特从安定门入城。格兰特带着司令部成员及其私人助手骑马走在额尔金前面。额尔金身着大红外套，坐在一顶典礼专用的十六人大轿之中。他的坐骑在后面跟着，两侧是骑着马的大使馆成员。

纳皮尔爵士率第二师团列队在街道两旁，占据了额尔金必经路

---

① *The Ipswich Journal*, Dec. 29, 1860.

线上的战略位置，"以防备中国人的背信弃义"。"相当多人在街道两旁围观。他们非常有秩序。这些人怀着极大的好奇心，只是想在这位'伟大的野蛮人'（The Great Barbarian）坐轿经过时一窥他的真颜。"

礼部与安定门相距约5.6千米。额尔金等人抵达礼部时，已经过了下午3点钟。礼部入口处四周，以及周围街道和广场上，都挤满了围观的群众。为确保签字仪式顺利进行，礼部庭院的每一边都有卫兵把守。

此时，英法官员们自己列队，站在庭院中讲台的左边，讲台右边集合了很多清朝官员。讲台的后面已经安置两张桌子和几把椅子。根据安排，额尔金将在左边桌子上签字，恭亲王将在右边桌子上签字。额尔金勋爵的座位旁边，紧挨着的是总司令的座位。各国高官们的座位位于讲台的两侧。

额尔金的轿子进门时，军人们举枪致敬，乐队演奏英国国歌《天佑女王》。他的轿子一直被抬到讲台前，恭亲王奕䜣率领所有在场清朝官员前去迎接。《泰晤士报》的一篇文章写道：

> 额尔金勋爵面色冷淡地微鞠一躬，恭亲王予以回礼，神情略带不安。而后，两个人一左一右先后落座。庭院的中间，已备好一张桌子，桌子的前面备有几个盒子，待签和约都装在盒子里。[①]

签约仪式很快开始。额尔金请韦德将其全权印信的译本交给恭亲王，同时要求查看恭亲王的全权印信。恭亲王说，他没有全权印

---

① *Times*, Dec. 28, 1860.

信，但他拥有等同于全权的权力，并向额尔金展示皇帝命他全权谈判与缔结和约的诏书及用来批准条约的国玺。

而后，恭亲王奕䜣分别与额尔金、格罗斯交换了《天津条约》批准书，并订立了中英、中法《北京条约》，作为《天津条约》的补充。中国同意诸如开天津为商埠、准许英法招募华工出国、割让九龙司给英国、退还以前没收的天主教资产、增加赔偿给英国和法国的军费等项要求。

《泰晤士报》的文章写道：

> 恭亲王的签字与盖章表明和约已经批准并正式生效，在和约上盖上国玺意味着皇帝接受条约中的所有条件和责任。而后，额尔金与恭亲王就和约的签署互相致以良好的祝愿，他们希望这件事有助于两国建立良好互谅。恭亲王说，在此之前，他们在与外国人打交道的过程中已犯下很多错误，事情处理得非常糟糕；但是，他现在亲自管这件事情了，希望事情有一个新的开始。恭亲王大约28岁，但容貌偏老。他看上去不缺乏智慧，但神色显得焦虑不安。他可能在压抑怒火。毫无疑问，他已经习惯了在政府高官面前颐指气使，但现在，他所处的形势已经大不相同了。

西方人得到的经验

西方媒体发表的几篇文章，可以让我们了解到西方人从这场战争中获得的经验。这些经验将影响西方国家的对华政策。《泰晤士报》的一篇文章写道：

我们已经了解并且已经告诉全世界，北京是多么的脆弱……从僧格林沁抓住手握休战旗帜来到他面前的欧洲人开始，额尔金勋爵抛开了所有谨慎的政策，立即采取了迅速而有力的行动。我们已经毫不犹豫地表达了己方的观点，只要军队仍然停留在大沽，只要这些城市中仍然张贴着中国胜利的公告，那么，我们得到的任何条约都是无效的……当额尔金勋爵拒绝谈判并向这座城市推进时，中国人似乎已经放弃了用战俘进行勒索的希望。如果我们没有等待慢吞吞的法国步兵，我们很可能可以救回安德森和诺曼的性命。可以肯定，军队向北京推进时，虐囚停止了；圆明园被占领时，战俘立即被释放。

……

（毁掉圆明园）这种特殊的适当措施也是对清朝皇室罪行的惩罚。皇帝回京后，如果询问为何英法联军要毁掉他的宫殿，却不侵害其子民的居所，我们要让他知道，做这些事情的不是联军，而是那些残忍而不忠实的清朝官吏。他们拷打了联军的同胞。此前如果他们按照我们的要求将战俘送回，本可以重新谈判，他的宫殿不会被摧毁，他的首都也不会被占领。另一方面，如果战俘没有被放回，位于北京城中央的皇宫将面临与那些没有城墙保护的宫殿同样的命运。如果皇帝将这件事情深深地记在脑子里，我们可能让皇帝去惩罚那些拷打欧洲战俘的冒失的官员。但是，尽管额尔金不该因此而受指责或受褒奖，他在此之后几天的政策却值得表扬。我们希望公众想一想这场战争的细节。这场长时间的战争足以表明，最终还是额尔金勋爵采用强硬的政策，才在三周内结

束了在中国的战争。^①

美国《纽约时报》发表的一篇文章写道，影响中国皇帝和官吏是一个既伟大又困难的目标，这个目标只能通过一些让中国统治阶级绝对想象不到的措施才能达到。"而这些措施将使我们成为北京的主人，将使中国政府不那么傲慢自大，让他们认识到奸诈而残忍的行为所引发的后果。让皇帝接受由环境及其所处时代施加在他身上的现实的唯一希望，在于打击他的威信。长期以来，这种威信像乌云一样笼罩着他，使他无法察觉环绕其宝座四周的危险和威胁……似乎有两个办法可以实现这个结果：一个办法是攻占北京的皇城；另一个办法是摧毁圆明园——皇帝最喜欢的宫殿，也是战俘们最初受刑的地方。"^②

美国堪萨斯州的《独立报》（*The Independent*）不仅将英法联军对中国的入侵描述成一场世俗的战争，还把它夸大为一场圣战。1861 年 1 月 9 日刊登的一篇文章写道：

> 对中国首都北京的占领，以及清朝皇帝的逃亡，是现在这个伟大的革命时代及惊人的历史进程中最重要的事件之一。很长时间以来，中国对于世界上其他地方来说就像是一本天书（a sealed book）。她的排外政策使 4 亿人不能沐浴欧美文明之光，不能感受上帝之子的福音的仁慈和神圣。法国人和英国人对这个帝国的征服，及其决定和平条款的能力，将打开渠道，文明之光将注入"天朝"。这是他们做梦都没有想到的。不到四分之

① *Jackson's Oxford Journal*, Dec. 22, 1860.
② *New York Times,* Jan. 15, 1861.

一个世纪之后，中国的民众将熟悉《圣经》中展示的宗教体系。因为耶稣之名在他们面前唱响，中国的异教偶像将走下神坛。蒸汽机和轧车将遍布那块广袤大地的宽广而人口稠密的平原。这道闪电将把信息传递到这个国家的每一个角落。很难冷静地想象一定很快就会在那里发生的快速而重大的变化。这个惊人的时代真实地降临在我们头上。上帝似乎已经出现，用他威严的力量去"鞭笞这些国家"，展示他的权力。如果英法联军得到的这纸和约不能让各国满意，他们将使这个国家置于其武力的统治之下，或者使其成为欧洲列强的一个省。无论如何，这个国家将向世界开放，西方人将逐渐熟悉其人民、习俗和历史。

因为这一战事发生在美国南北战争时期，英法联军对中国战争的胜利，还被用来鼓励南部各州脱离南部邦联。这篇文章写道："这件事还有另一个重要意义。中国的贸易非常广泛。她向整个世界供应茶叶，她的水稻非常有名。现在，这些是整个文明世界日常消费的产品。如果美国种植水稻各州与南部邦联划清界限，中国可能开辟一个购买这种主食的新市场。中国的广州和其他海港的水稻价格，将通过穿越白令海峡的电报，从北京传到纽约和其他城市。我们将准确地了解水稻的种植情况与价格，以及其他所有相关信息。我们的西部城市（旧金山和其他港口城市）将直接与中国贸易。太平洋铁路将把进口产品运往这块大陆的各个角落。"

文章写道，这些很快就要发生的重大变化"将对文明世界产生非常显著的影响"，这是"当前局势几乎确定无疑的后果"。①

---

① *The Independent*, Jan. 9, 1861.

第六章　太平天国

第二次鸦片战争时期及《北京条约》签署后，英国与太平天国之间关系的变化，是一个特别有意思的主题。通过对这一主题的观察，我们可以更深入地了解宗教对西方人的意义。

1860年12月16日，英国《雷诺报》刊登了一封美国传教士罗孝全（Issachar Jacox Roberts）的书信，写信日期是同年9月26日。香港的《中国邮报》也刊载了这封书信。它讲述了忠王李秀成对外国人的态度。

李秀成的困惑

1823年，李秀成生于广西藤县。26岁时，他加入"拜上帝教"，10年后被封为"忠王"。他与英王陈玉成、翼王石达开被认为是太平天国最有勇有谋的将军。作为天京保卫战的一部分，1860年5月至6月，李秀成率军连克常州、无锡和苏州。他与罗孝全在苏州见面时，这座城市才攻克不久。

根据罗孝全的说法，早在1853年太平天国定都天京前，他已与李秀成相熟。因此，当他抵达苏州后，"忠王以极大的善意和谦逊接待了我，并可能在几天后陪我去南京"。

罗孝全在书信中向西方人传达了一个重要的信息：

> 忠王想过攻占上海，但他不想和那里的外国人作战……他没有与外国人作战的部署。正相反，他希望在商业和宗教这两个方面保持最大程度的友好与热忱。他对信仰同一伟大上帝的国家（例如英国、法国及太平天国）之间会发生战争感到十分困惑。他不想陷入这样一种矛盾之中。他希望与西方国家的国王们就这个问题进行交流……我受邀向忠王及其幕僚加上差不多一百名高级官员传了一次福音。①

但是，李秀成表达的这种"友好与热忱"，并不足以打消西方人对太平天国的疑虑。诚如英国《泰晤士报》刊登的一篇文章所言，在西方人的感觉之中，太平天国似乎更具破坏和毁灭倾向，而不是巩固中华帝国的建设，"这是欧洲列强对太平天国的遏制比北京的满族皇帝对它的遏制还要多的原因"。②

西方人考虑过中国同时存在两个政权（大清政权与太平天国政权）的可能性。《都柏林大学杂志》发表的一篇文章引述英国军官、后来著有《中国的太平叛乱》一书的林赛·布莱恩（Lindesay Brine）的话说，太平天国起义的最终结果将是中国一分为二，太平天国统治着江南地区。"林赛·布莱恩提醒我们，西方人所持的'中华帝国长久不变地一直处在一个皇帝的统治之下'的普遍观点是错误的。几个世纪前，中国存在两个皇帝，他们划江而治。"③

---

① *Reynolds's Newspaper*, Dec. 16, 1860.
② *Hampshire Telegraph and Sussex Chronicle etc*, Dec. 15, 1860.
③ *The Dublin University Magazine*, Vol. 61, January to June, 1863, p. 33.

　　基于这种划江而治的可能性，英国人起初持中立态度。《泰晤士报》一位编辑写道："到底是满人还是明朝后裔坐江山与我们无关。我们从已知的事实中做出的判断是，这与普通百姓也没有太大的关系。基本可以肯定的是，如果额尔金勋爵给出一个暗示，表明除了曾经反对过他的大清军队，英国人在中国没有别的敌人，并且将在任何内战中保持中立，那么，南京将很快派出另一支部队去征服直隶。只要南京与它的欧洲盟友保持良好关系，已经逃往深山的大清朝廷和军队将不会再回来。"①

　　1863年7月6日，理查·伯克勋爵（Earl Russell）在英国下院说的一番话，道出了英国坚守中立的深层原因。大意如下：

　　　　乍看之下，太平天国的宗教与基督教似乎有密切的关系，但是，如果进一步的观察将会发现，他们的宗教是纯粹的骗局……而且，他们一点也没有显示出足以创造一个朝代或政府的能力。他们已经统治中国大片土地长达15年，包括南京和其他大城市，但是，他们没有成功建立起任何有组织的政府形式。

　　　　清政府也不能寄予希望。太平天国的情况虽然糟糕，相对清政府而言却仍然处于强势。尽管叛军实力疲弱、组织混乱、战斗力低下，官兵却一直败北。清政府掌握所有军事、财政和政治资源，却从来没有能够迎头击败过太平军，或者哪怕在一个省份恢复和平与秩序。②

　　根据英国议会的档案资料，1860年10月签署《北京条约》时，

---

① *Hampshire Telegraph and Sussex Chronicle etc*, Dec. 15, 1860.
② *The Parliamentary Debates*, July 6, 1863.

额尔金的胞弟、英国全权公使布鲁斯清楚地表明了英国的中立态度。这种中立立场也得到英国外交部的认可。

1861年3月12日，英国外交大臣罗素伯爵在下议院演讲时，阐述了英国政府的原则：

> 我告诉布鲁斯先生，英国政府完全赞同他的做法。我们无意插手清政府与叛军之间的事情。我们的意思是完全中立。但是，如果英国人或外国商人建立的城镇遭到中国军队的攻击，我们将不会保持中立……关于我们的政策，我们能采取的唯一路线就是完美的中立。与此同时，不允许我们商人聚集的城镇被摧毁。

同年7月24日，罗素致信布鲁斯，重申英国的中立立场："我现在命你尽量做出安排，确保所有通商港口对叛军中立。只要叛军不袭击那些港口，北京政府将可能不会把这些通商口岸作为攻打叛军的基地。叛军可能会认识到，与贸易利益得到条约保护的外国发生冲突不符合他们自己的利益。无论如何，你要明白，在任何情况下，英国政府不愿意动用英军对付叛军，除非为了切实保护英国国民的生命和财产。"

8月8日，罗素再次致信布鲁斯："英国政府希望一如既往地在中国对立的两方之间保持中立。如果英国国民被任何一方俘虏，你要尽一切努力使他们免受拷打或罚金。除此之外，你要避免在这场内战中做出任何干涉之事。"

1862年2月1日，布鲁斯在一封写给英国驻宁波领事哈维（Consul Harvey）的书信中说："我们没有理由与反抗清政府的太平天国发生争执……另一方面，无论谁将统治这个国家，都要受到中国已与外国签署条约中规定的所有条款的约束。"

通商口岸的利益

如果我们了解英法两国在上海、宁波等通商口岸所拥有的利益，就不难理解英国政府为何如此重视这些口岸的安全。

在太平天国及小刀会的冲击下，1853年前后，上海、宁波一带地方官吏四散逃亡，通商口岸的关税征收工作处于混乱不堪的状态。于是，英国驻上海领事阿利国（R. Aleock）向美国及法国驻上海领事提议，在秩序未恢复之前，采用领事代征的办法，暂代中国政府向外商征税。这个提议得到美法两国领事的赞同。但是，这些权宜之计很快就归于无效。历史学家罗尔纲在1937年出版的《太平天国史纲》一书中写道：

> 此项办法在英美法三国商人看起来，颇有不公平的地方，因三国船舶都须正式纳税，而他国船舶则出入自由，可不纳税，故实施不久……此协定遂归于破坏。
>
> ……
>
> 至咸丰四年（1854年）正月，上海道吴健彰得英领事阿利国以援助相许，在租界内一关栈设立临时税关，开始征税事务，于是海关行政复归清吏掌握。但是，开关后不久，英领事以临时海关行政腐败，虽屡行劝告清吏，迄今未得满意的答复，至三月遂决计允许英船自由出入，各国效尤，上海遂成为绝对自由港。

不过，上海之成为自由港，并不是阿利国的本意。后来，阿利国创议，主张海关任用外人，以清积弊，吴氏从其议。是年六月，吴氏与英领事阿利国、美领事麦菲（Murphy）、法领事爱棠（Edan）签订关于"上海江海关"组织的协定九条。其关于任用外人的是第一和第五两条……嗣后从吴氏的希望，三国各出一人组成关税管理委员会（Board of Inspector）。是月，新制度开始实行，各国派员……然而三头政治，仅一名目而已，其实权未几即归于英国委员之手。一年后，三国派员都有更动……由领事馆译官李泰国（H. N. Lay）接任（英国委员），实权仍在英人掌握中。此即后来海关制度的起源。①

后来，根据1858年11月签订的《中英通商章程善后条约》"海关聘用英人"的条款，这个制度推行到其他通商口岸。

根据英国议会档案资料，1860年前后，英国人德都德（H. T. Davies）、林纳（Mr. Leonard）分别掌管上海与镇江海关，法国人日意格（M. Giguel）、美理登（M. Meritens）、克士可士吉（M. Kleczskowski）分别掌管宁波、福州及天津海关，美国人华为士（Mr. Ward）、吉罗福（Mr. Glover）分别掌管厦门及广州海关，德国人威立士（Mr. Wilzer）管理汕头海关。

1861年1月16日，咸丰根据江苏巡抚兼署两江总督薛焕的建议，给军机处下发了一道上谕，授予李泰国一体经理通商各口税务的执照。上谕原文如下：

谕军机大臣等：

薛焕奏，请饬奕䜣等，发给英人李泰国札谕，令其帮办各

---

① 罗尔纲：《太平天国史纲》，商务印书馆，中华民国26年1月初版，第123—124页。

口通商事务等语。新定通商税则，既有外国人帮办税务一条。该英人李泰国，系总司税务。所有新设通商各口，自可令其一体经理。着奕䜣等即行发给执照，交李泰国收执。责令帮同各口管理通商官员筹办。并着恭亲王等，咨行通商各省将军、督抚、府尹等，一体查照。其置买巡船等件，及辛工经费，亦着一并咨饬各口，与李泰国会议妥办。毋任冒滥。[①]

1863年，曾在宁波领事馆担任译官的赫德，正式接替李泰国，担任海关总税务司。他在这个职务上待了45年之久。

理查·伯克掌握的数据是，仅上海海关，一年关税额就有100万英镑左右，8个海关的年关税总额达到400万英镑。"但是，那些绅士实际上完全不对任何人或国家负责。他们的任命得到中国政府的批准，但提名他们的实际上并非中国政府，而是外国驻华代表。"

1863年7月6日，伯克在下议院发言时说："现在，一个重要的问题来了，这些人是哪国国民？设想一下，李泰国或他任何一位下属与中国当局起了矛盾，被当局赐以三尺白绫——中国处置高官的流行模式——我们是否要进行干预……我理解，布鲁斯爵士会立即干预，像保护一位英国国民一样保护他。"[②]

弃儿天国

正因为有这些利益存在，英国政府声明严守中立立场时，附加了"通商港口不被侵犯"的前提条件。但是，在当时的背景下，这

---

① 《清文宗显皇帝实录》，卷三三七。

② *The Parliamentary Debates*, July 6, 1863.

个前提条件很容易被利用。

发生在宁波的冲突可以说明问题。

19世纪60年代的宁波是一座大城市，人口有50万以上。1861年底，宁波仍在清政府掌握中，但已经受到太平军的严重威胁。英国军官曾给清朝当局很多援助，包括提供军火及军事建议，例如教清军如何驻防城池。但是，12月中，在李秀成堂弟李世贤的率领下，太平军仍然很快就拿下宁波。

根据英国议会档案资料，太平军占领宁波期间，并未侵扰外国商人的利益。理查·伯克在下院发言时也说："很明显，英国当局与叛军之间存在着友好的关系……我们的领事没有任何理由抱怨太平军领袖有任何违背约定的行为。"

叛军占领宁波后不久，英国领事哈维认为，解决外国租界问题的有利时机到了。1862年1月13日，在与美法两国驻宁波领事，以及英国炮舰"斯考特"号舰长商议后，哈维选定一块几乎与宁波市面积相等的土地作为租界。这块土地既适于防守，也适于开展贸易。

次日，哈维在一封写给布鲁斯的书信中说：

> 自这个港口于1843年对外通商以来，我们从未根据条约规定在宁波获得明确的"租界"。一直以来，这个需要都被这里日益增加的商业团体所感知……我相信在这里采取的措施会得到阁下您的赞同，阁下您将乐见这些措施得到皇帝或恭亲王的批准和确认。

实际上，这块租界当时处于李世贤的掌控之下。但他并没有提出明确的异议。因此，哈维命人占据了这块地方，并在那里盖了一些宽敞的住宅。在之后两三个月时间里，外国人一直在建设这块租界。

但是，从4月份开始，事情起了一些变化。这个月的某一天，在鸣枪欢迎某个太平军首领的仪式上，太平军的一些子弹击中了炮舰"斑鸠"号，还有几发子弹落到其他英国船只附近。

英军总司令格兰特派"遭遇"号战舰舰长丢乐德克（Roderick Dew）去要求太平军赔偿和道歉。诚如伯克所言，"任何看过格兰特爵士指令的人都会发现，他并未授权丢乐德克袭击宁波"。

4月27日，丢乐德克致信太平军首领，要求对方道歉，并撤除指向租界和英国船只的炮台。太平军设置这些炮台的目的，原本是为了防御清军袭击宁波城，不过，他们还是答应了丢乐德克的条件。一位黄姓太平军首领致信丢乐德克："我们渴望与你们保持良好的关系。这是我们发出这份声明的原因。"

但是，根据英国议会档案资料，收到这封信后，丢乐德克却造访了清军军营。后者当时正在集结兵力，准备攻打宁波。伯克在下议院演讲时说："有充分的理由相信，丢乐德克知道他们将要做什么。清军对宁波的围攻得到他完全的赞同。"

5月10日，清军正式攻打宁波。当时，丢乐德克率几艘炮舰停泊在附近江面上，一字排开，炮口直指宁波城，完全是一副准备攻击的样子。就在清军发起攻击前，丢乐德克给太平军首领去了一封信：

> 我们现在通知你们，我们保持完全的中立。但是，如果你们向清军开炮，或者你们的军队对着租界城墙上的清军开枪，

使租界居民的生命受到危害，我们将认为，回击并炮轰宁波城是我们的责任。

根据伯克提供的证据，5月10日上午10点，丢乐德克下令英国炮舰开火。他们对宁波的炮轰一直持续到下午2点。"然后，他们去吃饭。3点的时候，丢乐德克的人登陆，将叛军逐出宁波。当晚，他将这座城市作为礼物送给了道台……这个故事向我们展示了英国官员在中国是如何行事的。"

宁波之战并非太平军与英军发生军事冲突的开始。1860年6月，遵王赖文光率领2万太平军攻打上海时，与驻守上海的英国军队有过一次交手。

根据英国议会档案资料，1861年初，英军总司令格兰特曾造访天京，并与太平天国首领会晤。他成功地使后者承诺一年内不进攻上海。事实上，当时李秀成率领的60万太平军已经控制浙江和江苏。

李秀成基本遵守了天京做出的承诺。不过，1861年底，在忠二王李容发（忠王李秀成的二儿子）的率领下，两万太平军开赴浦东，大败清军后占据了浦东。于是，上海道台吴煦请求英国人和法国人施以援手。12月，美国人华尔率军与太平军作战。此前，华尔已训练2000名菲律宾和中国士兵。战争开始后不久，在李容发的提议下，双方在圣诞节期间停火15日。

在此期间，上海道台吴煦已经向两江总督曾国藩求援。曾国藩命下属李鸿章招募淮勇，于1862年3月编成淮军两万，准备南下上海。与此同时，在英军新任总司令士迪佛立（General Staveley）的率领下，屯驻华北（尤其是天津）的英法联军南下上海，以保护欧洲人的利益不受太平军的侵害。

4月至9月，太平军与清军及外国军队在上海交战了5个月。在上海之战中，李秀成指挥的太平军起初有20万，后来有8万兵力调回天京，以应对曾国荃对天京的进攻，因此，实际兵力为12万。英法联军及清军的兵力共计7万，其中，吴煦麾下绿营4万，李鸿章麾下淮军2万，华尔麾下"常胜军"（外国雇佣军）兵力3000，英法联军及其他兵力7000左右。

上海之战的结果是，太平军战死2.5万，敌人战死约1万人。5月，在浙江慈溪的战役中，李秀成部击毙了华尔。但是，重兵围困之下，太平军大势已去。最终，洪秀全命李秀成放弃上海。

1862年10月18日的《便士画报》发表评论："英国人应该对中国的内战有兴趣，因为英国士兵开始参战，他们为清政府而战……英国制造的炮舰派上了用场……我们并不了解双方的详情，但我们知道双方都很惨烈……我们觉得中国可能会成为第二个印度。"[1]

这场战役后，太平天国的命运急转直下。在清军及外国军队的围剿下，再加上内部变乱频频，1864年7月，天京陷落，太平天国灭亡。天京陷落前一月，洪秀全病逝。天京陷落一个月后，李秀成被清军处死。

1864年4月，伦敦出版的《评论季刊》如此评论太平天国的历史意义："这是一个尤其引人注目的现象。它包含了以前的起义从未有过的元素，它在众多人口中培育了宗教狂热的幼芽。"[2]

---

[1] *Penny Illustrated Paper*, Oct. 18, 1862.

[2] *The Quarterly Review*, Vol. 115, p. 41.

第七章　中兴纪事

在英法联军入侵及太平天国起义的冲击之下，清朝统治者切身体会到政权灭亡的危险，不得不寻找救亡图存之法，最终在同治年间（1862—1874）兴起洋务运动，出现所谓"同治中兴"景象。但甲午战败已经证明，所谓"中兴"，只是幻象而已。

借夷剿贼

洋务运动的苗头，始于咸丰末年，直接动机在于剿灭太平天国。不妨这样理解，在一定程度上，太平天国缓和了清廷与西方列强之间的矛盾，甚至成为二者媾和的催情剂。

不过，1861年1月5日发出的一道上谕可以说明，即便在"借夷剿贼"这个问题上，咸丰及其臣子起初也颇有顾忌：

谕军机大臣等：

前据恭亲王奕䜣等奏，接见俄夷换约各情一折。内有该酋面称，发逆横行江南，愿拨夷兵助剿……当经谕令曾国藩、薛焕、袁甲三等，公同悉心妥议具奏。嗣据袁甲三、薛焕先后覆奏，所陈均各有所见。

本日，曾国藩奏称，金陵发逆之横行，皖吴官军之单薄，均在陆而不在水。此时陆军不能遽达金陵，即令俄夷兵船由海口进驶，亦未能收夹击之效。应请传谕该酋，奖其效顺之忱，缓其会师之期，俟陆军克复皖浙苏常各郡后，再由统兵大臣约会该酋派船助剿。庶在我足以自立，在彼亦乐与有成。法夷此请，亦可奖而允之。惟当先与约定，兵船经费若干，一一说明。将来助剿时，均由上海粮台支应，以免争衅。与薛焕所奏大同小异。

各国甫经换约，所请助兵运米两事，意在见好中国。袁甲三谓，借夷剿贼有害无利，自是正论。但拒之太甚，转启该酋疑虑。果能因势利导，操纵在我，于军务漕运不无裨益……着恭亲王奕䜣等，悉心体察，酌议具奏。[①]

不难看出，《北京条约》签署后不久，俄国及法国就主动提出助剿太平军，助剿的方式一是"助兵"，二是"运米"。

对于俄法两国的建议，曾国藩与两江总督薛焕认为可以因势利导，漕运总督兼江南河道总督袁甲三（袁世凯的叔祖）则认为"借夷剿贼有害无利"。袁甲三担心自己管理的漕运业务会因此受到影响。他说，如果把钱交给外国人，让他们买米运米，"恐银先入手，随意开销，或借此把持渔利，将来南漕海运，转多掣肘"。从根本上说，咸丰帝认同袁甲三的意见，但他担心对洋人拒之太甚可能惹来更多麻烦，因而不得不命恭亲王等悉心体察，商量出具体意见。

[①]《清文宗显皇帝实录》，卷三三六。

皇帝之所以让恭亲王奕䜣负责此事，是因为"总理各国事务衙门"行将设立，奕䜣将成为主管亲王。1月20日，咸丰帝发给内阁一道上谕：

> 惠亲王等奏，会议恭亲王奕䜣等奏，办理通商善后章程一折。据称恭亲王奕䜣等筹议各条均系实在情形，请照原议办理等语。京师设立总理各国通商事务衙门，着即派恭亲王奕䜣、大学士桂良、户部左侍郎文祥管理。①

至此，清政府终于有了专门的机构及大臣处理与外国的关系。无论其目的是为了"借夷剿贼"，还是为了"师夷长技以制夷"，总理衙门的设立意味着洋务运动即将步入正轨。随着1864年太平天国被灭，"借夷剿贼"策略获得了一时的成功。但是，在"师夷长技以制夷"方面，清朝统治者总是难得要领。

其实，"师夷长技"起初也并非为了"制夷"，仍是为了剿灭太平天国。剿灭太平天国后，"师夷长技以制夷"才成为国策。

1861年8月23日，曾国藩呈上的"购买外洋船炮一折"可以说明这一点。这份奏折写道："臣去冬覆奏一疏有云：'金陵发逆之横行，在陆而不在水；皖吴官军之单薄，亦在陆而不在水'，系属实在情形。至恭亲王奕䜣等奏请购买外洋船炮，则为今日救时之第一要务。"

现在看来，曾国藩所说的"第一要务"，主要分为三步进行。第一步是政府出钱买船买炮，交给外国人指挥。

---

① 《清文宗显皇帝实录》，卷三三七。

魔鬼战士

华尔顺时而至。这个美国人被他的同胞、军事史学家卡勒伯·卡尔（Caleb Carr）称为"魔鬼战士"（Devil Soldier）。[1]

华尔生于1831年11月。根据卡尔《魔鬼战士：华尔的故事》一书，华尔从小就十分叛逆，喜爱冒险，不到16岁就跟船去了香港，18岁进入美国文理军事学院学习，20岁作为大副跟船至上海，从事货物贸易，次年开始从事劳工买卖，将中国劳工贩至墨西哥。从事劳工买卖的过程中，他结识了臭名昭著的美国冒险家威廉·沃克（William Walker），与后者一起掠夺、屠杀墨西哥土著。

1860年，华尔再度从洛杉矶来到上海，开始在中国的冒险生涯。他在墨西哥的征兵、训练战士及战争经验很快就派上用场。

在苏松太道吴煦的资助下，华尔组建了一支2000人的洋枪队，成员既有中国人，也有西方人和菲律宾人。吴煦之所以资助他，并非是贯彻尚未成形的师夷长技之策，而是为了缓解上海之围。华尔之所以不辞劳苦，是为了钱、声望，以及冒险本身。双方一拍即合。

几次上海之战，华尔的洋枪队都有积极参与。1862年3月，在岳父、盐运使杨坊的保举下，华尔入了中国籍，洋枪队也改名"常胜军"。4个月后，他在浙江慈溪被李秀成的军队击毙。

之后担任"常胜军"指挥官的是大名鼎鼎的戈登（Charles George Gordon）。戈登最有名的战例是，1863年12月，成功利用太平天国苏州城将帅之间的不和，挑拨郜永宽、汪安钧等将领刺杀了

---

[1] Caleb Carr: *Devil Soldier: The Story of Frederick Townsend Ward*. Random House, 1992.

主帅谭绍光，不费一兵一卒就夺下苏州。由于李鸿章杀降，处死了郜永宽等降将，戈登与他决裂，并将常胜军的控制权交给英军。双方在意识形态上的差异暴露无遗。1864年5月，清军攻陷常州后，常胜军被解散。

根据太平天国史学者伊恩·希斯（Ian Heath）和迈克尔·佩里（Michael Perry）的研究，1863年，常胜军旗下已有一支炮兵，其重型炮队与轻型炮队各有5名外国军官，共有19名中国军士，120—150名炮手。它还有一支由12艘武装明轮船、30—50艘中国炮舰组成的海军。①

除了常胜军，在镇压太平天国的过程中，清政府还得到另外一支由清政府出资购买军火但由英国人担任指挥官的军队的帮助。这支军队的创建，是贯彻"师夷长技"国策的结果，也是英国放弃中立政策的结果。

1862年7月7日，英国外交大臣罗素发布一项文件，完全抛弃了中立政策。这份发给所有在中国的英国官员的文件写道：

> 我们追求的理性路线是，保护我们自己的贸易，保护通商口岸，鼓励中国政府武装足够的炮兵、步兵和骑兵以打败叛军，迫使他们臣服。要是租界受到叛军威胁，你们要调动驻上海的军队。宁波应该被帝国政府收复。当他们有足够兵力完成这一目标时，他们将全力以赴对付天京。②

根据英国议会的档案资料，1862年8月底，枢密院发布一项命

---

① *Ian Heath, Michael Perry: The Taiping Rebellion 1851–1866*, Os Publishing, 1994.

② *The Parliamentary Debates*, July 6, 1863.

令，废止了《外国服役法》（*The Foreign Enlistment Act*）的有关规定，授权海军少将阿思本（Sherard Osborn）及李泰国为中华帝国征兵，装备兵船。

下议院议员哈蒙德（George Hammond Whalley）是干涉政策的支持者之一。他在写给海军部长克拉伦斯·帕赫特（Clarence Paget）的书信中提到，英国政府应该在中国建立一支欧洲海军，以恢复整个中华帝国的秩序。

根据理查·伯克勋爵提供的信息，中国从英国买了一支武装舰队，并把它交由阿思本指挥。购买这支舰队花了65万两白银，全部来自海关关税，其中，广州海关提供了25万两，上海海关20万两，厦门海关5万两，其余15万两来自以福州海关关税为抵押的贷款，年利率8%至10%，以进出口关税抵偿贷款本息。"外国资本家很喜欢这种形式，因为它简单，并且能够节约他们的成本。"

1863年7月之前，中国向英国政府购买了3艘炮舰，还在英国的私营船厂订购了另外3艘。相应的法律也制定出来了，例如有关士兵的薪水和口粮、伤员的退休金和补偿金的条款，甚至还设计了一面黄绿条纹的军旗。但是，这支军队并非为大清皇帝而战，而是为李泰国和外国人的通商口岸而战。

1863年7月6日，伯克在下议院演讲时说：

> 很难确定这支军队的具体目标，因为政府在这方面似乎没有任何明确的概念。李泰国提出的在英国征兵的正式申请中说，这支军队将用于重建清政府在长江的权威，保护内河的商业安全，以及在公海镇压海盗。

伯克质疑哈蒙德所谓"恢复整个中华帝国秩序"的野心。他说："恢复中华帝国秩序是一个相当大的指令。因为这支军队只有400人，而中国人口大约有4亿，相当于每个人要恢复100万人的秩序。"

卫三畏的预见

曾国藩所谓"第一要务"的第二步，是从外国购买军火，并培训自己的将士使用这些军火。第三步则是自己制造军火，例如曾国藩1861年创设安庆内军械所，李鸿章1865年在上海创设江南制造局，左宗棠1866年创设福州船政局。关于这两个方面，国内史料颇多，不复赘述。

需要说明的是，"第一要务"并非"唯一要务"。除了军事建设，洋务运动还有其他内容，其中最重要的一项是设立同文馆，以便引入并学习西方科技，便利与外国的沟通。

在恭亲王奕䜣的努力下，1862年同文馆成立。4年后，奕䜣提议改革科举考试，在同文馆添设天文算学馆，以提升机械及军火制造水平。但这项提议遭到保守派的非议。

根据《筹办夷务始末》的记载，1867年1月28日，奕䜣再上奏折，从历史根据与现实需要两方面出发，进一步解释在同文馆添设天文算学馆的原因，并提出具体实施建议。原文如下：

> 臣等伏查，此次招考天文算学之议，并非矜奇好异，震于西人术数之学也。盖以西人制造之法，无不由度数而生。今中国议欲讲求制造轮船机器诸法，苟不借西士为先道，俾讲明

机巧之原，制作之本，窃恐师心自用，枉费钱粮，仍无裨于实际。是以臣等衡量再三而有此奏。论者不察，必有以臣等此举为不急之务者，必有以舍中法而从西人为非者，甚且有以中国之人师法西人为深可耻者，此皆不识时务也。

......

中国所当学者，固不止轮船枪炮一事。即以轮船枪炮而论，雇买以应其用，计虽便而法终在人。讲求以彻其原，法既明而用将在我。一则权益之策，一则久远之谋，孰得孰失，不待辩而明矣。

......

况六艺之中，数居其一。古者农夫戍卒皆识天文，后世设为历禁，知者始鲜。我朝康熙年间，除私习天文之禁，由是人文蔚起，天学盛行。治经之儒，皆兼治数。各家著述，考证俱精。语曰，一物不知，儒者之耻。

......

若夫以师法西人为耻，此其说尤谬。夫天下之耻，莫耻于不若人。查西洋各国，数十年来，讲求轮船之制，互相师法，制作日新。东洋日本，近亦遣人赴英国学其文字，究其象数，为仿造轮船张本，不数年亦必有成……若夫日本蕞尔国耳，尚知发奋为雄，独中国狃于因循积习，不思振作，耻孰甚焉！今不以不如人为耻，而独以学其人为耻，将安于不如而终不学，遂可雪其耻乎？

......

谨公同酌拟章程六条，缮呈御览，恭候钦定。再查翰林院编修，检讨庶吉士等官，学问素优，差使较闲，若令学习此项天文算学，课功必易。又进士出身之五品以下京外各官，与举人五项贡生，事同一律，应请一并推广招考，以资博采。[①]

对于这道奏折，"御批'依议'"。当然，御批者不太可能是当时11岁的同治皇帝。

1861年11月"辛酉政变"后，两宫太后（东宫慈安及西宫慈禧）垂帘听政，恭亲王奕䜣加封议政王大臣、军机大臣领班。不过，4年后，在翰林院编修蔡寿祺的弹劾下，奕䜣议政王大臣的职务被慈禧太后免去，只保留总理衙门大臣的主职。

对于晚清政府的改革尝试，尤其是改革派与保守派之间的矛盾，西方媒体发表了很多报道和评述。

1867年6月，美国波士顿出版的《生活时代》（*The Living Age*）杂志刊登了一篇伦敦《旁观者》杂志发表过的文章，标题是《中国的一项改革法案》。文章写道：

> 在中国，每位官僚候选人都要通过一项以欧洲的天文学、数学和物理学为内容的考试。中国人的思想近年已经被一个崭新的、非常令他们不愉快的疑虑大大动摇了……恭亲王与海关总税务司及总理衙门谈过这件事，最终决定付诸实施。中国的行事模式是法国官僚式的。主子（皇帝、摄政王或他们的宠臣）暗示需要某种结果，相关部门就拟定出一份奏折，解释为何那个结果是值得追求的，并且提出一系列实施建议。皇帝朱批"准奏"二字后，它就成为一项新法。

---

① 《筹办夷务始末》，同治朝，卷四六。

　　针对奕䜣奏折中西洋各国"互相师法"等语，这篇文章写道，这些语句"明显来自欧洲人的建议，而这些建议能够被正式文件接纳，标志着中国人思想变化的深度。这份文件已经认识到进步是有可能的"。[①]

　　西方人同时也预见到中国改革阻力重重。

　　1871年12月28日，《纽约时报》刊登的一篇文章写道："这个帝国的著名学者们嘲笑向西方学习的想法，因为他们通常将西人称为'夷人'（未开化的野蛮人）。内阁成员及御史团结一致，抨击此举有革命倾向，有辱中国的尊严。"

　　这篇文章的作者是美国汉学家卫三畏。1858年中美签订《天津条约》之时，他是美国公使馆头等参赞兼翻译，条约中有关传教自由的条款，即出自他的主张。

　　写这篇文章时，卫三畏已经见证洋务运动在19年世纪60年代后期因保守派的凌厉攻势而经历的种种困难。他在文章中暗示，随着中外矛盾的升温，中国的仇外情绪必将高涨，改革派将面临更多的压力。

"李鸿章不懂海军"

　　在所有评述洋务运动及其对中国影响的文章中，美国特使薛斐尔（Robert W. Shufeldt）的见解可能最具洞察力，同时也最具影响力。

　　1882年1月1日，薛斐尔在天津与李鸿章讨论朝鲜问题期间，

---

① *The Living Age*, Fourth Series, Vol. 5, 1867, pp. 791–793.

给他的朋友、美国加州前参议员萨金特（Aaron A. Sargent）去了一封信，汇报了许多有关中国的情况，并就美国的对华政策提出若干建议。2个多月后，《旧金山晚报》刊登了书信全文。

薛斐尔在信中将英国人担任总税务司的中国海关称为"奇怪的赘疣"（strange excrescence）。"这个英国人手下有一批外国官员，他们控制着海关，指挥炮舰和征税巡洋舰，并维护灯塔系统。实际上，从国外渗入中国的几乎所有东西，都要通过这个政治体。"他说，英国人已在商业与外交上控制住中国。

薛斐尔提到中国"重文轻武"的传统观念对军事改革的致命影响。他写道：

> 中国政府让民众相信，从武不是一件光彩的事，从文才能带来真正的荣耀。千百年来，无数代人都被灌输了这些想法。以这个观念为基础的优胜劣汰原则，使这个种族所有的尚武精神都灭绝了。
>
> 中国人惯于忍受苦难。当然，如果被逼到绝境，他们也会反抗，反抗地方政府的压迫。但是，在这些背景下，他们的战争变成了单纯的仇杀。他们的残忍令人震惊。中国绝对没有可以使士兵成为文明的代表的骑士精神，也没有可以创造英雄和民族领袖的团队精神。军事训练的唯一办法，是士兵们对体罚的恐惧。
>
> 在中国，文官优于武官。武官相对处于从属地位。在这种制度下，没有可以将军队与武装暴徒区分开来的精神。

根据薛斐尔的记录，1881年前后，直隶总督李鸿章麾下军队

"有一部分训练得比较好"，配备后膛枪和野战炮的兵力大概有3.5万人，拥有几百门大炮。"他在渤海湾海岸有配备重型弹药的现代化的炮台。"但是，李鸿章并不懂得如何创建一支有战斗力的部队。"尽管他的军队或多或少由外国军官训练和组织，士兵们却总是被派到各处去忙公共工程，因此，军事教官努力想要创造的锐气与兵团精神总是不断被破坏。"

就李鸿章的军队而言，上级军官由李鸿章委派，下级军官则是按月雇用，并经常被上级任意降级或体罚。"他们很听话……按月领薪，薪水和苦力差不多。没有正义的法律，没有类似军事法庭这样的机构。"

在薛斐尔看来，李鸿章的部队算不上真正的军队。当然，其他地方部队更是如此。他说，在创建真正的军队方面，中国面临的第一个无法逾越的障碍，是缺乏统一的民族感情。他了解镇压太平天国过程中壮大的地方势力与中央政府之间的矛盾。

薛斐尔将这些矛盾称为"政治分裂"。而在中国的政治与行政体制下，"政治分裂"问题似乎很难解决。他写道：

> 这个帝国的政治分裂已渗透社会的方方面面。各省都有自己的习俗，有自己的方言，这不仅使19个省特点鲜明，而且彼此敌对。此外，各省都由一位几乎独立于北京的总督管理……不可能让这些敌对的人们相信他们有任何共同的事业，也不可能通过让他们为任何共同的目的而奋斗来动员他们。因为这些原因，我们将看到，要创造一支国家军队将有多么困难。

中国海军的情况甚至更糟。薛斐尔在书信中提到，中国有4支不同的海军舰队，它们"彼此独立，缺乏联合或者统一"。

他具体提到了福建水师与北洋舰队。

福建水师成立于1866年，创立者是闽浙总督左宗棠及福建船政大臣沈葆桢。1867年至1874年，法国人日意格被聘为福建船政总监督。薛斐尔说，在日意格的监督下，福建水师"原本有望形成中华帝国海军的一支核心力量"，但是，日意格离开后，"无论兵工厂还是舰队都在衰败"。三年后的中法"马江海战"是这句话最好的注解，因为福建水师几乎全军覆没。

北洋舰队创建于1875年，创建者是直隶总督、北洋大臣李鸿章。中国之所以创建这支海军，主要不是为了应对日本挑起的台湾问题，而是基于"与俄国交战的迫在眉睫的压力"，目的在于保护北京。薛斐尔对李鸿章的办事效率颇为赞赏，因为他"在一两年时间内就已经集合了一支大约拥有12艘战舰的海军"。

但薛斐尔并不认为李鸿章懂得海军建设。他提到的例证之一是，在北洋水师，排水量最小的炮舰装配了最重的火炮（35吨）。"显而易见的是，为了使这支舰队真正有效，它需要一批聪明的人才，以及良好的组织。确实，这支舰队消耗了大量的资金，它让中国政府（在某种程度上让整个世界）产生错觉，让他们认为中国有了真正的海军。但是，中国行政体系的恶习和弱点渗透到军队之中。"薛斐尔在书信中写道，中国的海军军官没有军衔，缺乏团队精神，缺乏海上经验，缺乏对外部世界的认识，缺乏勇气和锐气，而且来自不同省份的船员之间不和。在这种情况之下建立的海军只能让人看到"深层的根深蒂固的行政腐败。所有这些结合起来抵消了船只的质量，使它们作为一支战斗力量毫无价值"。

在书信中，这位美国将军毫不隐讳地提到了"外国海军军官的阴谋和嫉妒"，他认为他们"加剧了这个组织的固有缺陷"。薛斐尔写道：

> 总税务司（一个英国人）除了在海关事务方面有很大的权力，还要管理海军。在他的影响之下，购买的是英国建造的船只。当这些船只抵达中国，天津海关专员（一个德国人）设法获得了对它们的控制权。海关总税务司的三名属下是前英国皇家海军的"准军官"，他们已经当上中国海军提督的顾问。两名前法国海军军官被高薪聘请，但他们的具体任务却并未说明。来自三个国家的人彼此嫉妒。他们都看不起中国人，但又渴望控制中国的海军……李鸿章在所有事情上都很精明，但外交事务除外。他或多或少是这些雄心勃勃的人的谄媚或诡计的牺牲品，他们使他相信自己有了一支海军。

在薛斐尔看来，中国将希望寄托在外国人身上不会有积极的收获。"西方列强的大使们在注视着中国发展军事或海军实力的每一个行动。他们决定不让中国继续往前发展。他们让自己的选民得到高额的利润，让自己的同胞当上军官。在和平时期，这支舰队是取悦总督的玩具，在战时，它将是敌人的战利品。"①

薛斐尔的评论很快将再次得到证明。

---

① *The Evening Bulletin*, San Francisco, March 20, 1882.

第八章　东亚新局

　　1860年的屈辱并没有完全摧毁"天朝"的尊严，因为朝鲜、琉球等属国仍仰其鼻息，"上国体制"仍在。直至1894年甲午战败，"天朝"的脆弱才无所遁形。

　　朝鲜臣服于清，始自1637年。据《清史稿》载，努尔哈赤兴兵时，作为明朝属国的朝鲜曾"屡抗王师"。皇太极崇德二年（1637年），清军"再入其都，国王面缚纳质，永为臣仆，自此东顾无忧，专力中夏"。[①]

　　大清强盛时，这种宗主国与属国的关系不存在多大问题。但是，随着大清日渐式微，以及国际关系的变化，这种关系面临越来越大的挑战。

　　挑战者主要是日本与俄国。

失策的朝鲜战略

　　日本对朝鲜觊觎已久。为了控制朝鲜半岛的南部，获得朝鲜的

---

① 《清史稿》，卷五百二十六，列传三百十三。

先进技术和铁资源，早在5世纪，处于古坟时代中期的日本就曾入侵朝鲜，与高句丽政权有过数次交战。此后至19世纪，日本对朝鲜的侵扰一直断断续续，从未绝迹。在某种程度上，正是为了抵制来自日本的威胁，朝鲜才甘心臣服于明朝。

俄国对朝鲜的野心始于19世纪。在19世纪之前，俄国最大的兴趣是往欧亚大陆西部的欧洲及中亚地区扩张，但因为无法突破英法等国的封锁，它转而向欧亚大陆的东部及东南部。中国疲于应付两次鸦片战争的时候，俄国人充分利用中国人在外交上的无知与无奈，1858年与中国签署了《瑷珲条约》，未动干戈就侵占了中国东北亚地区一大块领土，在太平洋西岸得到极具战略价值的港口海参崴。这个甜头又进一步激起俄国南下扩张的冲动，它想在朝鲜获得几处港口。

1894年8月10日，《夏威夷公报》刊登的一篇文章解释了朝鲜对于俄国的战略意义。作者是19世纪美国著名地理学家、政治评论家塞勒斯·亚当斯（Cyrus C. Adams）。文章写道：

> 多山的半岛往大海延伸，几乎可以俯瞰日本。朝鲜半岛占据了最有意义、最为重要的地理位置。这是俄国渴望占有她的原因之一……这里土地肥沃，但只有小部分被开垦。在人迹罕至的河谷和深山之中，矿产资源十分丰富……朝鲜沿海有世界上最好的港口，但俄国只有海参崴。俄国一直渴望得到朝鲜的元山和釜山，因为这样，遇到最恶劣的飓风天气时，她的军舰可以安全地躲入港口，也不用担心被厚厚的冰山所阻。俄国通过多种方式持续表明其对朝鲜的浓厚兴趣。过去几年，俄国官员及其代理人一直在朝鲜领土上进行广泛的勘察。我们现在看

到的像样的朝鲜地图就是俄国人绘制的。[1]

相对于俄国，来自日本的挑战更为直接。1873年，日本外务卿副岛种臣来北京议约期间，曾诘问大清总理各国事务衙门："朝鲜是否属国？当代主其通商事。"总理衙门回应："朝鲜虽藩属，而内政外交听其自主，我朝向不预闻。"

副岛种臣所谓"通商事"，指的是朝鲜对外通商之事。1863年，李朝哲宗去世后，贵族李罡应之子李熙即位，是为高宗。李罡应本人则成为"大院君"，即摄政王。他是一个十分保守的人，同时对鸦片贸易及开放贸易给大清造成的影响有所了解，因此，在他的治下，李朝奉行十分严厉的闭关锁国政策，不与大清之外的国家进行政治及商业往来。

闭关锁国的政策恶化了李朝与西方国家的关系。19世纪中期，西方国家正努力打开亚洲市场，并已在中国及东南亚斩获颇丰。1854年，即马修·佩里率舰队叩关江户湾（今东京湾）的第二年，日本德川幕府也放弃了闭关政策，与美国签署了《神奈川条约》，内容包括开放下田及函馆港口与美国通商，美国在下田设立领事馆，以及救助美国遇难船员等条款。

在日美亲和、大清衰弱的背景下，李朝的闭关政策难以为继。

早在1844年，美国国会就已拟定打开朝鲜大门的草案。日美亲和后，打开朝鲜大门成为这两个国家的共同目标。1865年，美国海军派炮舰"长公主"号到中国，以保护美国在华利益。正好美国商人普雷斯顿（W. B. Preston）与英国驻天津密迪士商会（Meadows & Co.）想去朝鲜碰运气，于是说服海军，将"长公主"号改装成武装商船，

---

[1] *The Hawaiian Gazette*, August 10, 1894.

并更名为"舍门将军"号。次年8月，这艘船从烟台出发，前往朝鲜。9月初，在朝鲜大同江羊角岛，李朝军队对这艘不请自入、拒绝离开的炮舰进行突袭。最终，"舍门将军"号被烧毁，船上成员都被捕杀。

1871年5月，美国海军将军罗杰斯（John Rodgers）率5艘军舰，从日本长崎出发前往朝鲜，舰上有1230名士兵，85门大炮，欲以武力逼迫朝鲜开港通商。6月，双方在江华岛一带交火。朝鲜军队有243人战死，美军战死者仅3人。但是，罗杰斯并没有完成使命，于7月初离开朝鲜，移师中国。

前述副岛种臣与总理衙门之间的谈话，即是基于这样的背景。他希望中国说服属国朝鲜开港通商，其立场不仅代表日本，也代表着刚结盟不久的美国。中国方面则以"内政外交听其自主"为由，表示无能为力。

总理衙门官员之所以持回避态度，除了奉行"多一事不如少一事"的官道哲学，另一个原因在于，他们低估了西方国家打开朝鲜大门的决心和实力。南洋通商大臣曾国藩在1871年8月10日呈送总理衙门的一份文件或许可以说明这一点：

> 闻西人谈及美国兵船退出高丽后回国诸事。现已接得美国回信。原信未见，大意则云，前往高丽，原为立约起见，并无必战之心，彼既开炮，兵船亦即回炮，业将炮台打毁，事已算了，或能就此止戈，亦属妙事。又闻西人私论云，美国王业系四年一更，鲜有恒心，如果劳师远出，设或不能用命，转为失计等语。①

---

① 《李文忠公奏稿》，卷三八。

1873年，年满21周岁的李朝高宗开始亲政，李罡应停止摄政，但是，大权旁落于闵妃（大名鼎鼎的明成皇后）外戚集团。

闵妃集团不像李罡应集团那样保守。1876年，在日本的军事施压下，朝鲜与日本签订了《日鲜修好条规》，也就是《江华岛条约》。条约规定了两国互派大使、朝鲜开放两个港口、日本在通商港口享有类似"领事裁判权"的特权等内容。这是朝鲜对外开港的第一份条约。此后，朝鲜国内亲日势力逐渐发展。

朝鲜对外开放之初，李朝政权对欧美国家仍持排斥态度，但毕竟有了开明的迹象。1880年，前文提到过的美国海军将军薛斐尔率舰队经大西洋、印度洋抵达中国香港，再由香港出发抵达日本长崎。因为与李朝的直接接触并不顺利，他想借助日本及中国的帮助与朝鲜建立外交关系。这年7月，他与李鸿章建立起了联系。

薛斐尔与李鸿章在天津会面。自1870年之后，直隶总督多驻天津。二人的初次会面颇为愉快。李鸿章想借美国之力牵制日俄，因而答应尽力为其周旋。正如他在这年10月7日呈上的一份奏折中所言："美国尚无用兵逼勒之意，但俄人已费巨饷遣将调兵，势必不肯中止，若不图中华，恐遂吞并朝鲜。"[1]作为感谢，薛斐尔派出一名海军中尉，前往李鸿章创办的天津水师学堂任教。8月，薛斐尔回国述职。

次年7月，薛斐尔再次来到天津与李鸿章见面。李鸿章对他说，朝鲜国内新旧两派分歧严重，一时难有结果，需要耐心等待。但是，薛斐尔认为李鸿章并未尽力，因为他并不相信朝鲜"内政外交皆自主"的事实，也不了解朝鲜国内新旧两派间的斗争有多么严

---

[1] 《妥筹朝鲜武备折》，《李文忠公奏稿》卷三八。

重，他以为中国可以命令朝鲜对外开放。[1]

经过李鸿章、驻日钦使何如璋、驻日外交官黄遵宪等人的周旋，1882年，朝鲜终于与美国签订了通商条约。

据日本历史学家伊原泽周的分析，在这几个人中间，黄遵宪起的作用可能最大。1880年10月，黄遵宪所著《朝鲜策略》一文经朝鲜特使金宏集呈给朝鲜高宗，在朝鲜朝野引起轰动。在文中，黄遵宪将俄国列为朝鲜最危险的敌人，并以此为基点，提议朝鲜采取"亲中国、结日本、联美国"的策略。[2]

在朝美签订条约的过程中，李鸿章坚持要加入明确朝鲜是中国"属邦"的条款，以"取悦于慈禧太后，而且也可借朝美条约，为其他列强继续与朝鲜立约的蓝本"。但是，李鸿章的这个要求被薛斐尔拒绝，因为后者认为签订条约的双方应该具有平等地位。双方达成的妥协是，这一事实确定在该条约的附属条款中。伊原泽周评论："李鸿章一心一意所坚持的属邦问题，除了维持封建的大清王朝的'面子'，确无任何的实际意义可言。"[3]没过多久，这一条款就因朝鲜"壬午兵变"而被推翻。

1882年7月，"大院君李昰应煽乱兵杀执政数人"，发动兵变。他兵分两路，一路攻入皇宫，另一路攻打日本使馆。结果闵妃逃往忠州，日本公使花房义质逃回日本。在闵妃的请求下，中国出兵朝鲜。日本也在花房义质的请求下出兵。最终的结果是，叛乱被镇压，李昰应投降并被押往天津，后来被软禁于保定旧清河道署，闵

---

[1] Charles Oscar Paullin: *Diplomatic Negotiations of American Naval Officers, 1778-1883*, p. 305.

[2] 伊原泽周：《近代朝鲜的开港》，社会科学文献出版社，2008年，第137—140页。

[3] 伊原泽周：《近代朝鲜的开港》，第189、212页。

妃则重掌政权。

8月30日，日朝两国签署《济物浦条约》。除了赔款、开港，条约还规定"日本公使署兵员若干，备警事"，也就是说，日本有在朝鲜驻兵的权力。此后，中日两国在朝鲜皆有驻兵。同年，中国也与朝鲜签订通商条约。

1884年，经日本策划，朝鲜又爆发"甲申政变"。12月4日，以金玉均、洪英植等人为首的亲日的"开化派"（《清史稿》称之为"维新党"）推翻闵妃支持的辅国闵台镐、赵宁夏政府，控制高宗，组建了新政府。3天后，年仅25岁的"朝鲜总督"袁世凯率驻朝清军帮助闵妃夺回政权。洪英植被处斩，金玉均则逃往日本。此后十年，朝鲜政局小乱频频，大局却没有动摇，直至1894年。

被放弃的台湾

除却朝鲜问题，19世纪70年代之后，影响东亚秩序形成的另一个问题是台湾问题。甲午战争结束后，日本驻美大使慎一郎在接受美国记者弗兰克·卡朋特（Frank G. Carpenter）采访时如此谈论台湾问题的由来：

> 台湾实际上是长长的日本岛链（上自择捉岛，下至长崎，然后进一步分散至琉球群岛）的一部分。台湾天然是这个链条的一部分。这个岛屿几乎不能算是中国的一个省，除了名义上如此。
>
> 台湾岛上的中国人不多，很多土著都未开化，他们靠狩猎生活。长期以来，对因船只失事而来到台湾沿海的所有陌生人

来说，他们都是一个威胁。在过去，他们杀死过日本人、法国人、英国人和美国人。

据说，他们还吃敌人的尸体。他们不是通常意义上的食人族，他们以这种方式庆祝胜利。他们在脸上和皮肤上文身，散居在各个部落之中。这些人非常凶猛，而占据该岛的日本人将控制住他们。

在中国人的统治下，他们可以为所欲为。你应该记得，1872年，因为船只失事，一名日本船员惨遭他们屠杀。我们派了一位大使去北京要求赔偿，要求将杀人犯绳之以法。总理衙门（或称外交部）说，他们不能阻止这些野蛮人。我们的大使回答，如果他们给日本人处置此事的许可，日本人将控制他们。总理衙门同意了。于是，日本派了一支远征军前去台湾。当地人被征服并且臣服了。[1]

上述内容刊登在美国内布拉斯加州的《奥马哈星期日蜜蜂报》上，时间是1895年6月2日。

显然，慎一郎希望从自然与道德层面为日本对台湾的占领做辩解。站在中国的立场，这些辩解毫无说服力，无法掩饰台湾自古就是中国一部分的历史与政治属性，但它在一定程度上也反映出当时清朝政府的无知与无能。正是基于这种无知与无能而采取的不作为政策，导致了台湾问题的恶化。

要讲台湾问题，必先讲述琉球问题。《明史》有载："琉球居东南大海中，自古不通中国。元世祖遣官招谕之，不能达。洪武初，

---

[1]　*The Omaha Sunday Bee*, June 2, 1895.

其国有三王，曰中山，曰山南，曰山北，皆以尚为姓，而中山最强。"明洪武五年，即1372年，琉球国"中山王察度遣弟泰期等随载入朝，贡方物"。数年后，山南、山北王皆入朝纳贡。琉球成为明朝属国。顺治四年，即1647年，琉球国"遣使奉表归诚"，成为清朝属国。

但是，1872年发生的一件事，改变了琉球的历史轨迹。

《清史稿》载："（同治）十年，有琉球船遭风漂至台湾，为生番劫杀者五十四人。十一年，复劫杀日本小田县难民四人，日本大哗。"这里所说的"生番"，指的是台湾原住民。这条史料的意思是说，1871年，台湾原住民截杀了因遭遇海难而漂流至台湾的琉球人。第二年，台湾原住民又截杀了四名日本难民，日本得知消息后十分震惊。

1872年10月，日本遣使副岛种臣到北京要求赔偿，并称琉球是日本领土。次年5月，日本使臣副岛种臣再来北京换约的时候，派随员柳原前光、翻译官郑永宁造访总理各国事务衙门。他们一共询问了三件事情，件件关乎中国的主权。"一询澳门是否中国管辖，抑由大西洋主张？一询朝鲜诸凡政令，是否由朝鲜自主，中国向不过问？一询台湾生番戕害琉球人民，拟遣人赴生番处诘问。"[1]第三问的意思是，如果中国管不了台湾原住民戕害琉球人民的事情，那就让日本来管。

那么，总理衙门官员是如何回应的呢？曾经担任驻日本领事的姚锡光在《东方兵事略》一文中写道：

---

[1]《清史稿》，卷五百二十六，列传三百十三。

　　我总署大臣毛昶熙、董恂等答曰："'番民'之杀琉民，既闻其事；害贵国人，则我未之闻。夫二岛俱我属土，属土之人相杀，裁决在我。我恤琉人，自有措置，何预贵国事而烦过问？"

　　前光因大争琉球为日本版图，又具证小田县民遇害状，且曰："贵国已知恤琉人，而不惩台'番'者何？"

　　昶熙、恂曰："杀人者皆'生番'，故且置之化外。日本之虾夷，美国之红番，皆不服王化，此亦万国之所时有。"

　　前光曰："'生番'害人，贵国舍而不治，我却将问罪岛人。为盟好故，使某先告。"

　　昶熙、恂曰："'生番'固我化外民，伐与不伐，亦惟贵国所命，贵国自裁之。"

　　也就是说，总理衙门大臣毛昶熙、董恂表明的态度是，台湾原住民杀害琉球人的事件，发生于中国的两个属国之间，中国自有主意，不劳日本费心；至于原住民杀害日本人之事，中国方面没有听说过，也不会管，如果日本要"问罪岛人"，悉听尊便。这就是总理衙门大臣处理台湾问题的态度。

　　于是，"前光归报，遂借端兴师"。可见，慎一郎对美国记者卡朋特说的那番话，与姚锡光的记录基本相符。

　　日本很早就对台湾有兴趣。1592年，丰臣秀吉执行的海外侵略计划，不仅包括朝鲜，还包括被日本称为"高砂国"的台湾。[1]因为遭遇海难以及台湾原住民的武装抵抗，日本的数次入侵尝试都以

---

[1]　*A Brief History of Taiwan*, Chapter 3. ROC Government Information Office.

失败告终。1609年，德川幕府曾派有马晴信探险台湾。1616年，村山等安对台湾的入侵再次失败。

在接受卡朋特采访时，慎一郎如此解释日本对台湾感兴趣的原因：

> 台湾的物产非常丰富，曾被称为中国的粮仓。这里出产上好的茶叶，信价不菲。这里还盛产大米。台湾有宝贵的森林，是很好的糖作物的生长地。台湾还产煤。但它的矿产资源尚未开发。尽管台湾多山，但它也有大片冲积平原，而且水资源丰富。台湾确实是一块非常宝贵的地方。

既然在处理台湾问题上，中国有"惟贵国所命，贵国自裁之"之语，日本便有借口再次入侵台湾了。

根据姚锡光的记录，1874年4月，日本在长崎设置指挥部，"以大藏卿大偎重信为综理，陆军中将西乡从道为都督，美国人李仙得为参谋，以战舶大功、大有两艘，益租英美两国船，载陆兵三千六百人，发品川，会于长崎"。与此同时，日本驻厦门领事福岛九成致书厦门道，并呈浙闽总督李鹤年，表示希望"借道"厦门。书曰："去年副岛大使以下既报贵国政府，今将起师问罪于贵国化外之地。若贵国声教所暨，则秋毫不敢侵犯。疆场弥迩，愿毋致骚扰。"

李鹤年在回信中说："台湾全岛我所管领，'土番'犯禁我自有处置，何借日本兵力为？至贵国人民四名之遇祸者，我台湾府吏实救庇之，何可以怨报德？请速收兵，退我地，勿启二国衅。"

至少从书面上看，闽浙总督与总理衙门之间沟通存在障碍：其一，在台湾政策上两者相去甚远；其二，既然台湾府救了前述四名日本难民，闽浙总督也知悉此事，却似乎没有将此事告知总理衙门，致后者在外交上陷于被动。

李鸿章得悉日军入侵台湾且统军者是美国人李仙得（Charles William Le Gendre）的消息后，一方面向美国驻华大使提出抗议，指责美国违背万国公法，要求美方撤回军官，禁止美国商船载运日本兵，另一方面"派兵轮水师，往台湾各港口盘查瞭望，另调得力陆军数千（入台）"。很快，福州船政大臣沈葆桢渡台设防，闽浙总督李鹤年则调派水路各营部署台湾要地。

姚锡光和李鸿章提到的李仙得，原是法国人。巴黎大学毕业后，他与纽约某个大律师的女儿成婚，取得美国国籍。1861年，美国南北战争爆发后，他参加了纽约第51步兵团，授少校军衔。两年后，他因为勇敢和机智的表现而晋升上校。再两年后，美国内战结束，他已有准将军衔，时年35岁。内战期间，他与美国北方联军总司令、未来的美国总统格兰特建立了深厚的交情。战争结束后，李仙得开始了自己的外交生涯。

1866年，他被任命为美国驻厦门领事，监管美国在厦门、基隆、台湾府、淡水及高雄诸港的利益。担任厦门领事期间（1866—1872），他因台湾的治理问题与闽浙总督闹得很不愉快。1872年，返回美国的途中，他在日本停留。因为熟悉中国国情，极具军事才能，并拥有丰富的军界及外交资源，他被日本外交大臣副岛种臣聘为顾问。同年副岛种臣造访中国期间，李仙得也有陪同。这个浪漫的法国人后来还娶了日本大名松平庆永的女儿为妻。

根据姚锡光的记录，对于李鸿章提出的撤回美国军官的要求，美国方面表示支持。美国驻日公使约翰·宾厄姆（1873—1885年在任）向日本表示："我与中国亦同盟，应守中立公法，凡属美国所有，悉愿收还。"因此，美国军官李仙得退出了日本侵台军队，回到东京。6月15日，日军从长崎出发开赴台湾。根据美国海军战争学院教授潘恩的论著，交战的结果是，台湾人战死30人左右，日军战死12人，但因地方病而死者高达531人。[1] 总之，日本人在军事上没有讨到便宜。

随着入台清军不断增多，日本人自知取胜无望，于是，他们想通过外交途径赢回尊严。经过数月谈判，中方同意了日本提出的撤兵条件，其中最重要的两条是：其一，不否认日军入台为保民义举；其二，支付遇害难民10万两抚恤银，另支付日本40万两白银，补偿其之前在台湾修道建房支出的费用。

也就是说，清政府承认自己在道义上失败了。据姚锡光《东方兵事略》一文，"九月十一日（10月20日），钤印换约。日本兵归国，行凯旋饮至礼，户悬国旗庆成功以张之"。

对于清政府的妥协，日本人早有预料。7月20日，即换约前3个月，《日本公报》即有评论："日本人已经成功实现了远征的初始目标，并且可能十分优雅地离开台湾。"[2]

1879年，日本再次入侵琉球，"灭之，夷为冲绳县，虏其王及世子而还"。直至1880年，受命"统筹全局"的北洋大臣李鸿章才在奏折中说明琉球的真实情况：琉球一共有36岛，其中，北部有9岛，中部11岛，南部16岛。而北部9岛中的8个早就被日本占据。

---

[1] Sarah Paine: *The Sino-Japanese War of 1894–1895: Perceptions, Power, and Primacy*. London: Cambridge University Press, 2002.

[2] *New York Times*, August 9, 1874.

李鸿章说，根据与日本议约情况，日本属意北岛和中岛，南岛归中国，而当下应以防卫俄国为要，不应树敌日本。又说南岛"贫瘠僻隘"，政府没必要劳民伤财，守护这些不毛之地。又说应以"存琉球宗社为重"，中国本就不稀罕琉球的领土，因此，应该用琉球的领土换取被掳走的琉球国王。最终，李鸿章默认了日本对琉球的占领。尽管这种默认没有通过国际条约的形式予以确认，但琉球国事实上灭亡了。尽管大清海军力量或不足以有效占据琉球诸岛，但李鸿章有关琉球的言论，已足以进一步证明薛斐尔关于他"不懂海军"的批评。

清政府处理琉球问题的方式引起西方媒体的高度重视。1881年6月7日，美国《盐湖城先驱报》如此评论总理衙门的无所作为：

> 中日之间有关琉球群岛的问题，被总理衙门（清国的外交部）忽视了，因为后者满足于记载在文件中的对琉球群岛的领土权利。日本则实实在在地占据了这些岛屿。琉球群岛的问题可能会拖延下去。①

东南海疆之患并未因无知无能的清政府的不断让步而消除。1884年至1885年的中法战争期间，法军入侵台湾，最终被福建巡抚刘铭传重创。1885年，中国在台湾设立行省，刘铭传任第一任台湾巡抚。在他当巡抚的6年时间里（1885—1890），台湾的军备、经济等方面都有很大的改善。

但是，甲午战争的爆发再一次改变了台湾的命运。

---

① *The Salt Lake Herald*, June 7, 1881.

顺势者

对于甲午战争爆发的原因，当时的西方媒体多有分析，其中不少观点有助于我们进一步理解那段沉重的历史。我们将看到，不同的国家对同一件事情的解读会有多么的不同。我们更将看到，如果失去了战略制高点，国家将处于何等可悲的被动境地。这场战争虽然过去一百多年之后，所有有关它的经验和教训仍然引人深思。

1894年8月16日，中日正式宣战半个月后，美国肯塔基州《黑泽尔格林先驱报》刊登了一篇分析战争原因的文章。文章的主要观点来自美国前驻日公使理查·哈伯德（Richard B. Hubbard，1885—1889年在任）。文章写道：

> 战争的根源可上溯至十五和十六世纪。日本曾数次入侵朝鲜，双方有过几次血战；中日之间、中朝之间也多次交战，所有这一切的结果是中国和日本都宣称对朝鲜拥有宗主权……弱小而无助的朝鲜不得不以同样的方式向北京和京都（或东京）承认其附庸国的地位，每年向这两个国家进贡大米或金钱。奇怪的是，无论是中国还是日本都不肯让步，直到1885年中日《天津条约》的签署。这份条约是在台湾问题发生之后签署的。根据这份条约，中日两国在朝鲜问题上做出妥协，他们互相承认宗主权，并且规定，如要两国要往朝鲜派兵或屯兵朝鲜，以保护在朝鲜通商口岸的各自侨民的生命、财产及商业安全，应该先行知会对方。而且其军事行动只能用于这些目的。这个条约承认朝鲜的世袭君主制。
>
> 在此期间，日本的发展十分迅速，超越了作为竞争对手的邻国中国，在朝鲜获得最大的商业利益，并夺取了内海，朝

鲜则优待中国，不喜欢迫使其屈服的日本。在与日本的贸易关系上，朝鲜先前是债务国。后来，朝鲜和中国都内乱频仍，毁坏了日本的商业，并且导致了谋杀，不仅谋杀多位本国朝廷官员，还谋杀了日本商人和官员。中国建议朝鲜赔偿日本数百万，因此避免了战争。随后是日本的入侵。

可以说，中国的善意行动让中朝之间的关系更为友好。但是，对于日本在朝鲜的商业实力，中国越来越眼红。这是很自然的。在此期间，曾经是朝鲜内阁成员之一的金玉均卷入一起推翻朝鲜政府、谋杀国王的阴谋，导致了朝鲜的无政府状态。金玉均逃亡日本，受到日本政府的庇护。

日本拒绝了朝鲜引渡金玉均的要求，中国则同情这个"隐士王国"（Hermit Kingdom）。后来，金玉均在上海被朝鲜人和中国人下毒暗杀。中日之间的恶感开始加剧。最近，朝鲜又爆发反抗国王及朝廷的起义。在混乱不堪的局面之中，日本人的商业又遭到掠夺和破坏，一些日本人在租界中被谋害。

日本对此很愤慨，在没有知会中国的前提下增兵朝鲜。这对中国和朝鲜是个打击。在与朝鲜士兵发生几场小冲突之后，日本军队包围了皇宫，并在实际上使朝鲜国王成为战俘。针对日本的这些行动，中国也不顾《天津条约》的规定，也没有知会日本，就从海路和陆路往朝鲜增兵数千人。日本的巡洋舰拦截了中国船只，命令他们不要增兵朝鲜……日本向这些船只开火，其中一艘船还悬挂了英国国旗。上千人死亡，战争爆发了。[1]

---

[1]　W. G Beasley: *The Rise of Modern Japan, 3rd Edition: Political, Economic, and Social Change since 1850*. Palgrave Macmillan, 2000. 英文版内容与《清史稿》（卷五百二十六，列传三百十三）所载内容大同小异。

哈伯德提到的中日《天津条约》，指的是 1885 年 4 月 18 日李鸿章与伊藤博文在天津就朝鲜问题签署的条约，又称中日《天津会议专条》或《朝鲜撤兵条约》。条约主要有三项内容：其一，中日两国在条约签订后 4 个月内从朝鲜撤兵；其二，建议朝鲜国王从第三国聘用军官训练军队；其三，在朝鲜发生变乱等重大事件时，两国或一国要派兵，应先知会另一方，事情解决之后要马上撤兵。

在中方看来，这份条约仅仅是对某些事项的具体规定，而在日本人和西方人看来，这些内容等同于承认日本对朝鲜的宗主权。理解了这一点，我们就能理解中日两国在朝鲜政策上的不同高度。

从哈伯德的评论中可以看出，他认为相对于中国，日本在朝鲜有更多的利益。日本出兵朝鲜的目的（保护日本在朝鲜的人身及财产安全）是可以理解的，只是违反了条约中规定的知会中国的程序而已。而中国出兵朝鲜，既没有正当的目的，又违反了条约规定的知会义务。当然，哈伯德所谓两国没有履行知会义务的说法与事实并不相符。对此，后文将有补充。

显然，哈伯德出使日本的经历导致他的言论偏袒日本。不过，从西方媒体的报道上看，哈伯德的思路是典型的西方人的观点。

比如，1895 年 1 月 15 日出版的《旧金山早报》刊登的一篇文章写道："中日两国都宣称对朝鲜有宗主权，但是，鉴于日本与朝鲜之间的贸易关系，日本有更多的理由宣称其宗主权……日本致力于发展贸易，增加其在朝鲜的重要性，中国则是朝鲜前进路上的绊脚石。朝鲜危机刚开始的时候，在朝鲜的日本人比其他任何外国人都要多，因此，日本被迫采取行动保护其国民。"[①]

---

① *The Morning Call*, Januray 15, 1895.

　　在西方媒体的报道中，日本对朝鲜的正面作用比中国大得多。这些正面作用主要体现在日本对朝鲜的改革措施上，这些改革措施不仅对日本有利，也对西方国家有利，清政府一直坚守的保守政策则只会使朝鲜原地踏步。1894年8月10日，《夏威夷公报》上的一篇文章写道：

　　　　朝鲜8万平方英里的土地滋养着大约800万人口。他们与中国在血缘、语言、法律和宗教方面紧密相连……朝鲜人（统治阶级除外）十分贫穷。整个国家就是一个活生生的例子，证明了一块天然的富庶之地也能被邪恶腐败的政府糟践成凄凉的荒野。人民苟活在重压之下，承担苛捐杂税，以奉养堕落的官僚阶级。

　　　　理论上，官职应授予那些在科举考试中胜出的精英。实际上，考试只是一个空架子，官职卖给出价最高的人。朝鲜有官僚无数，上至国王的近臣，下至各省总督，以至各村庄的要人。他们的日常工作主要是向百姓征收名目繁多的税。税金大部分都流入他们自己的腰包，作为其购买官职的回报。因此，尽管对百姓征收重税，国库却仍然空虚。

　　　　在征税方面，统治阶级意见一致，但在其他问题上，他们的看法却不完全相同。朝鲜统治阶级派系纷杂，上流社会的人数比官职要多。在当下，正努力争夺官职的最大派别是国王父亲（即大院君李昰应）领导的一派。他是一位不友好的老绅士。在儿子年幼的时候，他作为摄政王，用铁腕统治这个国家。他对基督徒和所有外国人的迫害，最终使西方战舰突入朝鲜港口，迫使其签订通商条约。

他们憎恨所有的外国人，尤其是占据优势的日本人。两个月前，秘密特务打出了两个口号："打倒压迫人民的税务官"与"赶走外国人，他们挣走所有的钱，而我们仍然受穷"。朝鲜农民是急性子，他们倾向于使用暴力，一点也没有注意到狡猾的政客正要刺激他们的情绪，利用他们的错误行为。这样的事情在过去十五年中已经出现三次。这一次，起义发生在首都周围地区。当然，外国人、温和的政府及总体上保持善意的国王的大部分利益都直接受到威胁。于是，国王向中国提出了出兵请求。

任何读了这篇文章的西方人都会得出一个结论：若中国继续控制并影响朝鲜，朝鲜没有前途，对西方国家也没有好处。

文中提到的"这一次起义"，指的是全奉准领导下的"甲午农民起义"，又称"东学党起义"。起义爆发的时间是1894年2月。他们提出了"诛灭倭夷，澄清世道""驱兵入京，灭尽权贵"等口号。因不敌起义军，朝鲜政府请求清国出兵相助。

6月6日，清朝政府将出兵朝鲜一事通知日本政府。直隶提督叶志超、太原镇总兵聂士成随后率军约2400人进入朝鲜。两天后，日本以保护侨民利益为借口，派出大约陆军4000人、水军500人从仁川登陆。6月11日，朝鲜政府与起义军达成停战协议。13日，朝鲜请求清军撤兵。清军同意退兵，同时要求日军撤兵。同日，日本政府电告驻朝公使、司令官大鸟圭介，命其继续留在朝鲜。日本还向清朝提出共同改革朝鲜的建议，但后者不愿妥协，于是日本诉诸武力，挑起战争。

1894年11月21日，美国肯塔基州《梅斯维尔晚报》刊登了一组中日政府在6月7日至7月14日发生的9次公文往来。①

第一份公文是中国驻日钦使汪凤藻将中国应邀出兵朝鲜之事情通知日本。汪凤藻在公文中将朝鲜称为"属邦"。第二份公文是日本外交大臣陆奥宗光给汪凤藻的回信。他写道："我谨此声明，虽然'属邦'之词出现在你的信中，但日本政府从未承认朝鲜是中国的属国。"

第三份公文是日本政府将出兵朝鲜之事通知中国。第四份公文是总理衙门写给日本驻北京大使的，大意如下：

> 贵国派兵的唯一目的显然是为了保护在朝鲜的公使馆、领事馆和商人，因此，贵国方面派大量的兵力可能没有必要。根据条约，朝鲜没有提出请求，就不能派兵去朝鲜，因为这可能让朝鲜人民感到恐慌。而且中国方面担心，两国士兵如果在路上相遇，因为语言和军事礼节不同，很可能会引起意外事件。中方希望大使将中国的意思通知日本政府。

第五份公文是日本政府对总理衙门的回复，大意如下：

> 关于派多少兵力去朝鲜，日本政府有自己的判断……日本不会派兵去他们没有必要去的地方。日军处于严明的纪律之下。日本政府相信，他们不会贸然与中国军队发生冲突。希望中国采取同样的防范。

---

① *The Evening Bulletin*, Nov. 21, 1894. Maysville, Kentucky.

第六份公文是日本政府提议与中国一起对朝鲜进行现代化改革。第七份公文是中国对日本提议的拒绝："主意可能非常好，但是，改革措施必须由朝鲜自己确定。"第八份公文是日本表示不再忽视"自卫法则"（the law of self-preservation），并以这个法则作为改革朝鲜的理由。第九份公文仍是日本所写，大意是，中国拒绝参与对朝鲜的改革将使局势变得更加复杂。

在讲述战争本身之前，有必要交代一下日本对朝鲜的改革建议。正是因为这些建议，日本得到了西方国家的普遍支持。

1894年7月22日，中日两国正式宣战之前，美国《奥马哈星期日蜜蜂报》刊登了一篇介绍日本改革建议的文章。文章写道：

> 针对朝鲜同意日本所提改革方案的声明，日本驻华盛顿使馆的官员表示，希望这件事可以结束日本与中国之间的紧张关系。但是，他们说，这取决于中国是否赞同并允许被提议的改革方案付诸实施。
>
> 日本公使官员说，在制定朝鲜渴望的改革措施方面，中国已经三次拒绝与日本合作。现在，朝鲜已经同意改革，这意味着在朝鲜的协助下，日本可以采取措施纠正现在的局面。
>
> 日本驻华盛顿使馆还没有收到改革声明的细节，但是，其要旨已经知悉，包括改变税制，去除现有的对贸易的限制性规定。使馆官员说，现在朝鲜的农业和工业利益要绝对服从地方官员的需要，这些官员有权任意制定规章，而这些规章导致麻烦，导致民众频繁起义。朝鲜的财政制度需要进行根本的改革。日本掌控着朝鲜的银行业务。朝鲜政府欠了日本人钱，因而经常逼迫朝鲜人交税。日本人则称，朝鲜政府应该能轻轻松

松地收税。

日本还希望改革朝鲜的司法制度，因为朝鲜严苛的司法制度损害了日本商人的利益，这种利益既包括物质上的，也包括精神上的愉悦。日本人希望在朝鲜境内享受更多的自由，得到能够安全旅行等方面的保证。[①]

同年8月2日，美国华盛顿特区《国家论坛周刊》刊登的一篇文章写道：

> 日本要求中国一起迫使朝鲜进行财政改革，以纠正政治权力的滥用，肃清让朝鲜举国不安并威胁在朝外国人利益的叛乱。这似乎是一个进步的、值得赞美的想法。但是，保守且疑虑重重的中国拒绝了日本的提议。中国的回答是，不干涉属邦内政是其一贯的政策。于是，日本回答说，如果中国不帮助改革朝鲜，日本将独自承担这项任务。朝鲜事务的这个新阶段可能导致了复杂的局面，使东亚在近期成为所有国家关注的目标。[②]

《旧金山早报》发表的一篇文章写道，日本战前在朝鲜推动的改革"符合朝鲜本身及所有与朝鲜有贸易往来的文明国家的利益"。[③]

日本向李朝高宗提出改革建议的时间，是1894年6月26日，但被后者拒绝。7月23日，日军攻入汉城，俘虏了高宗，并建立了

---

① *The Omaha Sunday Bee*, July 22, 1894.

② *The National Tribune*, August 2, 1894.

③ *The Morning Call*, Januray 15, 1895.

亲日政府。8月26日，大鸟圭介与朝鲜外务大臣金允植签署了《日朝盟约》。大致内容如下：

> 鉴于朝鲜政府在1894年7月25日委托日本驻朝鲜京城特命全权大使代为驱逐清军，日朝两国政府已因共同对付清国而处于攻守相助之地。为明确这一事实，完成此一目的，两国应同舟共济。于是双方达成下列共识：
>
> 第一款，此盟约以撤退清兵于朝鲜国境外，巩固朝鲜国独立自主，而推允朝日两国所享利益为本。
>
> 第二款，日本国既允担承与清国攻守争战，朝鲜国则于日本队伍以时进退，以及预筹粮饷等诸项事宜，必须襄助予便，不遗余力。
>
> 第三款，此盟约俟与清国和约成日，作为罢约。

9月26日，《旧金山早报》全文刊登了该份盟约，并报道，条约签订后，明成皇后接待了日本天皇的私人信使西园寺公望（此人后来三任日本首相：1901年5月—6月，1906—1908年，1911—1912年）。"在此之前，皇后从未接见外国人。在日本大使为西园寺公望举办的舞会上，朝鲜中央政府官员全部到场。除了英国驻朝大使，其他外国驻朝大使也全部出席。"[1]

盟约达成后，朝鲜政府对日本之前提出的改革建议持支持态度。于是，中国陷入被动的局面。或许可以这样理解：中日两国尚未正式宣战，但中国在战略上已经输了。

---

[1] *The Morning Call*, Sept. 26, 1894.

朝鲜对中国的战略意义，用李鸿章的话来说，"实为东三省屏蔽，与琉球孤悬海外者，形势迥殊……我藩属之最亲切者，莫如朝鲜……东方安危，大局所系"。[①]用1894年7月15日下发军机大臣等的上谕中的话说，朝鲜之事关乎"保护利权"及"上国体制"。[②]

然而，因为清政府实力有限，根本无法凭一己之力维护此"利权"及"上国体制"，同时又因本国体制保守，无法推动朝鲜的改革，满足与英美等国结盟以抗衡俄日的需要，故而主动权最终由日本掌握。

根据《清史稿》的记载，光绪十二年（1886年），出使英法德俄大臣刘瑞芬曾致书鸿章：

> 朝鲜毗连东三省，关系甚重。其国奸党（指亲日的"维新党"）久怀二心，饮鸩自甘，已成难治之症。中国能收其全土改行省，此上策也。其次则约同英、美、俄诸国共相保护，不准他人侵占寸土，朝鲜亦可幸存。[③]

对刘瑞芬提出的上述两个策略，即完全占领朝鲜、使其变成中国之行省的上策，以及联同英美俄诸国瓜分朝鲜以对抗日本的下策，李鸿章本人颇为认同，"上之总署（即总理衙门），不可，议遂寝"。不过，探讨刘瑞芬的策略具体被何人否决毫无意义（当时主管总理衙门的是庆郡王奕劻），因为以当时国情而言，基本没有实

---

① 《清史稿》，卷五百二十六，列传三百十三。
② 《清德宗景皇帝实录》，卷三四二。
③ 《清史稿》，卷五百二十六，列传三百十三。复见《清史稿》，卷四百四十六，列传二百三十三。

施的可能。

光绪二十年，秋七月，乙亥日，亦即1894年8月1日，光绪下发对日宣战谕旨，斥责日本不遵条约、不守公法、师出无名、渝盟肇衅，命沿江沿海各将军督抚及统兵大臣整饬戎行，予以迎头痛击。摘录如下：

朝鲜为我大清藩属二百余年，岁修职贡，为中外所共知。近十数年来，该国时多内乱，朝廷字小为怀，叠次派兵前往裁定，并派员驻扎该国都城，随时保护。本年四月间，朝鲜又有土匪变乱，该国请兵援剿，情词迫切。当即谕令李鸿章拨兵赴援，甫抵牙山，匪徒星散。乃倭人无故派兵，突入汉城。嗣又增兵万余，迫令朝鲜更改国政。种种要挟，难以理喻。我朝抚绥藩服，其国内政事，向令自理。日本与朝鲜立约，系属与国，更无以重兵欺压、强令革政之理。各国公论，皆以日本师出无名，不合情理，劝令撤兵，和平商办。乃竟悍然不顾，迄无成说，反更陆续添兵。朝鲜百姓及中国商民日加惊扰，是以添兵前往保护。讵行至中途，突有倭船多只，乘我不备，在牙山口外海面开炮轰击，伤我运船。变诈情形，殊非意料所及。该国不遵条约，不守公法，任意鸱张，专行诡计，衅开自彼，公论昭然。

用特布告天下，俾晓然于朝廷办理此事，实已仁至义尽。而倭人渝盟肇衅，无理已极。势难再予姑容。着李鸿章严饬派出各军，迅速进剿，厚集雄师，陆续进发，以拯韩民于涂炭。并着沿江沿海各将军督抚及统兵大臣，整饬戎行，遇有倭人轮船驶入各口，即行迎头痛击，悉数歼除。毋得稍有退缩，致干

罪戻！ ①

上谕所谓"伤我运船"一事，指的是"高升"号遇袭事件。

7月28日，即宣战上谕下发4日前，美国加州《联合报》刊登的一组报道，"尽管双方尚未根据外交惯例正式宣战，但中日两国政府都承认，现在实际上已经是国家战争状态"，"周二（7月24日），双方第一次公然交火。日本人袭击了'高升'号，它是伦敦怡和公司的商船，被中国政府租来运送军队去朝鲜……据说遇难士兵有1000人"。②

这起事件引起西方媒体广泛关注，因为英国意外卷入中日军事冲突之中。但英国的反应，却进一步证明了日本对朝鲜战略的狡诈。

7月31日，《旧金山早报》刊登的一组电讯，报道了华盛顿和伦敦外交圈对"高升"号事件的看法。

华盛顿的主流观点是，在击沉"高升"号这件事情上，日本人犯下一个大错。"'高升'号被击沉时悬挂的是英国国旗。虽然它运送中国军队去朝鲜，但这里的外交官认为，它这么做并没有违反国际法律。当时中日并未宣战，两国也没有公开承认战争已经开始。因此，'高升'号运兵是合法的。"他们认为，日本可能要承担"因道歉带来的羞辱"，并可能支付巨额赔偿。

至于伦敦方面，该组报道着重提到，对于悬挂英国国旗的"高升"号被击沉的消息，中国公使馆感到"非常满意"。据报道，"高升"号副舰长是艾塞克斯郡一位牧师的大儿子，他的小儿子之前已死于发生在艾克塞特剧场的一场火灾中。因此，这起事件让英国人

---

① 《清德宗景皇帝实录》，卷三四四。

② *The Record-Union*, July 28, 1894.

十分愤怒。

8月1日，《纽约每日论坛报》刊登的一篇文章写道，至少有两个欧洲大国（俄国和英国）一直在用"阿尔戈斯之眼"寻找干涉东亚事务的借口，"高升"号事件正好可以给英国提供这样一个借口，"英国有能力最为迅速而有效地进行干预。这件事所导致的国内压力也呼吁政府立即采取积极行动。这种要求将对英国政府产生何种程度的影响仍待观察"。[①]

但是，事件的发展并不像华盛顿外交官们所预想的那样，更不用说有什么可以让中国驻伦敦公使馆感到"非常满意"的。

8月2日，《盐湖城先驱报》报道，日本驻伦敦大使已于昨日将对中国宣战的消息知会英国外交大臣约翰·沃德豪斯，并同时向大不列颠道歉。英国政府的回应则是，宣布"大不列颠保持中立，但英国政府将立即采取措施保护英国在远东的利益"。8月1日，英国海军部还命令海军中将弗里曼特尔爵士（Sir E. Fremantle）阻止悬挂英国国旗的船只帮助中国或日本运送士兵、武器或军火。[②] 换句话说，英国政府通过中立的方式支持日本。

日本的朝鲜策略无疑是其赢得英国支持的重要原因，其本身在制度改革方面的努力，以及随之而来的相对优势，也使其博得西方国家更多的同情。正如7月27日发自华盛顿的一篇电讯所言，"日本政府比中国政府更进步"，而且"正在快速进步"，"它是唯一采取西方文明生活方式的东方国家"。[③]

而日本发动这场战争的另一个重要原因，因为与制度改革带来

---

① *New York Daily Tribune,* August 1, 1894.

② *The Salt Lake Herald,* August 2, 1894.

③ *The Record-Union,* July 28, 1894.

的影响有很大关系，故而也得到西方国家的理解。

甲午战争爆发前后，西方人一直在关注日本"明治维新"带来的变化。一篇对东京大学教授克拉克的专访文章，尤其引起西方人的极大兴趣。这篇文章最初刊登在《芝加哥论坛报》上，后来被《夏威夷公报》等媒体广泛转载。

接受专访的时候，克拉克教授已经在日本生活了4年，对日本的改革有很深的感触。他说：

除了日本，世界上没有哪个国家在如此短的时间里制定并实施了如此多的根本改革。从我到达日本后开始，这里已经发生的变化只能被概括为从14世纪一举跃入19世纪。这种变化以一种异常的方式开始——废将军，立天皇为国家真正的统治者。

……

在政治制度改革之后进行的，是对军事系统、封建制度、社会和经济制度，甚至教育制度进行的根本改革。世袭制度被废除，财产权被确立，信仰被打乱，人们的穿着和语言也被改变。日本渴望从一个中世纪的农业国家变成在艺术、军事、文明及学术上处于前列的国家。电报机和铁路已遍布其土地，众多军舰频繁进出其港口。

……

现在，就像所有那些突如其来的运动，日本引入的大量改革也有反对力量。保守党已经强大到可以建议天皇完全撤换其幕僚，解散议会。即便是在学术机构，19世纪开始在国内任教的外国教授已经被弃用，本土学者得到任用。确实，反对力量已经达到威胁政府稳定的程度。在这样的背景下，除了拿破仑的权宜之计，天皇别无他法。

克拉克教授说，日本对当前这场战争的关注，就像法国对普法战争的关注。拿破仑三世一直在寻找与德国打仗的理由，他把战争作为结束国内冲突的策略。"当时，法国内部纠纷已进入'急性期'，对外战争成为团结法国人的唯一途径。正是出于同样的原因和意图，日本天皇正就朝鲜问题全力推动与中国的战争。日本人对中国人传统而根深蒂固的仇恨已经被调动起来，以解决日本国内最危险的运动。"[1]

克拉克教授的分析是十分准确的。就在中日两国宣战之前，日本驻美特使建野乡三曾对美国国务卿格雷沙姆（Walter Q. Gresham）说："我们的国内形势很严峻，与中国交战可改善这种形势，因为它将激发日本人民的爱国情绪，更能将民众团结在政府周围。"[2]建野乡三所说的"国内形势很严峻"，并非仅指日本国内复杂的政治势力之间的失衡，更包括公众对西化的政府部门的不信任。

建野乡三显然希望博得美国的同情。而对英美等西方国家来说，既然不能容忍日本回到保守的老路上去，就只能支持日本通过战争以延续其改革生命。

军力比较

日本对"高升"号的袭击（无论是否早有预谋）是对其海战战

---

[1]　*The Hawaiian Gazette,* Sept. 14, 1894.

[2]　Jeffery M. Dorwart: *The Pigtail War: American Involvement in the Sino-Japanese War of 1894–1895*, p. 23.

略的贯彻。

7月28日，《联合报》刊登的一篇报道引述日本驻美特使建野乡三的话说："日本更急于同中国进行一场海战，而不是平息本国人民的叛乱……尽管中国无疑能在陆地上战胜日本，但在海上，日本政府能够战胜中国。日本拥有一支优秀的海军，有现代战舰，有完全能够胜任的指挥官，这些指挥官都在欧洲和美国最好的学校受过教育……如果是这样的结果，日本政府在国际获得的声望，将使其能够克服国内的冲突。"①

两天后的海战，成为建野乡三这番话的注脚。8月1日，《纽约每日论坛报》刊登的一篇文章，将发生在7月30日的海战称为"近年给人印象最深的海战"。北洋水师的"镇远"号军舰被击沉，还有2艘产自英国的巡洋舰被日军夺走。

据报道，"镇远"号是德国1882年建造的军舰。它是中国海军最强大的两艘战舰（另一艘是"定远"号）之一，排水量达到7430吨，装甲厚度为14.5英寸，配备4门12英寸口径火炮。"它比美国海军的'缅因州'号或'得克萨斯'号还要壮观，威力也大得多。"《洛杉矶早报》上的一篇文章则将"镇远"号与"定远"号称为"迄今为止东方最强大的战舰"。②

7月22日的《奥马哈星期日蜜蜂报》详细介绍了中日海军军力的对比情况：

> 中国海军有战舰30艘，但很多军舰既小又旧。舰龄不超过
> 12年的只有5艘，包括"镇远"号、"经远"号、"来远"号、"平

---

① *The Record-Union*, July 28, 1894.

② *The Morning Call*, July 31, 1894.

远"号4艘装甲战舰，以及1艘装甲海岸防御舰，它们极具战斗力。还有1艘装甲木制炮艇。这些战舰配备克虏伯火炮……配备阿姆斯特朗火炮和克虏伯火炮的巡洋舰有19艘，还有2艘鱼雷巡洋舰，以及几艘小型炮舰。

日本海军有各式战舰32艘，包括"吉野"号、"扶桑"号等5艘装甲战舰，其排水量为1500—3700吨，比中国的战舰更轻便。他们有14艘上好的巡洋舰……7艘小排量炮舰，3艘海岸防御舰，还有几艘轻型巡洋舰和训练舰。

根据《旧金山早报》的报道，参与海战的中国军舰总吨位为33 366吨，日本军舰为38 443吨，后者占优。但是，"中国海军拥有6艘鱼雷舰，日本海军没有鱼雷舰"。

西方媒体与书籍对中日军舰细节的记录并不完全一致，但就总体而言，它们认为中日海军硬件条件差别不大。

陆军方面，西方媒体普遍认为中国有明显的优势。一篇报道写道："中日海军资源上的平衡不适用于陆军。中国陆军拥有巨大的优势。和平时期，中国陆军有30万，日本只有7.3万；战争时期，中国陆军可调动兵力达到百万，日本则只有23万，外加2.9万名骑警。"

基于中日海陆军方面的数据，"美国的军事专家们相信，尽管在战争早期阶段日本能获得暂时的优势，但它最终很可能因兵力不足而战败。"

从西方媒体的报道来看，持"日本会在先期获得优势，但是最终会落败"观点者不在少数，尽管理由可能并不相同。

7月27日，发自伦敦的一条电讯，引述中国驻伦敦某位外交官的观点：战争开始时，日本将占上风，因为日本为战争做了长期准备，例如训练陆军和水军，改善战舰装备。而且，日本是一个行动迅速的国家，而中国军队则较为迟缓。"因此，在交战初期，天皇的军队会获胜，但是最终中国一定会打败日本。因为日本绝对无法像中国一样，拿出这么多人力物力。如有必要，中国可以连年作战，军队总能补充新鲜血液。中国近年购买了大量军火，在这方面，中国与日本的差距并不像人们普遍认为的那么大。"

德国驻东京大使馆官员威德尔（Count Wedel）则说："我相信日本人将赢得所有陆地战役，因为他们训练了针对中国苦力军的军队。但中国有最好的海军，日本则资金短缺。如果中国人打持久战，他们将赢得胜利。"

曾在1893年管理天津卫理公会医院的斯科特博士（H. F. Scott）则认为，如果中国军队能坚持到10月中旬，战争的结果将不再有问题，中国将取得压倒性的胜利，因为日军数量远不如中国。[1]

认为日本能取得最后胜利的人也不少。这些人要么是对中国与外国的军火交易十分了解的商人，要么是对中日国情知之甚深的西方政治家与学者。

7月27日的一条电讯写道，一些从事中英贸易的伦敦商人怀疑中国应对日本的能力。"这里的人都知道，中国近期在欧洲购买的大量军备都是坏的。例如，中国购买了400条废弃的奥地利步枪及大量的配套弹药。卖给中国的弹药筒也没法用。"[2]

美国驻日公使哈伯德接受媒体专访时说，日本将在一年内扫平中国海军，进而摧毁中国在内陆及亚洲的商业。中国能通过陆路往

---

[1]　*Omaha Daily Bee*, Sept. 18, 1894.

[2]　*The Record-Union*, July 28, 1894.

朝鲜增兵百万，比日本更有军事优势。日本必须通过海路往朝鲜运兵，然后为登陆而战。但是，在法国、德国、英国和美国的军事教官们的指导下，经过40年时间的训练和培训，日本的陆军和海军要远远优于中国军队。因此，尽管日本士兵只能从4000万人中选出，中国能从3亿人中选出，日本仍将获胜。"尽管如此，双方将不会进行征服之战。这点毋需争论。亚洲地图可以回答这个命题。中日都不会吞并朝鲜。俄国在一旁虎视眈眈，捍卫其梦寐以求的战利品。如有征服的需要，俄国的哥萨克兵团将从海参崴经海路，从西伯利亚经陆路登陆这个'隐士王国'，成为朝鲜的主人，而不仅仅是保护国和宗主国。"[1]

曾在中国居住两年并跟随戈登镇压太平天国运动，而后又在日本海军担任教习的美国海军少校罗姆伯德（J. E. Lomboard）对日本士兵评价很高，他认为多数中国士兵缺乏战斗力，胜利属于日本几无悬念。[2]

海权领域的好学生

9月17日的黄海海战证明了中国海军不堪一击。

在这场历时仅5个多小时的海战中，中国海军损失了"致远"号、"经远"号等5艘战舰，损失总吨位达9200吨，官兵死伤逾千；日本海军损失2艘战舰，损失总吨位为4700吨，另有3艘受创，官兵死伤约六百。经此一役，中国海军元气大伤。

黄海海战结束后不久，西方媒体纷纷撰文分析日本海军获胜的

---

[1] *The Hazel Green Herald*, August 16, 1894.

[2] *Omaha Daily Bee*, Sept. 18, 1894.

原因。

9月20日，《纽约每日论坛报》上的一篇文章将黄海海战称为
"现代条件下上演的第一场真正伟大的海战"。文章写道："日本人
无疑实现了阻止中国军队登陆朝鲜的目的。作为美国海军军官马汉
（Captain Mahan）的认真的学生，他们显然是有的放矢地学习，并
在海战中从各个方面验证他的理论。对海洋的掌控使他们获得了陆
地上的优势。"

马汉被认为是"19世纪美国最重要的战略家"。他生于西点军
校，父亲是美国军事学院教授。他19岁即从美国海军学院毕业。他
的海战经验与理论知识都十分丰富，最终晋升为海军少将。

马汉的主要观点之一是，最强大的海军将主宰全球，并以此为
基础创立了"海权"理论。1890年，他出版了著作《海权对历史的
影响：1660—1783》，系统地介绍了"海权"理论。这本著作很快
就被翻译成日文，并成为日本海军的教科书。在马汉的"海权"理
论影响下，日本制定了自己的太平洋战略。

《邮报》（The Post）刊登的一篇文章写道，日本海军在黄海
海战中的胜利，完全证实了日本首相伊藤博文关于"日本拥有北
太平洋仅次于中国的最强舰队并且更加耐用"的说法。《标准报》
（The Standard）高度评价了日本海军的战术，并认为中国要恢复
在朝鲜的优势，在未来很长一段时间里都"非常不可能"。《圣保
罗每日环球报》则评论，中国的战败使其在朝鲜的残余兵力得不
到补充。①

《泰晤士报》发表的一篇文章写道，日本已经让世界上的有识

---

① 　*St. Paul Daily Globe*, Sept. 19, 1894.

之士认识到，他们必须认真对待远东的这个新兴大国。"平壤和鸭绿江已经让所有对远东漠不关心或一无所知的人擦亮眼睛，一个新的国家已经跻身强国行列，它的声音不再被强国委员会忽视。"该报另一篇文章分析了中国海军失败的原因：

> 中国舰队作战不积极可能归因于这样一个事实：中国海军舰队由四省舰队组成，它们由各自所属省份的总督建立、提供装备和进行维修。没有哪种安排比这种安排更不适合海军战争的目的。毫无疑问，在接到北京的强制性命令之后，中国海军舰队司令没有全力以赴投入到决定性的战役之中，似乎只是屈从于次级目标。

文章作者认为，中国海军应该主动出击往仁川运兵的日本兵船，或在仁川及平壤入海口与日本海军作战，只有这样才可能对战局有重大影响。中国不应该忙于从鸭绿江运兵朝鲜，因为这只是次级目标。值得一提的是，被击沉的战舰大都是在运兵或护送运兵船途中遭到日本巡洋舰的突袭。[1]

英国《每日邮报》评论，中国海军指挥官、北洋海军提督丁汝昌犯下的致命错误，是在尚未与敌方舰队交战并摧毁敌方舰队之前，就试图从海路运兵。

9月21日，发自纽约的一篇电讯引述美国海军少将梅亚德（Rear-Admiral Meade）的话说："对日本海军取得胜利我并不感到惊奇。在过去20年里，日军一直在研究战争艺术，中国则只是一味

---

① *The Times*, Sept. 20, 1894.

地造军舰……中国人有很高的模仿能力，非常聪明，但是，战舰对他们来说并没有用，他们就像不知该如何使用工具的工人。"[1]

中国陆军的表现与海军一样糟糕。

9月15日，中日陆军打响了平壤战役。次日发自汉城的一条电讯写道："今天早晨，几乎连续作战24小时后，日军对中国陆军主力取得一场决定性的胜利，阵亡和被俘中国士兵预计达1.6万人。这个结果将对战争的未来走向产生最为重要的影响。"据报道，守卫平壤的中国士兵共有2万人。日军在中国军队的营房和壕沟斩获大量武器、军火、补给品及数百面军旗。日军伤亡比中国少得多，只有30名日军士兵阵亡，只有270人受伤。

9月19日，《俄亥俄民主党报》刊登的一篇文章，将中国军队兵败平壤称为"李鸿章遭遇滑铁卢"。[2]

通过分析中国陆军的武器资源，日本人有针对性地更新了自己的军备。日本驻华盛顿大使馆武官宫冈（音译）战后接受美国媒体采访时说，平壤战役之前，日本陆军装备的是旧式斯托里步枪。攻打平壤时，用的是单发步枪，"从所斩获的中国士兵的武器上看，他们有少数高级连发步枪，但大批武器是原始的、无用的。于是，日本开始用最新式的连发步枪重新武装所有士兵……这种枪模仿法国样式，口径为0.31或0.32英寸，结构特别简单。这种简单符合战争的要求。这是非常重要的。因为我们发现，士兵们，尤其是那些新兵，无法操作复杂的枪支，复杂的枪支会降低其效用"。

这名日本武官说，李鸿章的部队装备精良、训练良好，但中国

---

① *The Morning Call*, Sept. 22, 1894.

② *The Ohio Democrat*, Sept. 19, 1894.

的其他部队甚至还有使用弓箭和矛枪的。[①]

谎报军情

西方媒体对战争细节有很多描述。

《泰晤士报》从"高升"号事件亲历者德国军官冯·汉纳根（Colonel Von Hanneky）那里了解到下面这些情况：

> 7月25日，"松岛"号巡洋舰上的日本舰队司令及两位下属看见"高升"号正在运送2600名中国军人去朝鲜。当时，"高升"号位于距仁川64千米的朝鲜海面上。他命令这艘船"停在原地，否则后果自负"。
>
> ……
>
> 日本巡洋舰"浪速"号靠近"高升"号，并派人详细搜查船上的文件。然后，对于在当时的情况下应该采取什么行动，日方指挥官有些犹豫。最终，他蛮横地命令"高升"号跟着他的战舰走。"高升"号甲板上的中国军人立即激动起来。他们对"高升"号上的英国军官说，他们不会投降。他们说："我们拒绝成为战俘，宁愿速死于此。如果你驾船却不驶返中国，我们会杀了你。"然后，一名中国士兵站在锚链旁，不许任何人靠近。
>
> "高升"号的军事长官要求"浪速"号再派一名军官前来。日本军官到后，冯·汉纳根将情况向他做了解释。他说，"高升"

---

① *Omaha Daily Bee*, April. 18, 1895.

号是在和平时期离开中国的，现在并没有宣战，船上悬挂了英国国旗。然后，他表示不可能执行"浪速"号的命令。汉纳根还说，英国国旗应该受到尊重，他们应护送"高升"号返回中国沿海。

登陆"高升"号的日本兵返回了"浪速"号。过了一会儿，日本巡洋舰示意"高升"号军官立即弃船。"高升"号表示拒绝。于是，"浪速"号快速驶近，在距离200米的地方，向"高升号"发射了一颗鱼雷，然后又用舷侧火炮（两门25吨火炮以及四门10吨火炮）向"高升"号开炮。

"浪速"号发射鱼雷时，"高升"号开始装备小型山炮。鱼雷击中一个煤炭燃料舱，打爆了一个锅炉。爆炸威力很大，但还不足以让这艘船下沉。中国士兵用步枪和小型炮向"浪速"号开火，展现出最伟大的勇气。

"浪速"号继续用10吨的火炮开火。很快，"高升"号陷入糟糕的瘫痪状态。很多中国士兵跳入海中。"浪速"号的机关枪向他们扫射。"高升"号也逐渐开始下沉。日本巡洋舰连续发射15发炮弹后，"高升"号迅速下沉。

船上的中国士兵继续作战。他们的子弹有些射向往外游的自己人。他们决定所有人要战死在一起。悬挂红色中国军旗的船尾先下沉。重装甲船上的日军对准水里的中国军人开火。他们没有任何救人的尝试。"高升"号上的军人都被杀尽。

"浪速"号向英国公使及海军军官报告，有7名英国人被杀。很多士兵游抵一块岩石然后获救。冯·汉纳根上校不可思议地逃出生天，乘坐一艘朝鲜渔船于7月28日抵达仁川。他在英国公使面前发誓，上面所说全部属实。他见证了中国军队的伟大行为。他说，中国军人死得很壮烈，他们战斗到最后。

《泰晤士报》编辑称赞"高升"号上中国军人"像英雄一样死去"。然而，遗憾的是，大局往往并不取决于具体战役中军人们的英勇表现，战场外因素的影响通常更加重要。

接下来，我们将从媒体报道中看到，除了战略及战术上的原因，导致日本胜利、中国战败的因素还有很多。

前面提到，德国驻东京大使馆官员威德尔曾说，日本资金短缺，如果打持久战，中国将获得最后的胜利。但他低估了日本人解决金融问题的能力。他发表评论的时候，尚未看到8月19日发自华盛顿的一条消息："日本政府将发行5000万美元的国债。高涨的爱国热情已被唤起。全国各地的人们渴望认购国债。"

根据9月26日的《旧金山早报》的报道，日本政府的战争费用大概是每天15万美元。换句话说，5000万美元的国债能支持日本打一年。

当日本人的爱国热情被唤起的时候，中国北方的农民因为难以忍受饥荒而起义，然而无能的清政府竟然还在执行粮食禁运的政策。9月24日的《梅斯维尔晚报》，刊登了这样一条消息：

> 山东昌山爆发起义。叛军势力庞大，打败了前去镇压的官军。尚无迹象表明这场起义有任何政治影响……因为饥荒，不止一地出现无序现象。
>
> 华北担心大米的供应将会不足。不仅普通百姓，陆军和海军也面临食物短缺。从南方鱼米之乡通往华北的大运河，其镇江以北河段已经封冻。海运粮食的可行性也受到怀疑。

由于在判断上出现了异乎寻常的错误，北京政府已经将大米列入禁运商品。这种情况对欧洲商船也十分不利，他们并没有收到中立船只所载粮食一定不会被视为违禁品的通知。因此，在这个命令之下，弄到运粮船的难度很大，而穿越北直隶湾将粮食运给在朝鲜的中国军队的路线已被日本巡洋舰切断……北京政府曾在8月中旬确认，华北谷仓储存的粮食仅足以满足6周的日常需要。

当日本政府想通过战争解决国内冲突、团结各派的时候，清政府各派系之间的争斗则因为战事的失利而愈演愈烈。

9月17日的《奥马哈每日蜜蜂报》写道："中国军队打仗的方式遭到国内官民的严词谴责。他们尤其谴责李鸿章。他们说，李鸿章丢了中国的脸。他们还说，中国海军仍然无用，陆军也表现不佳。"

9月25日的《纽约每日论坛报》援引来自上海的消息，湖广总督张之洞与直隶总督李鸿章之间出现矛盾，"前不久有传言，张之洞伙同其他官员要弹劾李鸿章，但没有结果"。之所以没有结果，是因为张之洞的汉阳铁厂因缺乏资金而面临瘫痪的危险，他需要李鸿章的资金支持。消息还说，光绪帝已经不再信任李鸿章，他原本考虑削减总理衙门的权力，但因为担心此举会"使李鸿章与外国大使们结盟，可能对国家造成无限的伤害"，他转而考虑任命一名御史对李鸿章进行监督。

即便在战时，中国官员欺上瞒下的哲学仍在大行其道。9月17日的《圣保罗每日全球报》（*The St. Paul Daily Globe*）引述来自上海的消息：

就当下时局而言，任何通过中国媒体或中国的消息源去获得可靠情报的尝试都是徒劳的。我们不得不等到日本媒体印刷了日本官方对中日战争进展的说法后，再在这里通过电报获得这些消息……中国拒绝披露任何让自己不光彩的消息。他们误导公众，不让公众有一丁点了解真相的机会。

事实上，不了解真相的远不止公众，甚至还包括最应该了解全局的清皇室。许多西方媒体（例如9月24日的《梅斯维尔晚报》）都刊登了这样一篇文章，它是对8月26日（七月庚子）发布的一道上谕的翻译。正是通过这道上谕，西方人明白了清朝皇室收到的军情错误到何种程度。上谕原文如下：

> 前因叶志超一军与倭人接仗获胜，仰荷慈恩，颁赏银二万两，以示鼓励。嗣据电奏，该军欲移公州，而倭兵二万余人突来围袭，我军奋勇对敌，鏖战六时之久，倭兵死者千七百余人，我军伤亡三百余人。该提督等以众寡势殊，设伏退敌，遂率兵东渡汉江，暂驻平康，自请严议，并请将出力及阵亡将弁勇丁，分别奖恤等语。
>
> 叶志超一军，本为朝鲜定乱，兵数不多，此次途遇倭军，数倍于我，四合攻扑，卒能以少击众，全师而出。虽有伤亡，功过足以相抵。所请严议之处，着加恩宽免。①

这道上谕是对叶志超在朝鲜牙山一役表现的褒奖。朝鲜战事开始之后，叶志超以直隶提督官职入朝。8月25日，即下发这道上谕

---

① 《清德宗景皇帝实录》，卷三四五。

的前一日，他因为"战功夙著、坚忍耐劳"而被擢升为"驻平壤诸军总统"，也就是驻朝中国军队统帅。

事实上，据报道，叶志超在牙山一役非但没有得胜，而且是惨败。他还极度夸大了日军兵力。

牙山一役发生在7月30日。叶志超部兵力约3500人，大岛义正所率日军大约4000人，而非所报"二万余人"。经过16.5小时的战斗后，叶志超率部败逃平壤。在这场战役中，中国军队死伤500人，日军死伤者82人。[①]《泰晤士报》刊登的一则电讯写道："牙山一役后，朝鲜国王及其臣民已开始友好地对待日本人。"[②]

隐瞒军情的恶果很快就显现出来。因为虚报战功而被擢升为驻朝中国军队统帅的叶志超终究难以服众，导致中国军队在朝鲜战场连连败退。9月15日，平壤失守。有报道说，2万守城将士，死伤及被俘者达到1.6万人。叶志超再次率部溃逃，狂奔6天，败退500里，跨过鸭绿江回国。9月30日，皇帝下发上谕，"所有叶志超总统，着即撤销"。

10月9日，皇帝下发上谕：

　　直隶提督叶志超自牙山退军，一路本无战功，捏称倭兵突来围袭，奋勇鏖战，设伏退敌。及奉命统率诸军，各将领均不受节制。此次败北，有谓其身先士卒而奔者，情形狼狈，不复成军。失律之咎，恐亦难辞。卫汝贵此次驻军平壤，恣意冶

---

① Stewart Lone: *Japan's First Modern War: Army and Society in the Conflict with China, 1894–1895*. St. Martin's Press, New York, 1994, pp. 222. *The Morning Call*, August 19, 1894.

② *The Morning Call*, Sept. 24, 1894.

游，士卒亦皆占据民房，奸淫抢掠，无所不至⋯⋯

等待叶志超的命运是：11月26日，所有职务被撤；12月17日，被逮捕治罪；次年2月18日，问斩。

在美中日侨民的迥然反应

甲午战争期间，在美国的中日两国侨民，对战争的反应迥然不同。这一点引起敏锐的西方媒体的极大关注。

7月31日，即中日两国正式宣战前一日，《旧金山早报》刊登的一篇报道讲述了唐人街的华人对这场战争的反应。这篇题为《唐人街的华人》的报道写道：

> 如果有人以为唐人街正在为来自北京和神户的战争消息而激动到痉挛，那他就大错特错了。他不了解唐人街的华人。即便是中国的领事先生，晚上也睡得非常好。而且按照东方的传统，他还会在下午小睡一会儿。

《旧金山早报》的记者原本想直接采访领事 Chang Ting Chip，但是，因为这位领事的英语水平不够好，他转而采访了领事的秘书 Chang Liang Wong。①

文章写道，Chang Liang Wong 体格肥胖，为人和蔼可亲，能说

---

① 根据《清季中外使领年表》，1891年4月至1896年12月，中国驻旧金山总领事是左庚，他曾任户部员外郎。《旧金山早报》所说的 Chang Ting Chip 可能是领事馆另一位高级官员。

一口流利的英语。但他对中日之间的战争不感兴趣。当记者问他对局势的看法时，他说自己一无所知。在接受采访当天，领事馆正好收到"盖尔"号轮船从上海送来的中文报纸，但这批报纸的印制时间已经是两个多星期以前，而且几乎没提这件"无关紧要的事情"。如果说其中刊载了些许与战争有关的消息，也是为了表达那种"麻烦即将结束"的信念。

不过，Chang Liang Wong确实收到一份最新的海底电报，证实了运输船被击沉、2000名中国人死难的消息。

这篇报道写道，当被问及有何感想时，Chang Liang Wong笑了，并很快回答，他不相信这个消息。在中国驻华盛顿公使告诉他战事情况之前，Chang Liang Wong不相信东方有任何战争。他对美国报纸所写的消息全然不信。"他把整件事当作一个笑话来看。他在膝盖上摆了一本书，胖乎乎的手指懒洋洋地翻着书页。每次提到2000名中国士兵溺亡的事情时，他都会发笑。他看上去非常聪明，但对战事漠不关心。"[1]

至于在旧金山经商或当劳工的华人的反应，这篇文章写道，对杜邦大街上"圆滑而自足的中国商人"的一份调查说明，他们普遍有类似的怀疑。他们不相信有战争，尤其不相信已有2000名华人死于沉船。即便他们相信，他们也不关心。只有一个人例外。他就是Sim Kam Wah公司的Chen Sing。

记者写道，Chen Sing的脑子是清醒的。他说，当天收到"盖尔"号送来的三封信，两封来自横滨，一封来自河北，三封信都对战事做了展望，并得出了不同的结论。但是，因为这些信件发自两周之前，他并不很看重它们，他更愿意阅读最新的电讯。因为他与

---

① *The Morning Call*, July 31, 1894.

日本和中国都有关系，他急于了解是否真的已经宣战。

　　Chen Sing 如此判断局势："如果两千中国军人死亡属实，则必然已经开战。日本一直在备战，每个月都在备战，日本好战。中国不那么好战。但中国比日本有更多的军舰，有更多的民船和更多的钱。但中国不好战。日本没那么多军舰、民船和钱，但现在比以前更强大。所以，我认为日本刚开始时会赢，但最后中国会赢。"

　　唐人街华人对战争的冷漠，与日本侨民的态度形成强烈的对比。这种对比引起《旧金山早报》编辑的浓厚兴趣。因为就在《唐人街的中国人》一文的左边，编辑安排了一篇发自加州首府萨克拉门托的简讯，题目是《日本人的爱国主义》。文章写道：

　　　　上周六（7月28日），许多日本人在农民礼堂集会。他们决心筹集大笔资金，并将资金送回国，资助日本作战。他们委托委员们立即筹集资金。

　　美国西岸的华人与日本人对战争的迥异态度，很快又引起美国东岸的《纽约论坛报》（*The New-York Tribune*）的注意。9月20日，中日正式交战50天后，这份报纸发表了一篇题为《加州爱国的日本人》的特稿：

　　　　侨居旧金山的日本人正在展示爱国主义。当与中国作战的第一条消息传来，在这里度假的所有日军士兵立即销假，回国作战。侨民们则发出募捐单，筹集了4000美元。这笔钱已汇回东京作战备医疗之用。

这篇特稿写道，侨居加州的日本人大多是身材瘦小的青年学生，他们在城市里打零工以支付学费，同时练习英语。这些学生决定，他们要挣更多的钱，所以大批学生去往乡下帮农场主采摘水果。这个工作的酬劳是每天 1.5 美元。酬劳的绝大部分将汇给国内政府。也有部分酬劳汇给学生们的家庭，以资日常急用。

作者在文末评论道："这些日本人的爱国主义与中国人的自私自利形成鲜明的对比。这里的中国人很关注这场战争，因为他们的生意受到了影响。他们有强烈的民族自负感，认为中国能击败任何东方国家或欧洲国家。他们拒绝捐献资金，为他们的政府出力。"[1]

1895 年 4 月 15 日，《太阳报》发表的一篇文章对日本人的团结与爱国精神大为赞赏，称其为"世界战争史上独一无二的精神"。文章写道：

> 华盛顿一位军官在谈到中日战争时说，这场战争最惊人的事情是日本的精神。他不记得现代任何冲突中有过任何类似的事情。所有人都意见一致地团结起来，所有人都渴望这场战争，准备为胜利奉献出他们的生命、财产和所有其他能量。在任何国家的历史上，这种事都几乎没有先例。
>
> 在我们自己的战争中，总会有强大的反对力量。在为统一而战时，在整个战争期间，北方都有一个强大的"和平党"，几乎每个州都有很多"铜斑蛇"[2]，北方很多政治领袖合起来给政府添乱。在美墨战争期间，很多美国人反对政府。在 1812 年的美英战争期间，政府经常遭到反对者的严重阻碍。即便是

---

① *New-York Tribune*, Sept. 20, 1894.

② copperheads，指同情南方的北方人。

在独立战争期间，也有很多美国"托利派"，他们为反独立而战。在所有这四场战争中，有如此多的公开发对者，美国的成功一定被认为是令人惊讶的。

而当日本处于战争状态时，4000万日本人就像是一个人。

任何一个欧洲国家在与别国交战时，几乎总有一个敌人在国内捣乱。英国进行的几乎每场战争，从克里米亚战争到对中国的战争，到在印度镇压土兵的战争，国内都有强烈的反对者。法国、德国、意大利以及其他欧洲国家几乎都是如此。

并非说日本绝无"铜斑蛇"与"和平党"。必须补充的是，在过去一年里，数以百万计的日本人对爱国主义事业、对天皇（帝国代表者）的忠心似乎有些过度。每一个强健的人都渴望加入陆军行列。每个士兵最自豪的希望，是被置于战斗的最前线。父亲愿意为此失去儿子，妻子愿意为此失去丈夫。

帝国议会中，有保守派，有激进派，还有其他派别，但是，所有人都站在一起，一致投票支持战争，足额划拨所有战争款项，支持每一项必要措施，没有论战。日本各宗教的信徒都为国出力，僧侣也跟他们一起。社会各阶级，从世袭贵胄、好战的武士，到商人、农民、劳工以及人力车夫，都因战争而团结在一起。本国媒体（包括很多有影响力的报纸）只有一个声音，没有出现一篇破坏这个"日出之地"的"好战和声"的文章。整件事都引人注目，没有先例。

……

日本著名的政治家，像伊藤博文和陆奥宗光，是日本民族精神的完美化身。他们以高妙的能力进行谈判。内阁部长会议或枢密院从未传出不和谐的声音。自战争开始以来，这些掌权者一直处于和谐之中。

……

如果还有什么事情比日本指挥官之间在战时的和谐更加引人注目，那就是在购买武器或军需品时没有贪腐的行为，这样的事情经常使其他处在战争状态的国家丢脸。各种军事物资的装备事务似乎都带着必须赢得世界尊重的荣誉感来进行，他们为所有欧洲和亚洲国家，为整个基督教世界装备出一个榜样。

这篇文章的作者感叹道，日军的纪律很难被超越。"不久以前曾在横滨停留的一个美国人说，如果说日军中有逃亡者，那他只听说过一个，那人当时处于恋爱之中。日本军队里还没有出现一个叛徒。"①

东亚新秩序

甲午战争最终以中国失败告终。平壤失守、黄海海战失败之后，中国海陆军兵败如山倒。1894 年 10 月下旬，战火已经越过鸭绿江，烧到辽宁丹东九连城。11 月下旬，日军攻陷旅顺。1895 年 2 月，日军攻下北洋舰队基地威海卫。两个月后，中国政府代表李鸿章与日本政府代表伊藤博文在日本下关签署和约。

最迟在 1894 年 11 月，有识之士已预见到中国的失败。11 月 18 日，《纽约时报》一篇题为《中国的崩溃》的社论写道：

---

① *The Sun*, April 14, 1895.

战争的过程不仅让所有外国观察家感到惊讶，也出乎两个交战国本身的意料……任何一位有识之士都难以相信，中国将被如此轻易地打败，4 亿人在面对只有其十分之一的人口时会如此无助……在过去四分之一世纪中，英国政府的审慎判断是，中国而非日本，是强大到足以被当作令人担心的敌人，或被当作值得怀柔的盟友。

……

这场战争经常被称为东方文明与西方文明之间的冲突，其实它应该更准确地被称为文明与野蛮之间的冲突，尽管日本文明源自中国，在日本得到发展……然而事情不进则退，哪里没有进步，我们就能确定，哪里在退步。到中国旅行或侨居中国的外国人（自外国人的旅行和侨居得到允许以来）一直反复在说，清政府的腐败是完完全全、无处不在的，其行政制度是说谎和偷盗的制度。其人事竞争制度则是闹剧，无能但有钱行贿的候选人被录用并晋升，有能力的候选人却被排斥。

清朝整个公务员系统被纽约警察局刚刚暴露出来的那种制度渗透。这种制度由低薪者管理，因而会通过敲诈勒索以弥补实际收入与理想收入之间的差距，收回他们为得到官位而支付的贿赂。纽约警察局的例子可以说明，缺乏有效的反对制度，没有切实的改革尝试，那种政治腐败才会在一个国家盛行如此之久，腐蚀所有人。

这场战争已经"突显"这样一个事实，即清政府是一个谎言、偷盗和勒索的系统。本应为国而战的军队并不存在，他们只存在于纸面上，某些官员则能从中得利。无论是战时还是和平时期，腐败都同样存在。这场战争还向我们展示，人们已经变得如此腐败，以至于爱国主义和荣誉在中国毫无意义；以至于将领们能在战斗前夕逃走，留下他们的士兵遭受敌人屠杀；以至于高官们对其人民的困境漠不关心，对无助的囚犯则实施野蛮而恐怖的酷刑……基于人道和文明的理由，现在要对这个致命的、腐败的国家做的事情是，把它打碎，让这个国家的4亿人沐浴文明之光。①

最迟从1894年11月开始，欧美外交圈已在讨论中国求和的可能性。11月10日，一条发自华盛顿的电讯写道，美国很快就要在让中日两国都满意的基础上调停中日关系，以期实现永久和平。"日本理所当然地坚持中国应该在寻求重启和平的任何谈判中采取主动，但是，它无疑将十分乐于接受任何合理的提议。在10月25日的九连城战役中，中国军队大败。此役之后，中国人彻底慌了，开始相信必须做些事情以结束战争。"但是，"他们无法低下骄傲的头颅，直接向日本诉求和平"，而是希望美国基于1858年的中美《天津条约》予以斡旋。②这份条约的第一款写道："若他国有何不公轻薨之事，一经照知，必须相助，从中善为调处，以示友谊关切。"

据报道，清政府向美国驻华公使田贝（Charles Denby，1885—1898年在任）提出了这个请求，而后田贝就此事请示华盛顿，"总统考虑了一周或更长的时间"。报道还提到美国国务院两位官员的评论。一位被称为"熟悉中方态度"的官员说，中国不再隐藏它无力维持战争的事实，它承认自己被打得措手不及，在这样一个糟糕的局面下，用最小的代价获得和平，对它而言是比较明智的。

---

① *The New York Times*, Nov. 18, 1894.
② *The Morning Call*, Nov. 11, 1894.

他说：

> 日本打这场仗的目的，如它自己所说，是为了朝鲜的完全独立。中国对此会完全让步。中国也可能会支付相当的赔偿。但是，赔偿将是现金的形式而非领土的形式。我认为，如果日本非要中国赔上部分领土，那么，任何和平协议都不能达成。

一位熟悉日本态度的美国官员则说，日本了解中国，它不可能被中国随意开出的支票误导，这种和平条款看上去大有意味，实则空无一物，朝鲜主权就是空头支票之一，但中国已退出朝鲜，在朝鲜没什么可以让步了。"毫无疑问，日本希望的是足够弥补其战争支出的现金赔偿。这些赔偿再加上日军获得的威望以及对中国的羞辱，就是日本的胜利果实。"

11月13日，发自华盛顿的一条电讯说，中国已知会美国国务卿格雷沙姆，表示将向日本承认朝鲜独立，并支付现金赔款。

这条电讯分析了美国与欧洲国家在亚洲事务上的利益分歧："如果日本和中国接受美国作为调停者，并因此而结束这场自普法战争以来最大的战争，那么，美国将第一次在决定亚洲命运的事务上发号施令。但是，欧洲列强完全不会同意美国的义务调停，不会同意在朝鲜独立问题上获利并实现其希望达成的其他目的（例如，与朝鲜签订一些条约，获得一些港口甚至是领土）之前让战争结束。"

这条电讯评论，欧洲列强认为他们在亚洲命运上的利益比美国多得多，因此，他们在这件事情上更有发言权。他们还认为，美国"大胆而坚决的"行动可能使日本迅速接受调停的条件，如果日本真的希望在当前阶段结束战争，日本的利益也将交付在美国（这个对亚洲事务兴趣不大的国家）的手上。

最迟在11月23日，日本政府已经收到清政府的停战报价。这一日，一条发自广岛的电讯写道："中国已经明示有意支付1亿两白银作为战争赔款，另外，还将付给日本已经支出的所有战争费用。"美联社当日发布的消息说，日本的战争费用达到1.5亿两白银。因此，中国将支付2.5亿两白银赔款。

美国官员们发表的评论，以及欧美媒体发表的消息，都与日后发生的事实相去不远。根据1895年4月17日签订的《马关条约》，中国承认朝鲜独立，将台湾岛及所有附属各岛屿、澎湖列岛及辽东半岛让与日本，赔偿日本军费两亿两，增加对外开放的通商口岸。

签订条约前两日，其内容已被西方媒体获知。4月16日，一条发自伦敦、以《欧洲反对日本》为标题的报道，对欧洲各国的反应做了综述：

> 俄国坚决不允许中国将东亚大陆上的任何领土割让给日本，如果日本的领土愿望不能通过别的形式实现，俄国不会畏缩于和日本发生严重冲突。
>
> 法国坚决支持俄国的立场。
>
> 明日的《伦敦早报》将如此评论：中国和日本之间达成的这些和平条款将是对欧洲的挑衅，并将给世界带来危险。
>
> 《世界报》发表评论文章，欧洲不会允许日本攫取其已征服的领土，攫取辽河以东领土，不会答应中国永久将台湾让给日本，也不会允许日本和中国结盟，因为欧洲不会同意将中国的潜在资源置于日本控制之下的任何条件，无论是在战时还是在商业竞争之中。

《标准报》明日将发言：无论中日条约的具体条款如何，务必清楚的是，这些条款要得到与东亚有关系的其他国家的认可。只有当这些条款没有不公正地与欧洲人的合法权利相冲突，它们才能被允许生效。任何能够让日本在政治和商业上控制中国的条款都不会被允许通过。①

4月16日，柏林《北德公报》发表评论称，鉴于中日关系正在发展，德国将加强其在东亚海域的军事力量，以保护并维持其商业利益。②英国《图片报》同日发表评论："中国的'日本化'将是在东亚的欧洲人的丧钟，将是西方工业的幻灭。"③

4月17日，即条约签署之日，巴黎《论争杂志》发文，法国、德国和英国不会坐视让日本完全掌控通往中国的贸易路线。④

上述报道表达的意思是，东亚新秩序已经形成，在这个新秩序之下，日本占据了一席之地。可是，主宰东亚事务的仍然应该是欧美列强。1895年10月，在俄国、法国和德国的干预下，日本将辽东归还中国，但索要了3000万两白银的对价。

无论如何，福泽谕吉的梦想初步实现。1885年3月16日，福泽谕吉在《时事新报》上发表《脱亚论》一文，文章写道："我国不可犹豫，与其坐等邻邦之进步，而与之共同复兴东亚，不如脱离其队伍，而与西洋各文明国家共进退。对待中国、朝鲜之办法，不必因其为邻邦而稍有顾虑，只能按西洋人对待此类国家之办法对待之。"

---

① *The Sun*, April. 17, 1895.

② *The North German Gazette,* April 16, 1895.

③ *The Graphic*, April 16, 1895.

④ *The Journal Des Debats*, April 17, 1895.

中国则沦落到被西方列强瓜分的境地。正如签约当日《纽约每日论坛报》发表的一篇极为坦率的评论文章所写：

> 中国政府代表签署了亚洲史上最耻辱的和约……多年以来一个公开的外交秘密是，预见到大清帝国最终崩溃的英国、法国和俄国，已经非正式地勾勒了瓜分亚洲广袤领土的各种方案。中国各地区的彩色地图已经被这三个国家分割了，并被小心地锁在上海和北京的外交官的档案柜里。圣彼得堡、伦敦和巴黎被认为在瓜分中国的问题上达成某些秘密的谅解。作为当前这场战争及日本获胜的结果，未来的欧洲问题已经变成未来的亚洲问题。
>
> 至于日本，它已经突然将"亚洲的均势"（The Balance of Power in Asia）的新理论变成现实……带着从这场战争中获得的威望和资源，实力大增的日本将脱离亚洲的保守主义和惯性，成为一个新兴的发展的国家。

基于对中国的了解，无论是西方人还是日本人，都对瓜分中国的前景感到十分乐观。

1895年4月17日，《太阳报》转发了一段日本媒体撰写的评论。评论写道，中国人容易被置于外国奴役之下。"他们不像法国人、德国人、英国人或日本人，他们没有强烈的民族自豪感。塔列朗（Talleyrand）的名言'意大利仅仅是一个地理名词'更适用于中国。在日本的统治下，中国人很快就会认识到，他们会比在旧主人的统治下过得更好。在物质繁荣方面无疑会如此。"①

---

① *The Sun*, April. 17, 1895.

第九章　皇室观察

讲述大清王朝的最终命运之前，有必要观察一下西方媒体对清朝皇室的报道。在满足西方读者的猎奇需求之余，这些报道也反映了西方媒体对中国文化的思考。

我们可以在这些报道中看到，西方记者笔下很少有羡慕清朝皇帝生活的词句，文章的主色调更多的是惊诧和同情，因为经过启蒙运动及资产阶级革命之后，民主、自由、平等已成为西方人最看重的价值。他们无时无刻不在用这些价值标准去判断所有政治、经济、社会及文化等方面的事件。

透过清朝皇帝充满无奈的人生，他们预见到这个王朝的末日。

忙碌的祭司

19世纪的西方记者已经注意到，中国的皇帝有双重身份，他不仅是世俗的君主，还是最高祭司。

在中国，西方的格言"国王不会有错"升华成为"无论皇帝做什么，都被认为是神圣的、正义的、完美的"。于是，皇帝做的许多事情，欧洲人看见了会皱眉，而在中国，却被当作神圣旨意接受。

在西方记者眼中，兼具世俗与宗教最高地位的中国皇帝，与历史上希伯来的国王们有些相像。正如伦敦《康希尔杂志》（*The Cornhill Magazine*）上一篇文章所写："他将充分发挥自己的每一项能力，无论是作为坐在龙椅上的皇帝，还是作为站在祭坛前的祭司，或是作为享受天伦之乐的家长。"

最能表现皇帝祭司身份的活动，集中在最重要的节日上，尤其是新年。

1887年1月3日，英国《伯明翰每日邮报》刊登了一篇文章，讲述身兼国家祭司身份的光绪皇帝如何过新年。他们发现，祭司身份在带给皇帝权威的同时，也成为皇帝肩膀上的沉重负担。文章开篇写道：

> 世上所有的国王中，恐怕没有谁的日子过得比中国皇帝更不自在。在最好的时光里，他的时间表被掌管礼仪的官员仔细制定，没有留出一点空闲。在一年之中，又没有哪段时间像新年那样，让那些低三下四的官员们感到如此兴奋，让皇帝肩上不得不担负的职责显得如此令人厌烦。[1]

作者向西方读者讲述了中国新年与西方有什么不同。在中国传统文化中，"新的一年始于太阳进入水瓶宫（黄道十二宫之第十一宫）之后的第一轮新月，因此，中国新年可能在1月21日至2月19日之间的任意一天。新年期间，北京的气温通常在零度以下，河流

---

[1] *Birmingham Daily Post*, Jan. 3, 1887.

都被冻结，地面上覆盖着一层厚厚的积雪"。

在欧洲人——欧洲大部分地区冬天同样寒冷——看来，既然北京的天气如此恶劣，如果将皇帝办公的时间定在中午前后，即阳光最充足的那段时间，应该是可以理解的。但事情正好相反。

这篇文章写道，根据先帝立下的规矩，皇帝不得不在新年那一天的凌晨4点离开乾清宫，尽管此时距离太阳升起还有将近4个小时。在由亲王、大臣、弓箭手、乐师等人组成的一大队人的护送之下，皇帝要赶去立有祖先牌位的奉先殿，在那里上香，跪拜祖先牌位，祈祷祖先保佑江山社稷。

奉先殿位于紫禁城景运门东北。1657年，皇帝下诏兴建此殿，一年后建成。奉先殿的祭司制度如下：

在元旦（即今之春节）、冬至、岁除、万寿、册封、月朔、月望之日，"奉神位前殿，帝亲行礼，供献如太庙大飨仪"；在立春、上元、四月初八、端阳、重阳等寻常节日，以及国忌、清明、霜降、十月朔等哀慕期，皇帝也要亲祭，但是"不赞礼、作乐"。

上述报道写道，祭拜完先祖之后，皇帝还要向在世的长辈行礼。"现在这位皇帝要拜访慈宁宫，也就是慈禧太后的住所。他要在这位威严的女士面前磕头行礼。"皇帝要在早上8点赶到中和殿，在那里接受朝臣代表的行礼。然后要去太和殿，接受蒙古亲王、朝鲜特使以及其他驻京代表的行礼。"在冬日天刚亮的某个早晨，在这昏暗的大殿里接受朝拜的场景，一定是无法用语言形容的沉闷。"尽管如此，作者仍然忍不住做了一番描述：

> 皇帝高坐在大殿北端的龙椅之上，面南向，左右是随从护卫。在大殿的中央，朝拜皇帝的官员分列左右，各有十八排。

距离皇帝最近的是亲王,以及最高级别的满汉官员。级别低的官员站在他们身后。通常各级文官立于大殿东边,武将立于西边。大殿地面上,每隔一段合理的距离,就有一个石制标志,方便朝臣站立行礼……在皇帝的示意下,礼仪官用满语发令,朝中亲王大臣等拜倒在龙椅之下,叩头九次以示尊敬。

这位作者描述的是清朝宫廷的"大朝仪"。根据《清史稿》的记载,1651年,皇帝将春节、冬至及万寿圣节(皇帝生日)定为三大节,在这三大节都要采用"大朝仪"。康熙在位期间,"定正朝会乐章,三大节并设"。

每逢三大节,亲王、贝勒、贝子在太和门集合,"八分公"(清宗室封爵凡十二等,贝子以上皆入八分,称"八分公")以下官员在午门外集合。钦天监报时之后,皇帝离开中和殿,午门钟鼓齐鸣,中和乐作,抵达太和殿后,鼓乐停止。在太和殿内,大臣分立前后,大学士、学士、正少詹事立东檐下,御史、副金都御史立西檐下,在銮仪卫官赞"鸣鞭"之后,王公百官及朝鲜、蒙古使臣等按排班次序行礼。

大朝仪的进程一般会比较快,因为皇帝还要在9点赶到皇家道观。上述文章解释,尽管光绪尊崇儒学,但他同时也信奉道教。"他在这里祈求上天保佑天下风调雨顺、五谷丰登。"

作者写道,上午10点左右,皇帝还要赶到寿康宫。至此,上午的活动告一段落。"在新年第一天的上午,皇帝要忙碌7个小时左右。我们可以想象,他并不愿意详细地听钦天监官员的预报,即便他们能从破晓吹过的东南风中预见国家的长治久安及丰富的年景,或者从除夕晚上环绕木星的彩色晕轮中预见社稷的前景。"

在新年第一天的上午，皇帝的工作主要是祭祀，是宗教性的，下午的工作则主要是社会性的，而且要持续到黄昏时分。这些工作包括宴请亲王及其他皇室成员，并且回赠他们礼物。"在一两年前，恭亲王得到一个钱包，上面绣有八个僧人。他忍不住将自己的喜悦之情刊登在《京报》之上。"

澳大利亚墨尔本《阿尔戈斯报》（The Argus）写道，光绪每年至少要向不同的神仙祭祀46次，每次祭祀都要用掉一个或多个假日，这些假日他一定是在完全的孤独中度过。"这些祭祀要么在晚上、要么在黎明进行。他坐在封闭的銮舆之中，穿过荒凉的街道。街道两旁竖起黑色的帷幔，有一种难以形容的哀伤感。"

幻想的酒宴

西方媒体掌握的信息是，清朝皇帝自幼便处于无处不在的束缚之中，生活毫无乐趣和自由可言。《纽约时报》上的一篇文章写道：

> 满洲皇子们自幼就在一套严格的教育制度下学习。他们凌晨3点左右起床。先是上中文课，由一位有"师傅"头衔的导师监督。皇室子弟走进课堂并向导师行礼时，导师立即起立还礼。导师就座，课程开始。学生们拿出课本，摆在导师面前，然后回到自己的座位上，开始背诵课文。

文章写道，导师和学生在教学时，有太监在一旁侍候。如果学生没学好，或理解有误，导师会要求太监拿来教鞭，纠正学生的错误。每个皇室学生都有8位伴读，他们与年轻的主子们学习同样的课文。如果有必要更加严厉地训诫某位少主，导师会用教鞭抽打他的伴读。要是少主学习表现优异，伴读也会受到嘉奖。如果某个皇室子弟过于顽皮，不服管教，导师会命他自己打自己，实在没有办法，就会把他带到皇帝面前，皇帝会让一个太监去拧他的脸。"同治幼时经常被太监拧脸。"

皇子们的文化课程主要是汉文、满文和蒙文。汉文课的时间是两个小时，然后是满文课和蒙文课。"满文和蒙文课导师的级别待遇不如汉文课导师高。他不能坐在椅子上等学生进来，必须出门迎接学生；学生不会先给他行礼，他必须先给学生行礼。"上完文化课，皇子们还得上骑射、击剑等体育课程。"年轻皇子们的时间几乎完全被智力和体力方面的训练占据。他们就寝的时间非常早。吃饭的时间很有规律，食量也很有讲究。他们严禁在吃饭时玩笑打闹。"[1]

除了学习，皇帝的饮食起居也都遵循一套严格的制度安排。《阿尔戈斯报》刊登的一篇文章写道：光绪每天凌晨2点起床，3点梳洗完毕，开始接见朝臣；3点到6点，是处理国事的时间；早上9点左右吃早餐，下午5点左右吃晚餐。

关于皇帝用餐的时间，《纽约时报》有不同的记录：大致是起床后半个小时，即凌晨两点半左右，会简单地吃点早餐；上午处理完政事之后，大概11点左右，会吃第二顿早餐。[2]

皇帝的饮食构成方面，西方媒体的报道基本一致。美国《斯克兰顿论坛报》及《奥马哈每日蜜蜂报》报道的内容如下：

---

[1]　*The New York Times*, August 29, 1886.

[2]　*The New York Times*, Feb. 3, 1889.

每天摆在皇帝面前的肉食有30磅，还有7磅肉汤。每天要定量供应1磅猪油和黄油。御膳房每天要为他准备2只绵羊、2只鸡、2只鸭。喝的东西也有严格的限制：牛奶由18头奶牛专供；茶叶则每日准备75包。[1]

这些内容可能译自张廷玉、鄂尔泰编纂的《国朝宫史》。根据这本书的记载，乾隆每日膳食消耗的原材料大致包括：盘肉22斤，汤肉5斤，猪油1斤，羊2只，鸡5只，鸭3只，蔬菜定量，玉泉酒4两左右；专供奶牛50头，每日供乳100斤左右；茶叶75包。

供皇帝享用的饮食不可谓不丰富，但即便如此，光绪仍被西方媒体称为"不幸的君主"：

尽管宫中有很多太监和仆人，这个可怜人可能是世界上被伺候得最差的君主。每天的菜单在很长时间以前就写好……时令蔬菜和水果至少在应时一个月后才会摆在皇帝的餐桌上……他非常喜欢美好的生活，偶尔会多吃几口喜欢的菜肴，但是，根据每顿饭都在场的太医们的意见，这道菜再也不会出现在菜单中。御膳房的开支非常巨大，皇帝却只能享受某种"幻想的酒宴"（Barmecide feast）。[2]

"幻想的酒宴"，源自阿拉伯文学名著《一千零一夜》中的一个故事，大意是，某个贵族家庭邀请一个饥肠辘辘的乞丐享用晚餐，他们在乞丐面前摆满了盘子，每个盘子都起了一个令人垂涎欲滴的

---

[1]　*The Scranton Tribune*, Feb. 24, 1898. *The Omaha Daily Bee*, Feb. 3, 1889.

[2]　*The Argus*, Oct. 15, 1898.

菜名，但每个盘子都是空的，没有盛任何食物。

在西方人看来，那些关于学习和饮食的毫无价值的规定，会让皇帝变成一个墨守成规、谨小慎微的人。正如《纽约时报》上的一篇文章所写："当迫切需要采取持续而积极的行动时，创立这个王朝的皇帝们定下的规矩似乎毫无用处。"

这篇文章发表于 1872 年 11 月 22 日，是针对"洋务运动"发表的评论。在作者看来，30 岁就驾崩了的咸丰皇帝过于遵守先帝定下的规矩，同治也不能寄予希望，受摆布的婚姻说明其意志已经失去自由："据说他的品味和娱乐方式都是幼稚的，但他身边都是阿谀奉承之人，鼓励他沉溺享乐，如果这些说法属实，他的未来不容乐观。"①

最迟从同治大婚前后开始，西方媒体对康熙、乾隆留下的文学和行政遗产持严重怀疑态度。在他们看来，只要中国仍然是帝制，祖制的影响就将持续下去。他们甚至认为，晦涩难懂的中国文化本身也是发展的阻力。

西方人无疑会对光绪寄予希望，因为根据媒体的报道，他曾表现出对西方文化的兴趣。

在美国记者卡朋特笔下，光绪是一个身材苗条、脸色蜡黄、眼若杏仁、脑后有一条乌黑长辫的年轻人。他有普通人都有的本能，和臣子们一样喜欢有趣的事物。他写道：

> 在我写这篇文章的前几天，这个年轻的皇帝曾登上一艘小汽艇。让随侍太监们感到恐慌的是，他迅捷地从他们身边走

---

① *The New York Times*, Nov. 22, 1872.

过，钻进引擎室里。他在那里看见一个苦力。这个苦力用一条脏毛巾缠住脑袋，正在给机器上油。皇帝问他来自哪个国家，苦力回答，他是中国人。这个答案让皇帝非常高兴。[①]

作者显然希望通过这段文字告诉西方人，作为西方工业文化的代表作品之一，汽艇已进入中国宫廷，而且引起皇帝的兴趣。

钢琴，是光绪喜欢的另一件西洋商品。正是透过这个信息，《纽约时报》的记者认为中国皇帝正在向欧洲文明靠近。

钢琴起源颇早，有人甚至认为可追溯到古埃及与古希腊时期的一弦琴。经过漫长的变化过程之后，1710年前后，意大利人克里斯托弗里（Bartolomeo Cristofori）在佛罗伦萨制作出第一架现代意义上的钢琴。既然钢琴被西方人认为是欧洲文明的象征之一，购买并演奏钢琴的行为也就自然被认为是向欧洲文明靠近。

不过，《纽约时报》刊登的题为《中国皇帝的钢琴》的文章同时表明，即便光绪"正在向欧洲文明靠近"，这种靠近也是犹豫而充满矛盾的。

文章写道，钢琴音色有些不准，因此，光绪命人给它做清洁和调音。从事这项工作的是英国音乐家摩尔特里（Moultrie）。根据后者描述，"这架钢琴的琴键很脏，印有各种中国文字。已经有很多年没有调音了"。他很快就完成了调音和清洁工作，并清除了印在琴键上的中国文字。

不过，摩尔特里的清洁工作让所有在场的中国人感到不快。得知这个消息后，光绪立即下旨，命人重新印上那些文字，并派人对

---

① *The Omaha Daily Bee*, Feb. 3, 1889.

摩尔特里说，完全没有必要清洁这些琴键。①

这个故事有趣而深刻。既然琴键上的文字是皇帝所印，那它们就是神圣不可侵犯的。皇帝很难接受一件会损害自己权威的事情，即便这件事在西方人看来有利并且符合美学。总而言之，他很难挣脱"威权咒语"的束缚。

外交难题

西方媒体对同治、光绪二帝的婚事有很多报道。这些报道不仅是出于商业上的考量——通过猎奇报道增加报刊销量，从而增加广告，获取利润——更是当时西方人观察中国政治与文化的重要视角。

不容忽视的一个大背景是，自 1861 年"辛酉政变"之后，大清王朝进入漫长的"垂帘听政"时期。在此期间，外国无法与中国进行正常的国书往来。因此，他们期盼皇帝能在大婚之后亲政，使外交形式正常化。

正如 1873 年 2 月 26 日《纽约时报》上的一篇文章所写，1860 年之前，西方国家一直想在北京派驻公使，可当这个目标实现后，中国却出现了"垂帘听政"的问题，皇帝仍然不能亲自接见外交官。同治大婚之后，皇帝接见外交官的问题已经在"解决前夕"了。

这篇文章提到一个让西方人颇感无奈的例子：

1872 年同治大婚之前，一位德国特使曾携带国书两次访

---

① *The New York Times*, Oct. 2, 1898.

华，第一次是作为普鲁士的大使，第二次是作为北德联邦的大使。但两次都没能实现直接向中国皇帝提交国书的使命。同治大婚之后，他作为德意志帝国的全权特使，携带德意志皇帝威廉一世的国书再一次来到了中国。他说，只要同治被宣布成年，他就将这封国书呈交皇帝。如果仍被拒绝，他将很高兴离开这个他不是特别喜欢的地方。

因此，我们不难想象，西方国家的外交官们听到中国皇帝即将大婚、太后将退出摄政之位的消息时，会是怎样的心情。

相较于光绪的婚事，西方媒体对同治大婚的关注度更高。主要缘于三个方面的原因：其一，1860年之后，英法等国在北京设立了公使馆或大使馆，他们第一次有了近距离与清朝皇室接触的机会；其二，这是西方人第一次见证中国皇帝的婚礼；其三，这是西方人第一次见证"垂帘听政"的结束。

根据《清穆宗毅皇帝实录》的记载，1872年10月21日，两宫皇太后（慈安与慈禧）下发一道懿旨，表示将在同治大婚之后"归政"：

前因皇帝冲龄践祚，时事多艰，诸王大臣等不能无所禀承，姑允廷臣垂帘之请，权宜办理，并谕俟皇帝典学有成，即行归政。十一年来，夕惕朝乾，未敢稍涉懈弛。皇帝缉熙典学，日就月将，当春秋鼎盛之时，正宜亲总万几，与中外臣工共求治理，宏济艰难，以仰副文宗显皇帝付托之重。着钦天监于明年正月内选择吉期，举行皇帝亲政典礼。一切应行事宜，及应复旧制之处，着军机大臣大学士会同六部九卿敬谨妥议具奏。

得知这个消息之后，英国记者威廉·辛普森（William Simpson）在一篇报道中写道："到了1873年2月，两宫太后将从摄政之位退下。而现在，当有国事需要处理时，这两位女士坐在皇帝身后，中间隔着一道帘子，但她们能听清朝堂之上所有言语。她们杀伐决断之后，皇帝用朱笔签字照准。"

同治大婚

在报道同治大婚的西方媒体中，有一家不得不提，它就是英国的《每日新闻》（Daily News）。这份报纸创办于1846年，英国著名作家狄更斯是创办人之一。之所以要创办它，是为了与保守的《泰晤士报》竞争。其宗旨是推崇进步与改良、教育与宗教自由，以及公平立法。

1872年12月16日，《每日新闻》刊登了一组讲述同治皇帝婚事的特稿。这组特稿由两篇文章组成，由作者分别于10月13日和10月17日（即同治册立皇后的前两日与后两日）从北京发出。

根据《清穆宗毅皇帝实录》的记载，1872年10月15日早晨3点至5点之间（同治十一年乙未寅刻），16岁的同治帝身着礼服来到太和殿，阅视皇后册宝。册宝有云：

> 朕惟运协两仪，乾健必资夫坤顺；光昭四表，日升更颂夫月恒。观天道之周行，实邦家之肇庆。爰诹吉日，用制宏章。咨尔阿鲁特氏，乃翰林院侍讲崇绮之女也。秀衍桂林，瑞征椒

殿，淑身维则，慎德有常。著端范于闺闱，早娴女训；肃庄容于宫壸，允式母仪。兹仰承慈安皇太后、慈禧皇太后懿旨，以册宝立尔为皇后。尔其勤俭居先，雍和逮下，徽音丕嗣，内治克襄。夏清冬温，亲两宫之色笑；陈笾荐豆，佐九庙之馨香。令望式孚，蕃厘永迓。钦哉！

10 月 13 日发出的这篇文章，主要讲婚礼的筹备，重点是"挑选新娘"的过程。文章写道："它在某些方面让我想起中国的科举制度，当然，参加科举的主要是汉人。它可能更像温布尔登射击大奖赛的淘汰赛。"作者隐晦地表达了一种遗憾的心情：

> 在"挑选新娘"这件事情上，中国皇帝无法像欧洲君主那样进行跨国联姻，使皇帝的大婚变成国际性事件，为本国在国际舞台上争取更多的权力。根本原因在于，中国皇帝自以为君临天下，不承认其他国家国王的权威，不承认其他国家的国王与自己平等，因此不会请求别国的国王将女儿嫁给自己。

文章作者是前面提到过的威廉·辛普森，英国新闻史上最耀眼的明星之一。1855 年，32 岁的辛普森曾亲临克里米亚战争现场进行报道。1870 年至 1871 年，他又赴普法战争现场做报道。他的报道已成为西方历史学家研究相关历史的重要史料。1872 年，为了报道同治大婚的盛况，他接受《每日新闻》及《伦敦画报》等报刊的邀请，来到北京。

辛普森似乎对中国皇帝的际遇颇为同情。他写道，由于亲王是皇室宗亲，皇帝无法与亲王联姻，只能在八旗之内寻找妻子。而且，即便在八旗之内，凡家有适龄女子的家长，也不见得都乐于将女儿送入宫中。

他写道，人们可能想当然地认为，家长会非常高兴地将女儿送入宫中，以获得与皇室沾亲的荣耀，并且像灰姑娘用水晶鞋给自己增色一样，用尽一切办法（华丽的服装及名贵的化妆品等）将自己的女儿打扮成最美丽的女人，以便俘虏皇帝的心，但事实并非如此：

> 他们似乎不愿意让自己的女儿成为皇帝的妻子，即便可能成为皇后也不愿意。父母将女儿送入宫，就等于失去了女儿，因为"宫门深似海"，他们之间的联系会非常少，甚至可能再也见不到女儿。因此，父母使出一切手段避免将女儿送入宫。他们会说女儿的腿瘸了，或者耳朵聋了，或者眼睛瞎了。这些残疾特征都可以模仿，有时甚至会人为制造残疾。由于采用这些办法的人太多了，据说宫里下发公文，无论女儿们是否目盲、腿瘸、耳聋，一律都要送入宫中。

根据辛普森的记录，同治选秀这一年，在指定的日子被送入宫中的女子有六七百人。这些女子每十个人分为一批，被带到东太后（the Eastern Empress）与西太后（the Western Empress）面前，接受严格的检查。他在另一篇文章中描述了两宫皇太后的不同性格：

> 东太后以性格温和著称。她非常安静，和蔼可亲，已处于退休状态。西太后（同治的母亲）则相反。她耽于游乐，挥霍无度。据说大婚仪式还在进行，她却因某件事发脾气，摔碎了几个花瓶。我只是复述口口相传的传闻。如果这是毫无根据的丑闻，那么它仅表明，欧洲宫廷与亚洲宫廷之间的相似点

不止一处。

辛普森写道，西太后之所以能从一般嫔妃升为皇后，是因为她为咸丰皇帝诞下了儿子。显然，他误以为嫔妃诞子即升皇后是制度安排。

根据《清史稿》的记载，1856年4月，咸丰的懿嫔诞下皇子（未来的同治）之后，并未直接被封为皇后，而是升为"懿妃"，一年后晋"懿贵妃"。咸丰病逝、同治即位后，她才与孝贞皇后并尊为皇太后，此后才有所谓"东太后""西太后"的说法。

至于秀女进宫的细节，西方媒体另有报道。1888年12月3日，美国《奥马哈每日蜜蜂报》刊登的一篇题为《中国皇室的婚礼》写道，运送秀女的车舆，凌晨2点就已抵达宫门外。然后，在夜色中，她们经过皇宫中的小湖：

> 凌晨3点，京城其他地方还在沉睡，她们已经在吃早餐。饭后，她们有一点时间可以梳妆。然后，她们每四人或五人分为一组，被送到慈禧太后面前。每个女孩子都带了一块牌子，上面写着她的姓名和生辰八字。这些牌子要交给太后。太后向年轻的女孩们发问，并品评她们的长相。在场的男性都是宦官……不合格的女孩将交给这些宦官，她们可以得到一块鞋形的银锭，重量正好是一盎司，然后被送走。

需要指出的是，上面这段文字讲述的是光绪的选秀，而非同治。

辛普森写道，东、西两宫太后检查的项目包括秀女的教育水平及其他被认为重要的事情，"如果能知道两宫太后对美貌、智力、仪态、教育水平或其他被认为最重要的事情的评判原则，将是一件有趣的事情"。他告诉西方读者，经过第一轮选秀之后，有资格参加第二轮的只有五六十人，第三轮则只剩下三十人，然后依次剩下二十人，十人，到了最后一轮，只剩下五人，其中一人是皇后，其余四人为嫔妃。被选中的皇后新娘住在紫禁城北部一个大宫殿里，那里有很多宫女侍候她，并要教她学习宫廷礼节。到了大婚之日，她才能移居皇后的寝宫。

辛普森认为，阿鲁特氏之所以被选为同治的皇后，完全是因为她的美德，而非政治上的考量或家族的诡计。证据之一是，阿鲁特氏家族并不荣耀，"她的外祖父大约十年前被斩首"。

此言非虚。根据《清史稿》的记载，1864年，同治皇后阿鲁特氏之父崇绮参加殿试，"成一甲一名进士"，成为清朝立国两百多年来第一个非汉族状元（"立国二百数十年，满蒙人试汉文获授修撰者，止崇绮一人，士论荣之"）。崇绮对慈禧忠心耿耿。他的岳父，即皇后阿鲁特氏的外祖父，则是咸丰去世时（1861年）任命的八位"赞襄政务王大臣"之一，大名鼎鼎的郑亲王端华。咸丰去世2个月后，端华与载垣、肃顺等人皆被慈禧处死。

辛普森在文章中提到一个故事，给同治选后之事增添了某种怪异的氛围。他写道，某夜，17岁的同治做了一个梦。在梦中，他爱上一个年轻的女子，但这个女子有点驼背。不过，根据太后诏令，无论残疾与否，都要征招入宫，因此，她也成为待选秀女之一。同治把这个梦告诉了母亲西太后。西太后认为这是一个预兆，梦中的女子应该成为皇帝的妻子。这名女子也通过了第一轮面试，成为留下来的五六十个女孩中的一个。但驼背终究有碍观瞻。于是，太医们开会商讨治愈其驼背的可能性。经过一些徒劳的尝试之后，一名非常强壮的蹄铁匠出现了。他试图用蛮力推平这名女子的驼背，结果却导致这个可怜的女孩不幸身亡。

皇后人选确定之后，要进行册立皇后的仪式。根据《清穆宗毅皇帝实录》的记载，10月15日，寅刻（3—5点），"上礼服，御太和殿。阅视皇后册宝。遣惇亲王奕誴为正使，贝勒奕劻为副使，持节奉册宝诣皇后邸，册封阿鲁特氏为皇后"。申刻（15—17点），"慈安皇太后、慈禧皇太后御慈宁宫，升座。上礼服，诣慈宁门，行礼。礼成，御太和殿受贺。遣惇亲王奕誴为正使、贝子载容为副使，持节诣皇后邸，行奉迎礼，作乐宣制如仪。"（这里插一句题外话：不知是什么缘故，寅刻至申刻之间，奕劻的迎亲副使之职被载容替代了。）

辛普森10月17日发出的文章描述了同治册立皇后的盛况：

> 北京的街道尘土飞扬。新娘府（The Bride's Foo）通向皇宫的路线已选定。主路已经轧平，并铺上厚厚一层黄色（皇帝独享之色）的新沙。大婚前一周，每日破晓之后，这条路上，送贺礼的人马络绎不绝。据说，这是中国各地呈送的礼物。这些礼物将被送到皇后未来要居住的宫殿里。

这些礼物琳琅满目、多种多样，大件的有柜子，小件的有玉碟、酒杯、花瓶，也有椅子、脸盆等日常用具，还有用黄金和白银制成的物什。小巧而精致的礼物摆在黄色的台子上，有专人妥善保管。礼物都被裹上黄色和红色的丝质条幅。

为了一睹这些奇珍异宝的真颜，京城百姓每天早晨蜂拥而出，在这条送礼之路的两侧驻足观望。不过，他们并非每次都能得偿心愿。有一日，因为呈献的礼物异常贵重，破晓前就被送入宫中。有人告诉作者，这是为了防止礼物被盗匪劫走。

根据乾隆二十七年（1762年）版《钦定大清会典》的记载，皇帝大婚前，要择吉日行"纳采礼"，大婚前一日要行"大征礼"。

辛普森没有讲述同治"纳采礼"及"大征礼"的景象。顺治14岁大婚时的情况或可参考：

> 前期择吉，行纳采礼：马十匹，甲胄十副，缎百疋，布二百疋，金茶筒一具，银盆一具。前期一日，行大征礼：黄金二百两，白金万两，金茶筒一具，银茶筒二具，金银盆各一具，缎千疋，布二千疋，马二十匹，驮甲二十副，常等甲三十副。①

辛普森写道，除了奇珍异宝，京城百姓还被另一件事情吸引着，那就是负责抬皇后所乘花轿的轿夫们的演练：

> 宫廷轿夫能够平稳地扛抬花轿，并且能够快速换肩换手。有传言说，为了检验轿夫的稳定性，花轿中会放置一个盛满水的花瓶。轿夫要确保花瓶中的水在扛抬过程中不溢出来。每当有人喊"花轿要过来了"，百姓都会潮涌而至，但经常是空欢喜一场，因为轿夫的操练总是在百姓不注意的时候进行。

---

① 《钦定大清会典则例》，卷六四。

大婚之日，凡是与那条送礼之路相连的其他街道和空地，都立起了竹架子，竹架上盖着蓝色的布帘子和席子，以阻挡百姓的视线。辛普森询问其中缘故，有人告诉他，礼部（主管大婚仪式的机构）不想让百姓看到与此相关的任何事情。

15日早上，迎接皇后的花轿队伍离开皇宫。"领头的是一位蒙古王公，蒙古首领们的服装格外华丽。醇亲王与一位凌姓（音译）官员主持整个仪式。蒙古王公手捧象征皇帝无上权力的如意，这可能被理解为皇帝亲临，给予该仪式以最高的尊重。"紧随蒙古王公身后的，是30匹装backed以黄金和黄色饰品的白马。随后是五颜六色的彩旗、"绣有龙凤图案的三重伞"，以及圆形、方形和心形的大扇子，还有"顶端是金瓜状的长杆"。排在迎亲队伍末端的是帝王华盖，"它有些像佛教所用之伞，也是三重伞的一种"。紧随其后的就是皇后新娘的花轿。花轿主体由黄色丝绸制成，轿顶是金色的，形状与皇冠接近。花轿装饰以龙凤图案。辛普森十分欣赏花轿的装饰风格："没有用粗俗的珍珠和黄金做装饰，相反，它看上去再简单质朴不过了。"

在对仪仗队的描述方面，《每日新闻》另一篇未具名的报道（也可能是辛普森所写）有所不同：

> 仪仗队不是很长，但他们的服装都很华丽。首先出现的是一位骑马的亲王，然后是48匹白色小马，领队者身着猩红色外套；一组乐队，成员身穿猩红外套，没有演奏；32面旗帜，48把扇子（又大又圆的东西），2把黑伞，2把白伞，6把黄伞，6把红伞，2把蓝伞，2把绣了图案的黄伞，192盏灯笼（所有这些东西都由身穿猩红色服装的人拿着）。醇亲王骑在马上，看

上去很英俊。他身旁是四人抬的轿子；然后是新娘的金色花轿，由16名身着猩红色外套的轿夫抬着，还有16名随时准备换肩的轿夫；其后是骑马的官吏，大约有100人，都身穿华服，步行官吏大约有200人。[①]

西方记者的描述与《大清会典·舆卫》的记载颇为接近。只不过文中所谓"花轿""伞""扇""彩旗"等物，都有专词特指，例如"花轿"被称为"凤舆"，"木质，髹以明黄，通高七尺，穹盖二重，高一尺五寸五分，上为八角，各饰金凤……舁以十六人。檐销金凤，四柱四周绘金凤，坐具绣彩凤，倚同抚式，皆绣金凤"；"扇"为"凤扇"，有黄红二色，既有圆形的"龙凤扇"，也有非圆形的"鸾凤扇"；"金瓜"有两种，即"卧瓜"和"立瓜"，皆为木制；"彩旗"被称为"凤旗"，缎质，五色。文中所谓"帝王华盖""三重伞"，应是皇后仪驾所用"九凤曲盖""九凤伞""花伞"；"凤伞""凤扇"皆高有丈余。

根据辛普森的报道，朝廷曾给驻京外国公使团发文，请求公使们禁止本国国民在10月15日或16日靠近迎亲仪仗队的必经之路。他对此百思不得其解："人们很自然会问，既然不让人看，皇室搞出如此庞大的婚礼阵势目的何在？"他写道：

> 我有两三个突破障碍的计划，但最终，我接受了某位女士发出的邀请。这位女士与公使团某位成员有往来。她有很多中

---

① 转载于 *Penny Illustrated Paper*, Dec. 14, 1872.

国朋友。她为我在某家商铺找到一个好位置。这家商铺位于仪仗队的必经之路上。

根据他的描述，这家商铺其实是一家又脏又破的鸦片馆子，不过，它不起眼的外观反倒成为不错的掩护。

这家鸦片馆坐落在一条狭窄街道的拐角处，距离皇宫仪仗队将要经过的那条街道非常近。与作者一起蹲点的，还有一位身份不明的女士、一个渴望看到皇后花轿的小女孩，以及一名充当向导的中国妇女。他们四人在15日晚上9点抵达鸦片馆。他们得到的消息是，花轿将在午夜11点左右离开"新娘府"，要在16日凌晨2点前抵达皇宫。这段时间被认为是"吉时"。

作者接下来的描写，有助于我们了解当时中国的面貌，尤其是晚清军队的纪律情况。

因为前厅还在营业之中，辛普森等人不得不先在后院待着，一边喝茶聊天，一边看着烟客们吞云吐雾。后来，他们四人被领到前厅：

> 我们经过一间后房，里面有两到三个人躺在垫子上，正在吸这种令人舒缓的药物，他们没有看见我们。我们来到前厅，那里非常黑暗。窗户以木架为主体，上面糊上薄纸。用指尖在薄纸上戳一小口，就能看见外面的情况。正值满月当空，一切清晰可见。窗外挂着几个灯笼，照引路人。院外，几个士兵无所事事。此时，所有店铺都已打烊，使外面的风景有些荒凉。它让我记起巴黎公社期间巴黎的某条街道：商店和橱窗都关了，街上除了士兵，再见不到其他人。

在仪仗队将要经过的路上，新铺上一层黄色沙土，颜色足以被认为是帝王之色。我们看见一条狗经过这条路，似乎专门赶来表达对皇帝大婚的祝贺……我们能听见值勤士兵说的每一个字。事实上，一些士兵就站在我们鼻子底下。我们谨小慎微地让自己保持安静，耳语交谈时几乎不发声。

让我们感到恐惧的是，忽然有一名八旗士兵向屋门走近。他打开门，进了屋。进屋时，他的衣服还接触到了我。他没有左顾右盼，直接进入后面的鸦片房……这些人在那一天已值勤很长时间，没有吸食已经成为习惯的鸦片。他们的烟瘾早就犯了，把他们折磨得够呛。因为知道这家是鸦片馆，所以那人就冲了进来。鸦片馆的人告诉我们，即便那人看见我们，他也不会告发我们，因为他进屋抽鸦片也是犯罪，不会为了告发我们而连累自己。那天夜里，其他士兵也陆续进出这家鸦片馆。当夜，有一名检查路况的官员经过，他问站在我们面前的那个士兵，是否所有人都被阻止观看了。我们听到这个士兵迅速做出回答："没人有胆子偷看。"我们差点笑喷了。

15日午夜12点左右，辛普森看见返回皇宫的仪仗队最前面的阵容：白马，五颜六色的旗帜，高高的伞和各式巨扇。他写道："因为乌云将满月遮住了——似乎是响应不准偷看仪仗队的诏令——那个时候的光线很微弱，因此，这些东西看上去很是阴森。"排在这个队列之后的，是200盏灯笼，灯笼上写有中国汉字——"囍"。然后是由皇帝赐予新娘的册宝、帝王的华盖及新娘的花轿组成的队列。这个时候，皇后已在花轿里。让人感到奇怪的是，花轿旁有人举着一根正在燃烧的御香。因为中国人吸食鸦片的形象在西方深入人心，作者开起玩笑说，他的第一反应是，这支御香或许是为了方便新娘吸食鸦片。当然，他很快就否定了这种假设，因为"这是完全不可能的，花轿四周并无开口，新娘也完全被吉服覆盖了……这支御香是为了计时，以便可以在'吉时'赶到宫中。"

辛普森写道，只有迎娶皇后的仪仗队有资格经从南门进皇宫，迎娶其他妃子只能从北门入宫。由于无法入宫见证宫中礼仪，他对中国民间婚礼在家中举行的仪式做了一番交代：

> 中国人的婚事有一长串的仪式……新娘一到新郎的家里，两个人就要坐在一起，喝上一杯酒。两只酒杯通过一根红线相连，而且要喝交杯酒。洞房里有各种茶点。值得一提的是，他们要一起敬拜天地。不过，如果新郎娶的不是正妻，就不会有这个动作。他们还要敬拜祖先。婚宴要持续很多天。

对于新皇后仪仗入宫一节，《清穆宗毅皇帝实录》的记载是："丙申子刻，皇后由邸升凤舆，銮仪卫陈仪仗车辂，鼓乐前导，由大清中门行御道，至乾清宫降舆。上具礼服，候于坤宁宫。丑刻，行合卺礼。"次日，即10月17日，同治携皇后先去钟粹宫，向慈安太后行礼，再去长春宫，向慈禧太后行礼。然后皇帝去乾清宫，皇后率其他妃嫔向皇帝行礼。

对于中国皇帝的婚事，西方人难以理解的问题有两个：其一，为何早婚，即十六七岁就结婚？其二，为何盲婚，即婚前甚至没见过未婚妻？正如英国《波迈晚报》(*The Pall Mall Gazatte*)所评论的：

在中国皇帝结婚的这个年龄，英国的孩子们正在伊顿公学或哈罗公学从事学业，中国的皇帝却已承担起了婚姻的责任……在宫廷礼仪的严格规定下，即便是平民都能享受到的最低限度的自由，对天子来说也是禁止的。

《每日新闻》则评论："这似乎是一件非常难的事情。帝王的爱情似乎与普通人的爱情截然不同。但我们可以设想一下，当一个血气方刚的年轻人处于皇帝的位置，在想象未来妻子的模样时，他可能也会在心里勾画他理想中的妻子，也可能会出现像爱情这样的感觉。"

上述评论显然不是对问题的回答。事实上，与两个相对浮于表面的问题相比，西方人更感兴趣的问题是，这种婚姻会对皇帝的性格或人格产生怎样的影响，这种影响又会怎样影响他的生活和国家事务。

1872年12月22日，英国《便士画报》刊登的一篇文章写道：

同治皇帝大婚前一年，太后派了四位"老师"或"婚姻教授"去伺候皇帝。她们都是年轻漂亮的女士。皇帝大婚之后，四人中的一位将被后宫接纳。没人知道皇帝的性格或情感会从中受什么影响。[1]

辛普森则感叹道：

---

[1]　*Penny Illustrated Paper*, Dec. 22, 1872.

　　皇帝做的每一件事情，以及每个人为皇帝做的事情，都必须严格遵循礼仪之书。皇帝生活中的每一件事情，从他出生一直到死亡，都要遵照这本书执行。据说这本书的内容已经增加到200章左右。毫无疑问，其中一定有很多章节涉及诸如皇后的选拔、帝王的威仪等重要事项。但是，我们很难理解的问题是，一部浩若烟海的皇家法典，或者四位"婚姻教授"，如何教给皇帝"爱的艺术"。

　　如果前面提到的那则故事（同治梦见一个驼背的女子）属实，那么，或许可以说明他当时还有正常人的感情和爱，尽管其命运决定了他将不得不受那些面目可憎的礼法的摆布。但是，这种"正常人的感情和爱"到底能保持多久呢？

　　或许正是考虑到这一点，辛普森写道，他很难想象这个皇帝的真实性格。"这个年轻的皇帝被关在整个世界的门外。在众多称号中，他被称为'孤家寡人'。"

　　无论是"孤"，还是"寡人"，都是秦代之前君主的自称。这种称呼原本是谦称。例如，"寡人"的意思是"寡德之人"。据说，君主之所以如此自称，是为了提醒自己要注重德行，推行德政。然而，残酷的政治现实却迫使他们成为真正的"孤家寡人"。皇储自离开摇篮起，就被教导帝王之术，平时不苟言笑，深藏不露，不会多说一句话，也不会多有一个动作或表情。朝臣们也都遵照礼仪行事，不敢越雷池半步。君臣上下十分拘谨。

　　《每日新闻》在同治皇帝大婚期间发表的一篇文章分析了中国皇帝不愿意让西方记者拍照的原因：

由于祖先确定的礼仪规范中，没有列明皇帝该如何面对镜头，该展现何种坐姿等方面的内容，因此，即便皇帝想拍照，面对镜头时也会手足无措。在这种情况下拍出的照片也达不到取悦皇帝的效果。我个人的意见是，摄影师的拍照请求被皇室拒绝应该是一件幸运的事情。

随着西方国家与中国之间的接触日益加深，类似"孤家寡人"这样的词语触动了敏感的西方人的神经。在对中国皇帝婚事的观察过程中，西方媒体中那些记者已经触及中国文化的核心层面。他们忍不住问道：如果一个灵魂如此孤立于其他灵魂，他怎么可能健康地长大和成长？如果一个人的内心几近封闭，从不与其他任何人的心接触，那么，他怎么可能感知并了解外面的世界？

显然，这两个问题并非只针对皇帝的婚事或人格，而是针对中国文化的性格，针对那种自视甚高以至于闭关自守、信奉祖宗之法不可变的中国文化的人格。

在西方媒体的报道中，东方的皇室婚姻与西方的差异得到彻底展现。

中国有所谓"后宫佳丽三千"之说，佳丽的封号与级别五花八门，多种多样。就清朝而言，康熙定下的制度是，后宫以皇后至上，其次为皇贵妃，贵妃，再往下依次是妃，嫔，贵人，常在，答应等。而英语能用的单词只有两个，一个是wife，即妻子；一个是concubine，即妾。

正因为如此，西方媒体对清朝后宫事务的报道，往往让读者难得要领。他们把皇帝的妻妾分为几个级别，有所谓一等妻（wives of the first rank)、二等妻（wives of the second rank）、三等妻（wives of the third rank），这三等之外，统称为妾（concubine），有时也称女仆（female servants）。

之所以存在这种差别，是因为西方宫廷是一夫一妻制，中国宫廷则是一夫多妻制。而且在西方，一夫一妻并非仅宫廷遵守的婚姻原则，而是整个社会都遵循的原则。

因此，可以想象，对中国皇帝的宫廷生活，西方人在猎奇之余，会用自己的道德和伦理对此做怎样的批判，而这背后隐藏的深层次的经济、宗教与文化等方面的差异，又会怎样影响西方与中国的关系。

1873 年 1 月 26 日，《纽约时报》转发了一篇伦敦《康希尔杂志》发表过的文章，题为《中国皇帝的妻子们》。文章写道，在一年中所有重大的节日里，皇后（在妃嫔的参与下）扮演着主要的角色。她要接见朝臣的妻女，要拜访重臣的妻子。大臣去世时，她会亲自吊唁并慰问家属，或者委派三个"一等妻"中的一位作为代表去吊唁。皇后主持后宫事务，判定是非曲直，监督妃嫔的表现。遇有国事场合，要是皇后不能出席，就派"一等妻"作为代表出席。皇后去世，"一等妻"是主要的哭丧者。这里要解释的是，清朝后宫设皇贵妃一人，贵妃二人，因此，西方记者所谓的三个"一等妻"，应该指的是皇贵妃和贵妃。

这篇文章还提到，皇帝有九个"二等妻"，二十七个"三等妻"，以及八十一个"妾"。这些数字符合《周礼》的规定。根据《周礼》和《礼记》，周朝天子有一后、三夫人、九嫔、二十七世妇、八十一御妻。《清史稿》有载，除了一皇后、一皇贵妃、二贵妃，清朝后宫还设四妃、六嫔，贵人、常在、答应则无定数。

根据《康希尔杂志》的报道，"二等妻""三等妻""妾"，要陪同皇后出席所有国葬典礼。她们还要监督宫中的女仆，准备祭祀所需物品。文章不无同情地写道，"妾"的工作最苦最累，"她们的特定义务是协助'三等妻'管理仆人，准备宗教仪式。有的要帮助32个太监裁缝缝制衣物，有的要帮助皇后和其他妃嫔梳妆打扮……让我们想想皇后阿鲁特氏和同治皇帝的其他120个妻妾，她们围绕在年轻的皇帝身边，证明自己与古代的妇女典范一样勤劳"。

文章作者不相信皇帝会满足于宫内的妻妾。原因在于，皇帝出宫处理国家事务的过程中，有很多机会接触其他女性，包括汉臣的漂亮的女儿们，在这个过程中，"他显然不可能无所事事地过日子"。

1886年8月29日，《纽约时报》上的一篇题为《中国皇室的生活》的文章，错误地认为"只有皇后可以与皇帝共寝"。文中有关常在和答应的内容很有意思：

> 皇帝就寝时，龙榻旁伴有8名常在，榻下有16名答应伺候着。常在和答应都由内务府提供。她们的责任是注意皇帝的睡眠情况。她们不允许打喷嚏、咳嗽、吐痰或发出其他任何声音。
>
> 凌晨，看到皇帝睡醒，当班太监会鼓掌示意，其他太监和女婢开始忙碌。皇帝主持新年盛宴时，皇后会坐在他的左侧。只有在新年盛宴上，皇帝才有机会一次见到所有妻子，对妻子们的德行做一番评点。皇后不能直接递食物给皇帝，必须交由太监转递。皇帝想递食物给皇后，也必须交给太监转递。

这篇文章写道，清朝的皇子到了15岁就必须结婚。正室人选确定前一年，内务府会从内八旗为皇子挑选一个婢女，其年龄必须比皇子长一岁，以帮助皇子学习丈夫的义务。

《康希尔杂志》还报道了清朝皇帝宠信妻妾的制度：

> 每月初一至初九，侍寝的是皇帝的妾室。要在81个妾室中选出9个依次侍寝。每月初十至十二日，在皇帝的"三等妻"中选出3个依次侍寝。十三日，由"二等妻"中1个侍寝。十四日，由"一等妻"中1个侍寝。十五日，即月圆之夜，则由皇后单独侍寝。剩下半个月，侍寝次序倒过来。在这种制度的安排下，大约经过四个月，后宫每一个妻妾都能得到皇帝的宠幸。

显然，侍寝制度的制定者似乎相信这样一种理论：侍寝之日的月亮越圆，受孕的可能性也就越高。因此，级别越高的妻妾，越有权利在每月十五日前后侍寝。而如果清朝皇帝果真严格遵照执行（可能性很小），而有关"月圆之日不易受孕"的说法有科学根据的话，那么，这种侍寝制度或许是清朝皇帝的嫡皇后很难产下皇子的原因之一。

觐见皇帝

同治大婚后，西方国家外交官们"期待已久的觐见机会终于到来，此时距离《天津条约》签订已有15年，距离额尔金勋爵与格罗斯男爵在北京签订和约已有13年"。

关于这次觐见，《清实录》的记载十分简单："六月壬子（1873年6月29日），日本国使臣副岛种臣、俄罗斯国使臣倭良嘎哩、美利坚国使臣镂斐迪、英吉利国使臣威妥玛、法兰西使臣热福理、荷兰国使臣费果荪于紫光阁前瞻观。"①

　　相较于《清实录》,《泰晤士报》的报道更为详细,而且其真实性可与《清实录》相印证:

　　　　6月29日早晨,觐见典礼在毗邻紫禁城的紫光阁举行,特使们在那里受到接见。日本大使副岛种臣最先单独被接见。而后,俄国、美国、英国、法国以及荷兰特使按年资顺序走上前,将各国国书置于皇帝面前那张盖着黄色绸布的桌子上。②

　　据报道,6月29日早晨6点,俄、美、英、法、荷五国使者在北塘罗马天主教堂集合,而后在熟悉洋务并曾出使法国的清朝官员崇厚的带领下,前往紫禁城西侧某地,在那里用了一些点心,然后才去紫光阁。文章还特别强调,紫光阁是皇帝接见朝鲜、暹罗、蒙古及其他属国使臣的地方。③

　　作为老前辈,俄国大使倭良嘎哩将军(General Vlangally)代表俄国、美国、英国、法国、荷兰五国使臣用法语向同治做了简短的致辞。德国使馆翻译贝利·俾斯麦(Bery Bismark)将这段话译成汉语。跪在同治面前的恭亲王又将这段话译成满语。同治用满语做了非常简练的回答,其内容是祝各国君主们身体健康。恭亲王将皇帝的回答翻译成汉语。这个历史性一刻很快就结束了。

　　报道写道,外国大使皆身着正装,很多清朝高官都在场。"仪式本身非常隆重,大使们都很满意。""整个过程很安静。"

―――――――――――

① 《清穆宗毅皇帝实录》,卷三五三。
② *The Times*, July 12, 1873.
③ *The Sydney Moring Herald*, Sept. 1, 1873.

但是，觐见皇帝本身并非西方人的目的。正如《泰晤士报》的报道所写，其首要目的是推翻中国人优于世界其他民族的传统观点，并向人们证明，从今以后，中国皇帝将与他国统治者处于平等地位：

> 觐见应该是对新事物及新秩序的认可，而不是对虚假的旧秩序的背书。我们的目标，是让中国的官员和百姓正确看待我们的地位。我非常担心……这件事被视为我们的关系的终点，而不是新的起点，担心大使们满足于已经获得的结果，而忽视可能影响我们真实目的的环境。

作者的担心，主要源自不久以前总理衙门与同治就外国使臣觐见一事的公文对答。《清实录》及《筹办夷务始末》的相关记载如下：

> 丁酉（6月14日），谕内阁：总理各国事务衙门奏，住京各国使臣吁请觐见呈递国书一折。现在赍有国书之住京各国使臣，着准其觐见。

见到这道上谕当日，《泰晤士报》驻上海记者立即将其译成英文并发往报社。事后，记者觉得自己的译文有些"草率"，因此在7月12日发出的这篇文章中再次翻译了这道上谕。他提醒西方人注意其中的措辞：

> 首先，这里有一个让人反感的词——使臣（she-chen）。这个词通常指属国（例如朝鲜、安南和琉球群岛）指派的特使……其次，"吁请"（supplicate）一词为中文独有，下级向

上级提出请求时才用。第三，觐见的地点不是在皇宫，而是在紫光阁——通常是接见属国使臣的地方。

　　如果把这份上谕和这件事放在一起，整个中国的官员和百姓会怎么想呢？他们会不会认为，这些来自属国的可怜的特使们恳求皇帝让他们沐浴在他的阳光下，并得到许可，可以在寻常的地方以寻常的方式觐见？在场的官员们不同程度地了解事情的真相……但是，我看不出这件事会对大部分官员、百姓和文人产生如我们所希望和设计的影响。

这个记者认为，外国大使们应强迫中国皇帝重新发布一道上谕，说明皇帝不仅已经承认与外国人民的友好关系，而且已经突破过去的偏见，在完全平等的基础上承认这种友好关系。他认为"这是唯一的补救方法"。显然，尽管两次鸦片战争都完胜，西方人的顾虑并没有完全消除。

　　据说，总理衙门禁止外国使臣携带武器觐见皇帝，因为这是官方习俗的一部分，但遭到日本大使副岛种臣断然拒绝。"这位大使宣称，除非他在中国皇帝面前的着装与在自己君主面前一样，否则他立即回国。他坚决的语气让总理衙门放弃了立场。顺便提一句，这位大使穿着西装。一位清朝高官对此颇有微词，但是，副岛种臣回答：'我们别琢磨这些小事，让我们谈正事，这是我们来这里的目的。'"

慈禧传说

作为晚清最有权力的人，慈禧受到西方人的关注比光绪更多。但是，西方媒体对她的报道（尤其早期报道）存在许多谬误，主要原因有两个：其一，因为记者无法接近她，只能道听途说；其二，即便报道失实，清朝皇室也不会知道，因为不会有人汇报这些事，而且就算知道，也不会提出抗议，因为抗议本身即有失颜面。

美国加州的《里士满电讯报》（*The Richmond Dispatch*），是较早报道慈禧的媒体。1886 年 1 月 23 日，该报刊登的一篇报道称赞慈禧是"极有谋略和能力的女人，同时也是熟练的外交家"。文章写道：

> 中国的传统是，每位君主要从下一代家族成员中指定继承人。但这一点被同治皇帝忽视了。作为咸丰皇帝（同治的前一任皇帝）的遗孀，太后与恭亲王协同行动，使两位内阁大臣支持载湉当皇帝，而她本人则掌握摄政之权。她曾两度夺取摄政之职：第一次是在丈夫咸丰去世后，年幼的同治当皇帝期间。在这个非常关键的时刻，她为中国做的事情，比这几位皇帝都多。在慈禧太后治下，电报线已铺满中国，铁路也开始修筑。

文章还写道："这位太后将在下个月卸去摄政权，因为届时年轻的皇帝将开始执政。"但这条消息并不准确。不过，这条消息可能并非源自媒体的杜撰，而是来自清廷内部。理由是，慈禧在这一年确实有还政光绪的动作，但时间更晚些。显然，西方媒体提前听到风声。

《清史稿》载："（1886 年）六月，壬申，懿旨，钦天监于明年正月择皇帝亲政日期。"不过，慈禧并非真心退居二线，而是为了试探臣下是否忠心。但她的这番心思已然被醇亲王（光绪之父）洞悉。4 天后，即六月丙子（7 月 15 日），醇亲王与亲王大臣一起上疏，请皇太后继续训政。慈禧没有答应，并且说，皇帝亲政的仪式已定在来年正月十五日举行，现在应该让"枢臣集议，整齐圜法"。又过了4天，醇亲王、礼亲王、吏部尚书锡珍、御史贵贤等再请皇太后继续训政，这才"懿旨，勉从之。命醇亲王仍措理诸务"。

《纽约时报》显然注意到发生在权力中心的这一幕。1886年10月7日，这家报纸刊登的一篇报道写道：

> 年已14岁①的皇帝将从太后手中接过权杖的消息已公布一段时间……占星家正在挑选吉日，然而，应这位皇帝的请求，且此请求已经在亲王们召开的一次会议上得到支持，太后将与皇帝共同执政，直到皇帝年满20岁。因此，官员们今后呈交的公文要准备双份，一份交给皇帝，一份交给太后。太后作为统治者一直很成功，这个安排是一个明智的选择。

《清史稿》载，光绪十三年正月，辛丑（1887年2月5日），光绪亲政仪式正式举行，"以亲政遣官告天地、宗庙、社稷，祈谷于上帝"。两天后，即元宵节这一日，光绪开始亲政，"颁诏天下，覃恩有差"。

众所周知，还政皇帝只是慈禧堵住悠悠之口的幌子。就在光绪亲政当月，慈禧还颁下懿旨，命"醇亲王以亲王世袭罔替，朝廷大政事，仍备顾问"。显然，她并不认为皇帝有亲政的能力。

语言文化上的差异也是导致报道失实的重要原因。

---

① 其实已15周岁。

1900年6月27日，美国宾夕法尼亚州《斯克兰顿论坛报》上的一篇文章，误将慈禧称为慈安（Tsi An），将已于1881年过世的慈安称为慈禧（Tso Shi）。这篇文章的题目是《太后陛下》，作者是美国前驻香港副领事怀尔德曼（Edwin Wildman）。怀尔德曼曾为《纽约杂志》写过一篇关于慈禧的特稿，《斯克兰顿论坛报》上的这篇报道，是之前特稿的精简版。由于无法找到作者特稿原文，我们无法确定人名上的错误，是怀尔德曼所为，还是《斯克兰顿论坛报》的改写者或编辑所为。

在《太后陛下》一文中，慈禧（原文"慈安"）被称为"当今世界上最美妙的女人"，而且比历史上所有最美妙的女人都更出色：

> 她生而为奴，如今手下奴隶逾万；她生而被人忽视，如今却执掌天下。她统治着4亿人口——占全球人口的三分之一。40多年前，她只是一位毫不起眼的总督家里的一个无关紧要的女孩子，而现在，她拥有价值1500万美元的钻石、珍珠、红宝石、蓝宝石，以及数不清的其他财宝。没有人（甚至包括她的医生）敢正视她。甚至连李鸿章也曾因为不小心进入陛下神圣的花园而遭到她的羞辱和惩戒。

与前述《里士满电讯》的报道相同，此文作者也认为慈禧极有谋略、心狠手辣，因为"所有阻挡她前进的人（包括皇帝和皇室其他成员）都已去世或消失了。在她的懿旨中，她将这些人的死亡优雅地称作'归天'"。咸丰死后，其子同治只统治了很短一段时间，刚刚出现独立的苗头，就死了。她还害死了同治的妻子阿鲁特氏。咸丰皇帝的遗孀慈安也"神秘地去世了"。

在作者笔下，慈禧幼时就显示出非凡的野心，父亲是叛乱的牺牲品，甚至被称为"难民"。由于庄稼被毁，房舍被烧，财产被没收，他带着妻子和女儿往南流窜，希望在那里重建家园。但他渐渐绝望了，最后在河南（Honan）一个小镇停了下来，行乞为生：

> 然后，他听从朋友的建议，将漂亮的女儿卖给当地的总督。总督把她当亲生女儿一样抚养和教育。她长成一个聪明的美少女。她后来被当作给皇帝的礼物送到北京。慈禧刚一接近咸丰皇帝，就机智地凭借自己的媚术和口才把他征服了，因为她不是普通的女人……她的祖先有良好的满族血统。祖父是一个文官。因此，她继承了一些天分。而且很快，她就将这些天分付诸实际。

这一说法与正史记载不同。

《清史稿》载："叶赫那拉氏，安徽徽宁池广太道惠征女。"另据清宫档案，慈禧的祖父景瑞是文官，国子监毕业之后，做过八品官笔帖式，后来官至五品。

从内容上看，《太后陛下》一文可能摘自纽约小说家凯斯琳·格雷·纳尔逊（Kathleen Gray Nelson）的作品《Tuen，奴隶与皇后》（*Tuen, Slave and Empress*）。1898年8月6日，《纽约时报》在推介这本著作时，摘录了其中一个故事：

> 太平天国叛军离开后，河南满目疮痍。Tuen的父亲Niu Tsang来河南找工作。一个陌生人给他们送了点食物。当发现Tuen一个人在寺庙里，这个陌生人跟她讲了耶稣的故事。
>
> 后来，Tuen一再追问父亲："谁是耶稣？"

父亲严厉地回答："他是洋鬼子的神，孩子。他不像孔夫子那么有学问，也不像佛祖那么伟大，否则你早就听说过他。"

Tuen若有所思，没有注意到父亲已皱起眉头，又问道："但那个人称他为'慈爱的神'，有这样一个慈爱的神吗？"

父亲斩钉截铁地回答："没有。所有的神都恨人的孩子。但是，因为我们祈祷，上香，他们偶尔也能听到我们。"

在这个故事里，Tuen被父亲卖给一位总督，因为这样能帮家人度过饥荒。到了总督家里，Tuen还与凶恶的总督夫人斗法。总之，故事里处处体现出她的勇敢和聪明。最终，"这个小女奴成为中国的皇后，成为地球三分之一人口的真正统治者"。[①]

显然，这本书更是一个具有浓厚宗教色彩的励志故事，而非具有可信度的人物传记。根据《清史稿》的记录，慈禧生于1835年，咸丰元年（1851年）"被选入宫，号懿贵人"。换句话说，太平天国起义时，她16岁，已入宫。

西方媒体没有忽视太监的重要性。《太后陛下》一文即提到，正是通过太监的帮助，慈禧与前来觐见皇帝的朝臣及地方督抚建立了关系，并在他们心里逐渐树立起威信。

在所有太监中，李莲英最为西方媒体所知。美国《里士满电讯报》刊登的一篇文章将他称为慈禧的"财政部长"和"贿赂征收者"：

他将太后的钱用来投资当铺，或者放高利贷，他本人则

---

① *The New York Times*, August 6, 1898.

通过回扣受益颇丰。据说，他的身家达几千万美元。除了中国人，没人能了解并欣赏基于公职的贿赂。进宫的每一位官员都不得不贿赂这个"皮匠之子"，甚至连李鸿章也曾因为难以忍受过分的贿赂而被拦在宫外达三日之久。有人告诉我，慈禧太后每年花在宫殿上的开支达到3000万美元，其中很大一部分都来自这种敲诈。①

文中所谓"皮匠之子"，可能是对李莲英"皮硝李"绰号的误读。李连英是河北人，比慈禧小13岁。根据清宫档案，他13岁入宫。而据民间传说，他入宫前曾因私贩硝磺入狱，出狱后又改行修皮鞋，故有"皮硝李"的绰号。

西方媒体对太监的情况比较熟悉。美国记者卡朋特将太监称为"朝中最有影响力的男人"。他在一篇文章中提到这样一个故事：

距紫禁城不远的地方，住着一户有钱人。某日，他们朝空中放火箭（烟花的一种），余烬落入一个太监的庭院中。这个太监决定报复。他把慈禧太后引到皇宫高楼上，将这个富人的住址指给她看，并说，这个人一定有某种不可告人的目的。慈禧太后相信了他的话。于是，一纸公文送到这个富人家，要求他立即赔偿一大笔钱，或者以宅院作为赔偿，否则太后将抄他的家。这个富人支付不起这笔赔偿金，又不想放弃自己的宅院，于是在绝望中自尽。②

---

① *The Richmond Dispatch*, Oct. 24, 1909.
② *The Omaha Daily Bee*, Feb. 3, 1889.

卡朋特解释，太后之所以有权这样做，是因为根据中国的法律，"整个国家都是皇帝和皇后的"。他还告诉西方人，最迟在公元前1世纪，宫里就有了太监这种职务。

讲到太监，需要指出的是，清太祖、清太宗吸取明亡教训，未在宫中配置宦官。清朝的宦官制度始于清世祖，即顺治皇帝。《清史稿》载：

> 太祖、太宗鉴往易轨，不置宦官。世祖入关，依明宫寝旧制，裁定员额，数止千余。谕曰："朕稽考官制，唐、虞、夏、商未用寺人。周始具其职。秦、汉以后，典兵干政，流祸无穷。"敕官员毋与内官交结。复于交泰殿铸铁碑，文曰："以后有犯法干政，窃权纳贿，属托内外衙门，交结满、汉官员，越分擅奏外事，上言官吏贤否者，凌迟处死。"①

但是，潘多拉的盒子一旦打开，流毒非一泻到底不会罢休。到了个性奢靡的乾隆皇帝的时代，顺治规定的宦官定额已不能满足需要，于是，下诏"制宫中苑囿，综计不越三千"，并以"明代内监多至数万人"为理由，堵住反对者之口。

根据卡朋特的报道，美国国务院曾收到一份讲述清宫太监情况的报告，内容包括：晚清清宫里有3000名太监；非皇族血统者无权拥有或雇用太监；皇室成员拥有太监的数量也有严格规定：

> 有皇室血统的亲王及王妃，以及皇帝的成年子女，有权使

---

① 《清史稿》，卷一百十八，志九十三。

用30名太监；皇帝的侄子和幼子最多能使用20名太监。宫中还有18名喇嘛，他们为宫中女性祈福，并提供精神上的指引。这些喇嘛也是太监……宫中太监隶属48个部门。他们各司其职。普通太监月收入为2美元到12美元不等。

根据这份报告，亲王每隔5年都要向皇宫提供8名小太监，并且每提供一名小太监，都会从宫里得到约300美元（约合375两白银）的补贴。根据清宫档案的记载，送李莲英进宫的，即是郑亲王端华。他进宫时的名字是李进喜，"莲英"是慈禧的赐名。

慈禧的性格，与她的身世一样，是西方媒体关注的焦点。

美国《里士满电讯报》报道说，这位太后生性奢侈，做任何事都讲究排场，修缮宫殿的开支更是天文数字。在其生命中最后一年，她还计划在颐和园盖一座新宫殿，已让建筑师画了设计图。"这些建筑将花费400万两白银，约合300万美元。工程原定1909年开始，计划已经制订出来了。但是，因为太后已死，工程将不会实施。有人告诉我，对于自己的陵墓，太后做了非常详细的指导，工程十分庞大奢华。"

这篇报道发表于1909年10月，即慈禧去世一年之后。文章写道：

> 在她60岁生日的时候，中央和地方大臣都要送她礼物，结果是，送到北京的生日礼物总价值达到7000万美元。由于当时中国正在和日本交战，其中一部分钱被用于战事。中国海军战备条件之所以差，据说部分因为这位老太后贪图享乐。

李鸿章曾请求拨付1500万美元用于添置新的战舰。慈禧太后说，浪费这么多钱去买战舰真是遗憾。结果她挪用了海军费用，建造了一座新的宫殿。很多官员对此表示抗议。他们说，这笔钱不应该算在海军费用之中。慈禧太后回答："这事简单。"她立刻命人在新落成的宫殿大门刻上几个字——这里是海军的宫殿。①

文中所谓"海军的宫殿"，指的是颐和园。

颐和园原为清漪园。1860年英法联军入侵北京后，毁掉的除了圆明园，还有清漪园。据学者张宝章考证，1885年，海军衙门成立后，慈禧即以建设海军为名，要求各省年年拨付巨款，重修清漪园，作为她颐养天年的地方。1888年，清漪园更名为颐和园，修建工程则一直持续到1895年。自1891年起，慈禧长住颐和园，直至去世。

至于重修颐和园挪用的海军军费的具体数额，学者陈先松的研究结果是：

颐和园工程经费约为8 145 148两，出自海军衙门经费7 375 148两，总理衙门经费770 000两。除了本为颐和园工程而筹的"海军巨款"息银321 183两，属于"挪用"性质的海军衙门经费数额约7 053 965两，"挪用"的海防专款数额不会超过668 265两。②

慈禧有专横的资本。正如怀尔德曼所写，甚至连外国人也极力巴结她，"俄罗斯人殷勤地向她献上黑貂皮，西班牙人和法国人则

---

① *The Richmond Dispatch*, Oct. 24, 1909.
② 《历史研究》，2013年第2期。

献上珠宝"。[1]美国记者卡朋特则写道："官员们在她面前会发抖，丝毫不敢违背她的意愿，因为他们知道，只要慈禧一句话，他们的脑袋就要搬家。"他还提到一则听来的故事：

> 慈禧临终之际，一些大臣提议让另外一位皇子当皇帝，而不是按照慈禧的旨意，让溥仪当皇帝，让醇亲王载沣摄政。得知消息后，慈禧挣扎着起身，说："你们以为可以哄骗我，因为我老了。我肯定你们的死期到了。"

关于慈禧的人品，西方人的看法并不完全相同。

有人说，慈禧是仁慈和光明的天使。1905年10月，美国《世纪杂志》上的一篇文章引述曾给慈禧画像的凯瑟琳·卡尔小姐（Miss Katharine Carl）的话说，慈禧是一位善良和气的老人。美国驻华公使康格的夫人则称慈禧是一位学者和艺术家。《泰晤士报》驻北京记者乔治·莫里逊甚至收藏了她的画作。卡朋特则提到慈禧的书法水平很高：

> 接见美国公使夫人萨拉·康格和其他女士时，她赏赐她们每人一幅她的书法作品。她说："有人说我不会写字，我这就写给你们看。"她命人准备一大张红纸，然后用毛笔写了一些漂亮的中国字。

但更有人说慈禧是"恶魔的化身"。卡朋特向西方读者转述了

---

[1]　*The Scranton Tribune*, June 27, 1900.

一则"在北京官僚圈子中悄悄流传的故事"。这则故事可能是以珍妃的故事为原型。大致意思是，慈禧察觉到光绪的某个妃子背叛了她。某日，她将光绪和他的妃子都叫到面前，命二人跪下，开始数落他们的背叛罪行。她对光绪厉色说："我现在让你知道背叛我的下场。"在她的示意之下，侍卫用一条丝质绳子将光绪的爱妃勒死了。

不过，即便如此，卡朋特仍然认为慈禧是一个对朋友真诚的人。"坐在龙椅上的溥仪就是一个活生生的证据。"朝中某位大臣告诉他，慈禧之所以立溥仪为帝，就是为了报答荣禄（溥仪的外公）在"戊戌政变"时立下的功劳。

相对于西方非政界人物，政界人物在慈禧人格问题上的争论更为激烈。

美国驻华公使田贝曾将慈禧称为世界上最伟大的女人，并认为她"将与俄国的叶卡捷琳娜女皇、英国的伊丽莎白女王和维多利亚女王并肩名垂青史"。结果是，他对慈禧的这番赞美惹怒了英国人。他们认为田贝贬损了英国女王的声誉。他对慈禧的赞美甚至被称为"不可原谅的无耻表白"。1900年6月24日，《纽约时报》发表的一篇文章写道：

> 田贝之所以如此表白，是因为他脑子生锈了，完全不知道自己在说什么……如果某个高妙的历史考证者要为慈禧太后（她更可能是叶卡捷琳娜女皇的同类而非维多利亚女王的同类）平反，那么，他无疑将从田贝和马汀博士的证词那里找到很多安慰。①

---

① *The New York Times*, June 24, 1900.

马汀博士，中文名丁韪良，美国基督教新教教会长老派传教士。他是一个极富传奇色彩的人物，曾在中国居住并传教45年。1869年，他受聘为同文馆总教习，并担任国际法课程的教授。他还是第一位从北京出发，经京杭大运河抵达上海的外国人。他将这段经历写成文章，发表在《亚洲学会杂志》(*The Journal of the Asiatic Society*)上。他因为这段经历而闻名于西方社会。他在一本书中写道，在中国，能与慈禧太后媲美的皇后少之又少，慈禧"是妇女的代表，是一个受过教育的、对人民的灾难充满同情的人，她极具爱国心"。

上述文章中提到的叶卡捷琳娜女皇，是18世纪中后期俄国的统治者。1762年，她谋害了自己的丈夫，沙皇彼得三世，自己加冕为女皇。据说她有很多个情人。

西方人对慈禧的"放荡"印象，部分来自康有为的宣传。正如《纽约时报》所写："康有为可能不被认为是毫无偏见的证人，但值得注意的是，他指责这位老妇人整日耽于逸乐，还说她不学无术，完全不懂外交事务。因此，当听到办大学、修铁路、开矿设厂、鼓励商业、促进农业等方面的请求时，她坚决拒绝批准任何一项。"

李鸿章在接受卡朋特专访时说的话，可以看成是对康有为相关言论的回应。专访内容刊登在1900年9月23日的《共和报》上。从中，我们感受到19世纪末中国政坛的尴尬气氛：

　　卡朋特："我知道，阁下，慈禧太后对铁路和所有现代化的东西都排斥。"

　　李鸿章："并非如此。她很喜欢现代的好的东西。但是，在接受它们之前，她希望我们确保它们是好的东西。报纸对中国政府的很多报道是不真实的。"

卡朋特："是的。但是，阁下，报道真实的中国很难。据说，慈禧太后将皇帝关在皇宫中好几个月。这是真的吗？"

李鸿章："不，不是真的。皇帝与慈禧太后一起召见群臣，一起处理国事。"

卡朋特："那么，谁是中国真正的统治者呢？谁在治理这个帝国，皇帝还是慈禧太后？"

（沉默了一会儿）李鸿章："慈禧太后是真正的统治者。"

卡朋特："但是，阁下，让年轻的皇帝当傀儡，让一个老妇人统治国家，不是一种奇怪的方式吗？"

李鸿章："我不这么认为。中国与英国的情况并无不同。威尔士亲王[①]的年龄也足够大了，但是，维多利亚女王仍然统治着英国。慈禧太后非常聪明。"

卡朋特："但是，阁下，她对中国了解些什么？她没有对这个帝国进行过考察，也从未出宫与人民在一起。"

李鸿章："维多利亚女王个人对英国也一无所知。她偶尔去趟苏格兰，偶尔也去法国南部。她不得不从臣子那里了解情况。慈禧太后也是如此。"[②]

听到李鸿章的回答之后，卡朋特还问了一个问题："阁下，中国政府不会很快改变吗？"或许是因为翻译的问题，或许是因为记录的问题，或许是出于编辑的考量，或许李鸿章没有回答，总之，这篇报道引用了李鸿章在接受专访几个星期之前说过的一段话："中国有一个叫康有为的革命者，还有其他的革命者，他们想改变中

---

① Prince of Wales，英国皇储，时年59岁。

② *The Republic*, Sept. 23, 1900.

国，使其成为一个共和国，像美国那样。对你们来说，这样的政府运转良好，但对中国而言却不会如此。像英国、德国和俄国一样，我们也有一位君主。中国将继续这样下去。"

李鸿章显然过于乐观了。

第十章 王朝末日

正如前文所言，甲午战争之后，东亚新秩序逐渐形成，日本"脱亚入欧"，中国则沦落到被瓜分的惨淡境地。因逼迫日本还辽有功，俄国、法国、德国三国利用中国政府的优待政策，打破英国的垄断地位，逐渐扩大各自在中国的势力范围。

瓜分中国

1897年12月26日，《旧金山日报》刊登的一篇文章道出了中国当时所处的险境。这篇题为《中国处于欧洲的枪炮之下》的文章引述美国俄亥俄州一家媒体的评论，英国、法国、德国及意大利等欧洲列强已将非洲分解，各取一块，一切几乎是悄无声息地完成，这在世界历史上从未有过。"中国现在就是鱼肉。他们贪婪的眼睛正注视着它。争夺才刚刚开始……每个强国都想切走天朝的一部分。除非盗贼们手脚无力，否则，中国的瓦解将不可避免。"①

在刊登这篇文章的版面的中央，编辑布置了一幅中国东部地

---

① *The San Francisco Call*, Dec. 26, 1897.

图，面积占版面的三分之一，上面用点线标注了英、法、德、俄、葡5个欧洲国家及日本的势力范围。在地图的右上方，编辑用三句话点出"这个帝国的致命弱点"。

第一句话出自曾帮助曾国藩和李鸿章镇压太平天国的戈登。他说："中华民族最大的弱点是政府中各式各样、无处不在的腐败。"

第二句话出自一位未透露姓名的中国领事。他说："我们正在努力用现代化来改造自己，以抵御外国侵略者。但我们可能太迟了。如果列强坚持要瓜分中国，我们一定会屈从于这个无法避免的命运。"

第三句话出自一位未透露姓名的日本领事。他说："我认为局势很危险。列强必定会对瓜分中国感兴趣。"

在另一篇文章中，这位日本领事痛斥中国在过去几个世纪中"一直沉睡在孔子的臂弯里"。他认为中国对儒学的态度过于僵化，"中国只有认识到孔子已经死去，只有他的道德教化应该存留于世，才有可能觉醒"。

他批判了中国盲目自大的政治和地理观念："中国人一直认为中国是地球的中央王国，所有其他国家仅仅是分布在大洋中的孤岛，即便这些国家现在还没有臣服，迟早有一天也会向这个中央王国称臣。最近的战争可能会让中国人认识到，是时候研究一下地理了。地球不是平的，它是一个球体，中国只是上面的一小部分。"

美国《圣保罗环球报》刊登的一篇题为《瓜分中国》的文章感叹道：

> 罗马帝国摇摇欲坠之时，欧洲人已经知道，在遥远的东方有一个伟大的王国，但它的面貌是如此神秘，它的实力是如此强

大，以至于连恺撒大帝都不敢梦想去征服它。富有冒险精神的旅行家们也都消失在神秘东方的黑暗之中。偶尔会有语焉不详的报告传到欧洲，讲述中华（Chunghwa）——一个华丽王国的奇迹。那里的国王是天神的后代，那里的文明有不少于5000年的历史。

……

鸦片战争之后，发生了奇怪的变化。但是，直至大胆的蕞尔小国日本在鸭绿江一役摘下戴在不为人知的中国脸孔上的面具，欧洲才知道这个东方大帝国到底有多么的虚弱。它已经做好了被列强瓜分的准备。

但是，尽管"瓜分中国"已经成为世纪末的寻常词汇，这个巨龙之国还没有被分割。对东方领土垂涎三尺、满脑子"势力范围"的欧洲莫名其妙地发现，一个国家不能随随便便地被切割，然后像一块一块馅饼似的传来传去。列强彼此嫉妒地注视着，没有哪个国家敢采取行动。在此期间，中国本身则继续沉溺于异教徒式的享乐。①

按照19世纪美国政论家阿瑟·斯特林格（Arthur J. Stringer）的说法，在"瓜分中国"这件事上，意大利、法国、德国和俄国可以看作一个阵营，美国和英国则是另一个阵营。对这个问题感兴趣的不同强国所持的态度，直接反映出每个国家的东亚政策。

斯特林格称，英国从未想过瓜分中国。正相反，它的政策一直是反对俄、法、德等列强瓜分中国。这个被拿破仑称为"店小二民族"（shopkeeping）的国家只是希望继续像以往那样做生意。只要

---

① *The ST. Paul Globe*, March 26, 1899.

他们能够修建中国的铁路，他们不在乎由谁制定中国的法律。英国要求的是享有与其他国家一样的优先权。

美国人的态度与英国人接近。他们要求"与'中国佬约翰'做生意的权利，不被本地人和外国人打扰"。

至于贪求东方土地的俄国，它拥有的是寒冷而贫瘠的土地，而就在这块土地的南边，有一块值得一再冒险去争夺的肥沃领土。正因为有向南移民的梦想，才演化出庞大的跨西伯利亚铁路的想法。

早在19世纪50年代，这条铁路的修建就已经开始，但直到1891年，才真正开足马力进行修建。在这一年的5月，尼古拉二世（未来的沙皇）结束了环游世界之旅，离开了最后一站日本，来到了太平洋西岸的海港符拉迪沃斯托克。他在那里启动了跨西伯利亚铁路远东段的施工工程。他在日记中憧憬着可以坐着舒适的"沙皇号列车"（The Czar's Train）穿越西伯利亚荒野。[1]

这条近1万千米的铁路使俄国能够迅速调运兵马和物资，便于其在政治、军事、经济、文化等方面向东亚全方位扩张。它的起点是圣彼得堡，终点正是符拉迪沃斯托克港。因为这个港口在一年中有7个月被冰层覆盖，辽东半岛的旅顺港成为俄国的目标。

在中国与日本交战时，俄国已将领土从乌拉尔山脉扩张到太平洋，并正在往南向北京靠近。拥有了印度的英国，则从西到南全方位地关注这场战争。考虑到维持均势的需要，英国当时也在构思自己的东北亚政策。

因此，甲午战争刚一结束，"俄国熊"就猛扑旅顺港，"英国狮"则占据威海卫。之后，德国人抓住传教士被谋杀的机会，以此为借

---

[1]　S. G. Marks: *Road to Power: The Trans-Siberian Railroad and the Colonization of Asian Russia, 1850–1917.* New York. 1991.

口占据了胶州湾。这意味着德国可能进一步觊觎中国的腹心地带。德国占据胶州湾，引起了英国深层次的怨恨和不信任。

列强瓜分中国的结果是，在名义上和表面上，中国仍然完好无损，但实际上已被秘密地瓦解了，而且这种瓦解以无可比拟的速度进行着。

按照美国《圣保罗环球报》的说法，1899年前后，中国的政治版图基本上是这样的：除了满洲和内地十八省，其他地区都在接二连三地脱离中国的控制。缅甸和尼泊尔已成为英国的领土，暹罗事实上也落入英国手中；西藏和朝鲜仍在向皇帝象征性地纳贡，蒙古和新疆已不再完全听命于清政府；安南落入法国手中；俄国事实上占领了部分东北地区；香港受英国控制，整个长江流域也有这个趋势，但是遭到俄国的抵制。

变　法

甲午战争之前，正如前文提到的那位日本领事所言，整个中国一直"沉睡在孔子的臂弯里"，但战败之痛唤醒了这个国家。从那以后，中国人开始在"改革"与"革命"这两条路线中选择救亡图存之策。

改革方面，"戊戌变法"无疑是最重要的尝试。变法始于1898年6月10日，终于同年9月21日，历时约百日，故称"百日维新"。

根据光绪下发给内阁的上谕，变法大体遵循的原则是："以圣贤义理之学植其根本，又须博采西学之切于实务者，实力讲求，以救空疏迂谬之弊。"[①] 不难看出，基本上仍是"中学为体，西学为

①《清德宗景皇帝实录》，卷四一八。

用"，并未脱离19世纪60年代"洋务运动"的框架。主要不同之处在于，"洋务运动"是自下而上的改革，"百日维新"是自上而下的变法，前者由地方大吏主持，后者则令出九五之尊。至于"戊戌变法"的具体内容，除却政治体制及礼教根本未敢有动，经济、军事、教育等领域无所不包。

西方媒体对此也多有报道。6月16日，一条发自伦敦的报道将变法看作"中国正在觉醒"的信号，对中国政府推动商业发展的措施极为赞赏。[①]9月20日，《纽约时报》刊登的一篇报道则将变法称为"中国进步"的标志，是"对现代文明的觉醒"。[②]

对于这次变法，西方媒体早有预见。3月27日，英国《每日电讯报》驻北京记者在一篇题为《中国：当下与未来》的文章中写道：

> 这里的大多数人确信，中国正在经历她命运中的一场危机，在很大程度上，整个远东的命运取决于她应对危机的结果……中国能够并且将要进行改革。这是对中国观察最久、最深的那个人的观点。罗伯特·赫德（他63岁的生命中有44年在中国度过）对这一点毫不怀疑。在清廷效力了30年，担任同文馆总教习，并且对中国文学及哲学的研究极有造诣的丁韪良博士也同样有信心。外部压力对中国有好处，但这个国家需要和平。中国人自己很清楚，他们正立于悬崖边上。[③]

---

① *The West Australian*, June 18, 1898.

② *The New York Times*, Sept. 20, 1898.

③ *The Daily Telegraph*, March 27, 1898.

但是，这次变法最终失败了。至于失败的原因，西方媒体倾向于认为是俄国与英、日两国竞争的结果。

9月21日，即变法结束当日，英国《每日邮报》驻北京记者发布一条消息说："慈禧太后对俄国的被动……以及英国驻华大使克劳德·麦克唐纳爵士（Sir Claude MacDonald）在李鸿章降级之后的态度十分愤怒。她已经接见俄国驻华公使巴布罗福（M. Pavloff），并与之长谈了几次。"①

9月23日，美国《盐湖城先驱报》发表的一篇文章写道："突然发生的政变，据说是因为慈禧太后要阻止伊藤博文成功完成其使命。这个日本政治家最近来到北京，其目的是使中国与日本结成攻守同盟。"②

9月25日，《泰晤士报》刊登的一篇报道写道，"后党"早已与俄国人达成谅解。考虑到俄国的利益，俄国人支持满人继续坐江山。"根据双方的协议，从1897年开始，在慈禧太后的懿旨下，所有满族高级官员及军官被逐步更换，这是导致慈禧与光绪帝摩擦的根源。"

需要交代的背景是，甲午战争之后，李鸿章的直隶总督及北洋大臣之职皆被解除。但是，因为对外交事务比较了解，1896年2月，他奉命以文华殿大学士、头等公使的头衔出使俄国，参加28岁的沙皇尼古拉二世将于当年5月举行的加冕典礼。他还要顺道出访英、法、德、美四国，"以固邦交"。随他出访的有"熟于俄事"的副使邵友濂，以及"兵部主事于式枚等十员，副税司柯乐德等五员"。

根据《清德宗景皇帝实录》的记载，5月28日，光绪采纳了御史张仲炘及总理衙门的建议，命李鸿章乘着出使俄国的机会，以同

---

①　*Daily Mail*, Sept. 21, 1898.

②　*The Salt Lake Herald*, Sept. 23, 1898.

意俄国在东北铁路一事上的要求为条件，与俄国协商"改定税额"，以振商务。他们的考虑是，如果俄国能够答应，则树立了先例，"他国当无异议"，此事"裨益国计，良非浅鲜"。

6天之后，李鸿章与俄方签订所谓《中俄密约》，主要内容大体是中俄建立防御同盟，合力对抗日本，中国同意俄国的跨西伯利亚铁路通过中国境内，"于中国黑龙江、吉林地方接造铁路，以达海参崴"。至于"改定税额"之事，却并未定在此《密约》之中。

自此之后，随着局势的进展，西方媒体基本认为中国朝廷分为两派，以慈禧和李鸿章等人为首的亲俄派，以光绪和张荫桓、康有为等人为首的亲英日派。

伊藤博文本人则认为中国保守势力的强大是变法失败的主要原因。根据《盐湖城先驱报》发表的一篇文章的记录，9月21日，在变法诏书颁布之前，伊藤博文曾在接受媒体采访时说，光绪帝在9月20日以一种非常诚恳的态度接见了他。"中国的皇帝说，他希望从伊藤伯爵那里得到有关改革的建议。但伊藤伯爵当时就担心，中国官员的懈怠与保守态度将废止改革，尽管他相信皇帝本人有改革的诚意。"

9月20日，光绪确曾接见伊藤博文。《清德宗景皇帝实录》有载："丙戌（9月20日），御勤政殿。日本国前总理大臣侯爵伊藤博文，署使臣林权助暨翻译随员等觐见。"

根据在中国生活了近半个世纪（1870—1916）的英国传教士李提摩太撰写的回忆录，戊戌变法期间，康有为邀请了两个外国人担任皇帝的顾问，一位是李提摩太，另一位就是伊藤博文。伊藤博文抵达北京的时候，朝中局势已经非常危险，康有为正准备逃往上海。李提摩太写道：

听到袁世凯投向了慈禧太后，太后掌握了军队的消息之后，伊藤博文说道："太晚了。没有军队，皇帝什么也做不成。"他立即离开了北京。[1]

伊藤博文的判断是十分正确的。9月21日，派遣礼部尚书熙敬祭拜先师孔子之后，光绪帝向内阁下发了一道恳请慈禧太后训政的上谕：

> 现在国事艰难，庶务待理，朕勤劳宵旰，日综万几，兢业之余，时虞丛脞。恭溯同治年间以来，慈禧端佑康颐昭豫庄诚寿恭钦献崇熙皇太后，两次垂帘听政，办理朝政，宏济时艰，无不尽美尽善。因念宗社为重，再三吁恳慈恩训政，仰蒙俯如所请，此乃天下臣民之福。由今日始，在便殿办事，本月初八日（秋分，9月23日），朕率王大臣，在勤政殿行礼，一切应行礼仪，着各该衙门敬谨预备！[2]

10月23日，美国华盛顿特区《时报》发表的一篇文章评论，变法之所以失败，是因为对王公贵族和朝廷大员来说，这些改革措施"等同于革命"，因此无法容忍。

康有为的逃亡

"戊戌变法"失败后，西方媒体对维新派的命运十分关注。

---

① 李提摩太：《亲历晚清四十五年》，天津人民出版社，2005年，第247页。
② 《清德宗景皇帝实录》，卷四二六。

9月25日，即变法失败后第4天，《泰晤士报》驻北京和上海的记者发布了一条消息：

> 张荫桓（李鸿章的敌人）被指控窝藏了康有为，已经被捕，现正在刑部接受审问。他将被褫夺所有公职，他的下马意味着李鸿章权力的增加。

> 官员们普遍欢迎慈禧太后重新掌权，老百姓则对此漠不关心。康有为被指控阴谋反对慈禧，已经被通缉。

> 康有为抵达上海吴淞口之后，很快就被安全地送上"巴拉瑞特"号轮船，第二天前往香港。在昨天的采访中，他对我说，他是周二①离开的北京。他的离开是遵照皇帝给他的密旨。皇帝警告他形势很危险，敦促他去请求那些关心这个国家福祉的人的帮助。康有为还说，变法的失败完全因为以慈禧太后和总督荣禄为首，包括所有满族高官在内的满洲一派对皇帝倾向于维新派十分不满，因而决定让太后重新摄政。

> 康有为确信，如果没有英国的帮助，维新派就不可能压倒对手……英国现在有了干预此事、帮助皇帝重新亲政的机会。②

光绪帮助康有为逃生一事很有意思。根据《清德宗景皇帝实录》的记载，9月17日，光绪帝给内阁下发一道上谕：

> 工部主事康有为，前命其督办官报局，此时闻尚未出京，实堪诧异。朕念时艰，思得通达时务之人，与商治法。闻康有

---

① 9月20日，变法失败前一天。
② *The Times*, Sept. 25, 1898.

为素日讲求，是以召见一次，令其督办官报。诚以报馆为开民智之本，职任不为不重。现筹有的款，着康有为迅速前往上海，毋得迁延观望。①

不难从上谕中得出两个判断：其一，康有为确实是奉旨去上海；其二，如果上谕意在帮助康有为逃生，那么，最迟在9月17日，光绪知道大势已去。

11月7日，《纽约时报》刊登的一篇文章（原发香港《中国邮报》）提到，光绪给了康有为两道密旨，其中一道说："事态紧急，皇位恐难保。因此，你必须与你的朋友们仔细商议，想办法救我们脱困。我们彼此心照。我会耐心等待你们的帮助。"其内容与《泰晤士报》的报道基本相同。

如果康有为所言属实，则不难得出结论：光绪是以"明诏"助其开道，以"密旨"命其逃生。但是，康有为将光绪授予其"密旨"一事通过西方媒体公诸天下，显然违背了皇帝的本意。不难想象，康有为此举在自抬身份（无论他是否有意）的同时，把对他有知遇之恩的光绪皇帝推向了更加危险的境地。

如果光绪帝是在9月17日知道大势已去，那么，他有可能是在向慈禧太后问安的过程中得到这个判断的。根据《清德宗景皇帝实录》的记载，9月16日，"上诣颐和园乐寿堂问慈禧端佑康颐昭豫庄诚寿恭钦献崇熙皇太后安。至甲申（9月18日）皆如之"。

9月16日，光绪向慈禧问安之后，立即提拔了袁世凯。他在给内阁的上谕中说："现在练兵紧要，直隶按察使袁世凯办事勤奋，

---

① 《清德宗景皇帝实录》，卷四二六。

校练认真，着开缺以侍郎候补，责成专办练兵事务。所有应办事宜，着随时具奏。当此时局艰难，修明武备，实为第一要务。"[1] 遗憾的是，袁世凯在关键的时候倒向了慈禧那一边。

康有为抵达上海时，处境十分危险。9月21日，慈禧以"结党营私、莠言乱政"的罪名将康有为"工部候补主事"一职革去，并命步军统领衙门查拿康有为之弟康广仁"交刑部按律治罪"。9月23日，《华盛顿晚报》援引一条发自上海的电讯说，上海道台悬赏2000美元捉拿康有为。[2]

康有为最终还是成功逃脱。他先是逃往日本，而后又去了欧美等国。他的得意弟子、维新派另一位领袖人物梁启超也逃往日本，流亡海外。谭嗣同、康广仁、林旭、杨深秀、杨锐、刘光第"戊戌六君子"在菜市口被斩首，张荫桓则被流放新疆。

谭嗣同等变法志士的惨死引起日本人的极大关注。《纽约时报》刊登的一条报道写道，日本抗议中国和朝鲜近期处死政治改革家的野蛮做法。"日本很多报刊都报道，仅仅因为那些杰出人物的政治观点，中国和朝鲜就将他们野蛮地处死了。作为东方唯一文明的种族，日本人必须带头停止这些不人道的惩罚。"[3]

海外维新

流亡海外后，康有为、梁启超等维新派人士并没有停止活动。1899年7月，他们在加拿大温哥华成立了"中国维新会"，又

---

① 《清德宗景皇帝实录》，卷四二六。
② *The Evening Times,* Sept. 23, 1898.
③ *The New York Time,* Nov. 7, 1898.

称"保皇会"，以此作为开展保皇维新运动的组织机构。在西方媒体报道中，这个组织的英文名称是"The Chinese Empire Reform Association"（意为"中华帝国改革协会"）。

1903年，中国维新会副会长梁启超访问美国期间，在纽约多耶斯大街上的华人戏院演讲时，向美国政军界人士及华人阐述了该会的目标与宗旨。国内已出版的梁启超的文集中，似乎没有将这篇演讲稿收录在内。根据1903年5月13日《纽约时报》刊登的一篇题为《梁启超谈中国的觉醒》的文章，梁启超演讲时说：

> 中国维新会的主要目标，是要让光绪皇帝重新执政，因为没有他的帮助，我们的改革将一事无成。
>
> 虽然光绪皇帝是满人，并非很有才干，但他知道，国家要进步，就必须向其他国家学习，必须抛弃很多有害无利的习俗。他对西方文明的认知全都来自日本、英国和美国。他将以这三个民族为模本构建一个新的政体……我们的下一个目标是立宪，设立一个众议院，它在总体上类似于英国的下议院……第三个目标是彻底改革教育事业。中国要赶上其他国家，就必须建立现代教育体系。
>
> 维新会的改革者们不希望中国抛弃所有的旧传统。没有哪个国家能够放弃自己所有的传统以及由传统带来的好处。我们要做的只是将西方文明的某些基本原则加入我们的国家生活之中。光绪皇帝已经认识到这一点。这些方案实施过，但是中断了。很快，我们就要重新开始。①

---

① *The New York Times*, May 13, 1903.

中国维新会成立的发展极为迅猛。文章写道："协会成员目前已超过300万人，世界上凡是有华人的地方就有分会。中国只有两派，一派是慈禧太后，另一派就是这个协会。相比之下，前者的实力目前更为强大，但他们的势力日渐衰弱，这个协会却日益壮大。"文章说，中国维新会在美国每一个大城市都设有办事机构，其中，纽约分会的成员接近4000人。而梁启超访问美国的目的，就在于"调动该协会各个分支机构的热情"。

梁启超在同年写的一篇文章中也提到，"自己亥年此会设立以来，至今蒸蒸日上。温哥华入会者十之六七，域多利则殆过半，纽约威士绵士打几无一不入会者"。① 己亥年为1899年，域多利是加拿大不列颠哥伦比亚的省会维多利亚，威士绵士打是威斯敏斯特。

中国维新会成立之后，很快就投入到保皇维新运动之中。1900年7月23日，《悉尼先驱晨报》转述了一条来自温哥华的消息：

> 针对中国当下的摄政制度，中国维新会已吁请皇帝重新亲政，并且任命新的大臣。他们呼吁通过皇帝治理这个国家。他们还进一步呼吁要另寻一地作为首都，让新政府控制海关、邮局和电报局，建立统一的货币体系，调整税制，确保信仰自由。总部设在温哥华的这个组织正努力让对东方事务感兴趣的各国政府和人民了解这件事。②

根据这条报道，同年6月21日，中国维新会通过一项决议，即遵照光绪的旨意，请求英国、美国和日本联合摄政，以阻止中国的

---

① 《梁启超全集》，北京出版社，1999年，第1129页。
② *The Sydney Morning Herald*, July 23, 1900.

瓦解。但是，这项决议非但无法阻止"中国的瓦解"，相反，因为它进一步激化了太后与皇帝之间的矛盾，在某种程度上还加速了瓦解的过程。

列强在中国角逐势力范围的竞争，导致中外矛盾与民族矛盾进一步激化。

19世纪末，华北地区爆发了以"兴清灭洋"为口号的义和团运动。政府对义和团的态度，则随列强攻势的强弱而变化，或剿，或抚。1900年6月10日，义和团进入北京。同日，列强在天津组建八国联军。迫于形势，6月21日，即中国维新会通过请求英国、美国和日本联合摄政的决议之日，慈禧下令对列强宣战。

在这样一种混乱不堪的无政府状态中，是否需要在中国扶持或建立一个新的政府，成为很多西方人关注的话题。《悉尼先驱晨报》刊登的一篇报道写道：

> 6月22日从上海发出的一条消息说，在这个通商口岸的外国人、商人和居民所持的观点是，清政府已经破败不堪，无法补救，终止眼下无政府状态的唯一出路，是由文明国家建立一个新政府。慈禧太后的执政只能让外国人的处境更糟。一个受欢迎的计划是，让皇帝（如果他还活着）重新亲政，辅之以持自由主义观点的顾问。皇帝可以被置于一个由列强代表组成的委员会的严密监督之下。①

---

① *The Sydney Morning Herald*, July 23, 1900.

在中国维新会看来，既然皇帝上台需要列强的帮助，而义和团又以"灭洋"为宗旨，那么，反对义和团自然顺理成章。

呼吁海外华人捐款以资镇压义和团，同时通过媒体宣传自己的主张，是中国维新会的具体操作方式。

我们或许可以了解一下澳大利亚悉尼分会的做法。这个分会的成立时间，大概在1900年1月至2月之间。同年7月4日，《悉尼先驱晨报》发表的一篇报道引述悉尼分会会长Yee Hing的话：

> 绝大多数杰出的同胞都已入会。我们的目标是在中国建立一个令人满意的现代形式的政府。我们渴望废除旧王朝，将慈禧太后赶下台，然后采用某种有限制的君主制。我们强烈反对中国被列强分割……拳匪主要由罪犯组成。如果政府没有向他们提供武器和军火，他们的暴行本来已经被镇压。毫无疑问，慈禧太后跟他们是一伙，因为她害怕维新派。这里的华人团体正热切地尽一切力量帮助扑灭这场叛乱。几天前，分会募集了1000英镑，并已汇给澳门分部，为镇压叛乱出一份力……我们将在下周再汇500英镑。[①]

在列强与清政府的联合剿杀之下，义和团运动于1900年底被镇压。1901年2月14日，已逃亡西安的慈禧命光绪在一份下发给内阁的"自责之诏"上盖下玉玺。诏书写道：

> 本年夏间，拳匪构乱，开衅友邦。朕奉慈驾西巡。京师

---

① *The Sydney Morning Herald*, July 4, 1900.

云扰。叠命庆亲王奕劻、大学士李鸿章作为全权大臣,便宜行事,与各国使臣止兵议款。昨据奕劻等电呈各国和议十二条,大纲业已照允。仍电饬该全权大臣将详细节目悉心酌核。量中华之物力,结与国之欢心。既有悔过之机宜,颁自责之诏。朝廷一切委曲难言之苦衷,不得不为尔天下臣民明谕之。

此次拳教之祸,不知者或疑国家纵庇匪徒,激成大变,殊不知五六月间,屡诏剿匪保教,而乱民悍族迫人于无可如何……迫至七月二十一日之变,朕与皇太后誓欲同殉社稷,上谢九庙之灵。乃当哀痛昏瞀之际,经王大臣等数人扶掖而出,于枪林弹雨中仓皇西狩……昌平宣化间,朕侍皇太后,素衣将敝,豆粥难求,困苦饥寒,不如畎庶。[①]

根据"自责之诏",导致拳匪之乱的原因有四:其一,地方官在处理"民教争讼"时有所偏倚,"畏事者祖教虐民,沽名者庇民伤教,官无持平办法";其二,地方军队"漫无纪律,戕虐良民";其三,王公大臣迂谬无知,竟然听信"该匪妖言邪说","平时嫉外洋之强,而不知自量";其四,各省督抚各自为政,"各省平时无不以自强以为词,究之临事张惶,一无可恃,又不悉朝廷事处万难,但执一偏之词,责难君父"。总之,"臣民有罪,罪在朕躬"。

诏书还特别交代全权大臣奕劻等在与列强"止兵议款""结与国之欢心"时应当注意的原则:

各国既定和局,自不至强人所难。着奕劻、李鸿章于细订

---

① 《清德宗景皇帝实录》,卷四七七。

约章时，婉商力辩，持以理而感以情。各大国信义为重，当视我力之所能及，以期其议之必可行。此该全权大臣所当竭忠尽智者也。

奕劻、李鸿章等与以"信义为重"的八国代表"婉商力辩"的结果是，在9月7日签署了《辛丑条约》。条约第六款规定，大清向列强赔款4.5亿两白银，按年息4厘，以1902年正月初一日至1940年终止日为赔款期限，分期支付。为了支付这笔巨额赔款，清国不得不以新关各进款、所有常关各进款、所有盐政各进项为抵押，这意味着大清财政几乎尽在列强掌握。

在对中国维新会的报道中，最有趣的内容之一，是关于该组织在美国训练军队的传闻。

新西兰《尼尔森晚报》（*The Nelson Evening Mall*）引述该会某位成员的话说："现在，中国维新会有数千名成员正在全世界游历。我们将开放我们的国家——世界上最伟大的国家。我们将有一支由德国军官训练的陆军和一支海军。我们希望拿回日本从我们手中夺走的国土。"[1]

《洛杉矶先驱报》刊登的一篇报道写道："报刊上发表了不少关于中国人（他们有朝一日可能会参与对年轻中国的管理）训练军队的故事。其中一条报道是，他们在加利福尼亚群山之中训练了一支陆军。对于所有这些传言，康有为只是一笑带过：'那是相当笨拙的方式了，可能有更好的办法。'"[2]

---

[1] *Nelson Evening Mail*, Nov. 17, 1906.

[2] *Los Angeles Herald*, July 23, 1905.

1905年6月28日，《纽约时报》刊登了一篇报道康有为纽约之行的文章。文中提到，在美国陆军第69师团少校迈维克（McVickar）的训练下，中国维新会组织起了一支70人的队伍。[①]

美国华盛顿大学教授南希·比迪（Nancy Beadie）在一本介绍美国1727年至1925年独立院校历史的著作中也提到，1900年，梁启超抵达美国之后，[②]就有了建立军校的想法，他想通过军校教授中国人军事技术与英文；梁启超和康有为都一致劝说华人社团捐助这项事业；在保皇会之下，帝国改革军（The Imperial Reform Army）建立起来了；为了培训这支帝国改革军，开设了多所军校。[③]

根据这本书的记录，中国维新会在美国设立的第一所军校位于洛杉矶，学校名称是"西方军校"（Western Military Academy），时间是1902年。但是，直到1904年11月28日，学校才得以注册。军校开设后不久，中国维新会就在美国各地的华人社区创办了分校，其中，加州就有旧金山、弗雷斯诺等9所分校。但这些学校规模都不大。"西方军校"一开始只有60名学生，到1904年才发展到120名学生。弗雷斯诺分校的学生们"每天晚上8点之后还要军训几个小时"。

围绕保皇维新这一目标，中国维新会开展了很多事业。例如，开设学校，教授成员如何成为现代社会中的公民，教授谋生技能，使他们更加自信，更有民族尊严。除此之外，还创办报刊、出版公

---

① *The New York Times*, June 28, 1905.

② 根据梁启超的回忆录，他第一次踏足美国大陆是在1903年。1900年底经檀香山去夏威夷，1901年正月至五月在夏威夷居住数月，并未去成美国大陆。见《梁启超全集》，北京出版社，1999年，第1126页。

③ Nancy Beadie, Kimberley Tolley: *Chartered schools: two hundred years of independent academies in the United States, 1727–1925*. RoutledgeFalmer, 2002, p. 231.

司、翻译公司，后来逐渐在纽约、墨西哥、香港等地开起了地产公
司和银行，还在巴西办矿厂，在巴拿马和墨西哥经营电车厂，餐馆
更是比比皆是。成员们还资助国内学生去日本、美国、英国等国
留学。

除了保皇维新这一目标，中国维新会还致力于维护华人的移民
权益，并为此倡导过抵制美国货的行动。

19世纪80年代之后，美国华人的优秀表现让美国人日益不安。
1894年10月9日，《夏威夷公报》刊登的一篇文章，可以让我们感
受到这种不安，作者是美国驻华大使杨约翰（John Russell Young）。
文章写道：

> 无论中国劳工在哪里竞争，他们都会胜出。中国人征服了
> 每个产业领域，只要这个领域奉行公平竞争。他们从低级的洗
> 衣业开始，然后往上走，进入雪茄店、葡萄园、渔场、花圃等
> 行业。很快，他们就进入了会计业和银行业。
>
> 中国人节俭、安静、有耐性。他们不会在工作时长问题上
> 与人争论。因为只有把工作做完，工作才是工作。他们习性简
> 朴，严控支出，举止也不怪异。富人也不渴望奢侈或作秀。他
> 们的财富只进不出。随着时间的推移，他们将主导太平洋沿岸
> 的商业，就像在暹罗和东南亚做生意一样。
>
> 因此，美国不得不立法限制中国人，不得不推翻蒲安臣的
> 政策。美国要保护自己的劳工，以对抗中国劳工。①

①　Susie Lan Cassel：*The Chinese in America: a history from Gold Mountain to the new millennium*, AltaMira Press, 2002, p. 198.

正是基于这样的顾虑，1882 年，美国通过了第一部排华法案（Chinese Exclusion Act）。而后又在 1888 年、1892 年、1893 年、1894 年、1898 年、1902 年通过类似法案，限制中国劳工入境，限制中国人在美国从事商业活动。

1905 年，中美于 1894 年签署的、以限制劳工为内容的《格雷沙姆-杨条约》（Gresham-Yang Treaty）10 年有效期届满之后，两国重新进行了谈判。谈判期间，中国维新会呼吁全世界华人抵制美国货。6 月 22 日，新西兰《星报》刊登了一篇题为《中国人抵制美国货》的报道：

> 中国维新会悉尼分会已经收到发自美国的具体指示，这项指示导致了天津的抵制美国货的行动。中国和美国之间的谈判还在进行，但后者提出要制定一项法律，禁止中国商人在美国做生意。因此，中方代表拒绝签字。美方已向北京派出一个特别使团，以使条约得以签署。其结果是，中国人采取了一致行动，敦促其政府不要签署条约。[①]

根据苏西·卡塞尔（Susie Lan Cassel）所著《在美国的中国人》一书，抵制美国货的具体章程是梁启超所写。1905 年 6 月，康有为曾两次拜会美国总统罗斯福，就抵制美货与排华政策进行讨论。"罗斯福试图缓和保皇会关于彻底废除排华政策的要求，康有为则提醒罗斯福排华法案及该法案的执行是苛刻而且不公平的。"[②]

---

①　*Star*, June 22, 1905.

②　Susie Lan Cassel : *The Chinese in America: a history from Gold Mountain to the new millennium*, AltaMira Press, 2002, pp. 204–207.

但是，中美国之间的谈判以失败告终。1906年，在抵制美国货的压力及商业机构、教会机构、学术机构的游说之下，罗斯福总统试图说服国会废除排华法案，但没有成功。因此，罗斯福只能通过行政手段安抚中国人。例如，用"庚子赔款"设立奖学金，资助中国人去美国、日本或欧洲留学。中国人抵制美国货的行动从1905年6月一直持续到1906年5月。直到1943年，中国成为美国的盟友之后，美国国会才废除了排华法案。

中国维新会的命运在1906年有一个意味深长的转折，因为在这一年的9月1日，慈禧下发懿旨，预备立宪：

> 我朝自开国以来，列圣相承，谟烈昭垂，无不因时损益，著为宪典。现在各国交通，政治法度，皆有彼此相因之势，而我国政令，积久相仍，日处阽危，忧患迫切，非广求智识，更订法制，上无以承祖宗缔造之心，下无以慰臣庶治平之望。是以前简派大臣分赴各国考察政治。现载泽等回国陈奏，皆以国势不振，实由于上下相暌，内外隔阂，官不知所以保民，民不知所以卫国。而各国之所以富强者，实由于实行宪法，取决公论，君民一体，呼吸相通，博采众长，明定权限，以及筹备财用，经画政务，无不公之于黎庶。又兼各国相师，变通尽利，政通民和，有由来矣。

> 时处今日，惟有及时详晰甄核，仿行宪政，又权统于朝廷，庶政公诸舆论，以立国家万年有道之基。但目前规制未备，民智未开，若操切从事，涂饬空文，何以对国民而昭大信。

> 故廓清积弊，明定责成，必从官制入手。亟应先将官制

分别议定，次第更张，并将各项法律，详慎厘定。而又广兴教育，清理财政，整顿武备，普设巡警，使绅民明悉国政，以预备立宪基础。

着内外臣工，切实振兴，力求成效。俟数年后，规模粗具，察看情形，参用各国成法，妥议立宪实行期限，再行宣布天下。视进步之迟速，定期限之远近。

着各将军督抚，晓谕士庶人等，发愤为学，各明忠君爱国之义，合群进化之理，勿以私见害公益，勿以小忿败大谋，尊崇秩序，保守和平，以预储立宪。长厚望焉。[1]

尽管这道懿旨的实质，旨在通过对官制的改革使"大权统于朝廷"，呼吁士庶人等"各明忠君爱国之义"，分化国内的革命势力，但对中国维新会而言，现在的局面已由被动变为主动。因此，维新会再无存在必要。于是，1907年，康有为将中国维新会改为国民宪政会，以推动宪政的实现。

南国反满

慈禧太后"预备立宪"懿旨的发布，主要是对两个政治现实的反应。第一个政治现实是，太平天国运动之后，中央对地方的约束力日益削弱，即薛斐尔所谓的"政治分裂"，故懿旨有"大权统于朝廷"之论。第二个政治现实是，甲午战争之后，民族矛盾日益激化，反满起义愈演愈烈，故懿旨有"各明忠君爱国之义……勿以小

---

[1] 《清德宗景皇帝实录》，卷五六二。

忿败大谋，尊崇秩序，保守和平"之语。

　　相对于北方省份，中央政府对南方省份的统治效能更为萎缩。这是孙中山最先选择在南方发起革命的根本原因。因此，1900年的中国出现一个非常有意思的现象，即山东、直隶等北部省份爆发了以"兴清灭洋"为宗旨的义和拳运动，而广东、广西和云南等南方省份则爆发了反清起义。

　　伦敦中央新闻社发表的一篇文章认为，广东、云南等地之所以频发反清起义，与南方省份盛行秘密会社有不可分割的关系。文章写道：

> 　　广东是叛乱的温床，对大清王朝怀有不屈不挠的敌意……更重要的是，南方人多出海盗……相对于北方省份的居民，广东人天生不那么温驯。但针对传教士的暴行主要发生在中国中部地区。广东和云南都是秘密会社的集聚之地。哥老会在这里盛行。哥老会在中国各地都有分会，甚至在北京的皇宫里都有关系，但它的总部和灵魂人物都在南方。[1]

　　无论是北方的义和团运动，还是南方的反清起义，西方媒体都特别关注，因为前者直接关系到西方人的身家性命，让他们忧心忡忡；后者表现出来的对西方人的态度，则让他们看到一种希望。

　　我们可以看看西方媒体对惠州反清革命的报道。

　　这场革命发生在1900年10月。根据国内史料，孙中山是策划组织者，兴中会成员、三合会首脑之一郑士良则是直接指挥者。西

---

[1]　*The Leeds Mercury*, Oct. 23, 1896.

方媒体记录了另外一些细节。10月17日，澳大利亚墨尔本《阿尔戈斯报》刊登的一篇报道写道：

> 来自香港的报道表明，反满起义正如火如荼地燃烧起来。
>
> 最近一直居住在新加坡的中国维新派领袖康有为已经回到中国，并且已经加入叛军。他和孙中山是叛军的领袖。秘密会社三合会正与康有为和孙中山合作，以推翻满人在中国南方的统治。
>
> 数千名叛军正在围攻惠州。迄今为止，他们没有表现出对外国人的敌意。[1]

10月18日，澳大利亚《水星报》刊登的一篇题为《反满运动》的报道写道："起义者在直指大清王朝的同时，避免了劫掠及所有排外行为。他们希望能调和村民们与外国人之间的关系。整个运动组织有序。"[2]

同日，《西澳大利亚人报》报道说，在广州，暴力抢劫与海盗行为与日俱增，"根据代理总督的报告，不同于'义和拳'叛乱，九龙北部的起义军与这些劫掠行为及排外暴行无关"。[3]

根据澳大利亚《布里斯班快报》（*The Brisbane Courier*）的报道，列强并未为难反清革命军，港英当局的反应只是"命令九龙东面的大鹏湾及深水湾加强警戒"。

再看看西方媒体对广西反清起义的报道。

1900年10月13日，一条发自伦敦的电讯引述广西提督苏元春的

---

[1]　*The Argus*, Oct. 17, 1900.

[2]　*The Mercury*, Oct. 18, 1900.

[3]　*The West Australian*, Oct. 18, 1900.

话说，反满起义在广西西南部迅速蔓延，威力比太平天国起义还要大。"在云南和广西交界处，所有不满的汉人都支持起义军。苏将军说，他指挥的那支3万人的队伍不足以镇压叛乱，他请求增兵7万。"

两天后，另一条发自伦敦的电讯写道，广西反满起义军攻陷了6座城池，但没有发生劫掠事件，"因为他们声称，他们一心只想推翻中国现在的满洲政府"。①

不难从这些报道中看到一些共性：其一，反清革命军与一般农民起义军不同，他们有着更强的组织性；其二，革命军不愿意与外国人为敌。

毫无疑问，1900年10月的反清起义，利用了义和团运动及八国联军入侵北京所导致的无政府状态。而利用这个机会的不仅仅是孙中山领导下的革命军，还有伺机"反清复明"的政治力量。

1909年7月12日，美国华盛顿州的《塔克马时报》，刊登了一则颇为有趣的消息：

> 因为道教的道长们（Taoists Priests）让他相信，他年仅12岁的儿子将登上皇帝宝座，中国一位朱姓贵族率领"未来的皇帝"及他的大批追随者走上了朝云南首府昆明进发的不归路。他们在昆明附近遭到云贵总督军队的袭击。
>
> 这位朱姓贵族的2500名追随者装备了破旧的枪支。他的儿子走在队列的前面。他们的昆明之行是进行反清远征。②

因为实力悬殊，这些反清起义都以失败告终。但对孙中山来

---

① *The Brisbane Courier*, Oct. 16, 1900.

② *The Tacoma Times*, July 12, 1909.

说，这些反清革命都是十分有意义的尝试。

媒体的宠儿孙中山

孙中山，名文，号逸仙，1866年生于广东香山县。西方媒体普遍称他为孙逸仙（Sun Yat-sen）。为避免称呼混乱，本书引用西方媒体报道时，皆改称"孙中山"。

《清实录》与《清史稿》都只提到孙中山两次，而且两次都将他与"戊戌变法"人士相提并论。

第一次是1898年9月25日，"命逮文廷式，捕孙文"（《清史稿》）；"上谕刘坤一等……孙文一犯，行踪诡秘，久经饬拿，迄无消息。着刘坤一、边宝泉、谭钟麟、黄槐森赶紧设法购线密拿。务期必获，毋任漏网，致滋隐患"（《清实录》）。[1]

第二次是1904年6月21日，"懿旨特赦戊戌党籍，除康有为、梁启超、孙文外，褫职者复原衔，通缉、监禁、编管者释免之"（《清史稿》）；"内阁奉上谕，朕钦奉慈禧……皇太后懿旨，本年七旬万寿，叠经降旨施恩，京外臣民无不均沾闿泽。因思从前获罪人员，除谋逆立会之康有为、梁启超、孙文三犯，实属罪大恶极，无可赦免外，其余戊戌案内各员，均着宽其既往，予以自新"（《清实录》）。[2]

西方媒体对孙中山的报道，最早可能始于1896年10月。当时，孙中山在伦敦遭清政府间谍绑架。这起事件引起西方媒体极大关注。孙中山则充分利用媒体关注的机会，向西方人宣扬自己的政治主张。

1896年10月22日，英国伦敦《世界报》刊登了孙中山被捕的

---

① 《清史稿》，卷二十四。《清德宗景皇帝实录》，卷四二六。

② 《清史稿》，卷二十四。《清德宗景皇帝实录》，卷五三〇。

消息。次日,《利兹水星报》转发了《世界报》的报道:

> 去年11月,中国政府得到一份情报称,有人密谋绑架两广
> 总督(时任总督谭钟麟),其终极目标则是推翻大清王朝。反
> 叛者声称,在大清王朝统治下,过去几百年,中国明显变得更
> 加糟糕,除非该王朝被推翻,否则国家事务没有改善的希望。
> 抓捕两广总督,是反叛者实现其革命目标的重要的第一步。
>
> 为抓捕这位总督,他们将400名劳工从香港送往广州。这
> 个秘密就在这个过程中被泄露。这些苦力抵达广州似乎太早
> 了。官方起了疑心,结果是15名头目被逮捕,并被斩首。其他
> 人似乎逃跑了。一个名叫孙中山的绅士逃到美国。他是一名医
> 生,在香港很有名。后来,他来到伦敦,租住在格雷旅馆路附
> 近。星期六,他出了家门,但没有回到住处。据说,他已经被
> 绑架,并被带到中国公使馆。

同日,《利兹水星报》还转发了中央新闻社对这起事件最新的
调查结果:

> 中央新闻社证实了《环球报》特稿的真实性,并且称,英
> 国政府和警察在这件事上都无能为力。孙中山已被囚禁接近两
> 周。他的朋友们十分担心他的人身安危。幸运的是,他在伦敦
> 有几个朋友,虽然他的朋友多数在美国。[1]

---

[1] *The Leeds Mercury*, Oct. 23, 1896.

根据中央新闻社的调查，1895年绑架两广总督的计划失败后，共有11名头目被捕，所有人都招供了，但招供后被斩首。孙中山被认定是这起阴谋的最高首脑。在他离开香港前去美国的途中，政府间谍一直尾随，跟踪至伦敦才下手。

报道写道，10月11日，星期日，孙中山正在伦敦波特兰大街上行走，两个华人突然过来搭讪。他没想到这两个人与中国驻伦敦公使馆有关联，于是就跟他们聊了起来。这两个人邀请孙中山去他们的住所喝茶，后者毫无防备地接受了邀请。不幸的是，这两个华人的住所就是中国驻伦敦公使馆。孙中山就这样被关押了起来。

《环球报》和中央新闻社曝光这起事件后，西方媒体（英国的《每日新闻》《利物浦水星报》《图片报》，美国的《旧金山报》《纽约先驱晨报》《夏威夷公报》《纽约时报》，澳大利亚的《悉尼先驱晨报》《阿尔戈斯报》《西部邮报》等）纷纷转载。

最终，10月23日，孙中山被释放。次日，伦敦《每日新闻》用一整版报道整件事情的经过，有关孙中山获释的过程大致如下：

> 昨天下午5点，孙中山重获自由。这是英国首相索尔兹伯里勋爵进行营救的结果。过去这些天，孙中山被强制关押在波特兰大街上的中国公使馆中。被关押者的朋友坎特利博士等人将这件事告诉了内政部长里德里爵士。后者与外交部（当时的外交大臣由首相索尔兹伯里勋爵兼任）做了沟通。最终，英国首相严词要求中国驻英公使立即释放孙中山。在与北京政府电报沟通之后，中国公使馆很快释放了这名囚犯。
>
> 下午4点到5点之间，中国公使馆成为关注的焦点。使馆门口和对面的走道上聚集了一些人。两三位摄影师已经将照相

机对准公使馆的窗口。大家已经知道孙中山将被释放，都想一睹其风采。

最终，孙中山在伦敦警察厅贾维斯探长和政府代表的陪同下从后门离开。他立即成为人们热切关注的主题。

孙中山获救后，住进朋友坎特利博士家中。坎特利是香港西医书院院长，孙中山在医学院学习期间与他成为朋友。当天晚上，《每日新闻》记者对孙中山做了专访，摘录如下：

"对不起，坎特利博士还没告诉我您代表哪家媒体？"

"《每日新闻》。"

"那么，"孙中山脸上带着微笑，"我将告诉你所有你想知道的东西。"

在说话的同时，他拿起了半张报纸，上面有用墨水写的一行字，内容如下：

"这条讯息是要告诉公众，我，孙先生，已经被中国公使馆绑架7天，并将从英格兰偷偷运往中国处死。任何捡到这张报纸的人，请将它送到德文郡街46号詹姆士·坎特利博士处，以期营救。"

报纸背面也写了几个字："请看另一面。"

"那就是你被囚禁时写的？"

"是的。我把它扔出了窗户。"①

---

① *The Daily News*, Oct. 24, 1896.

武昌革命爆发3个月后，大清王朝行将就木之时，《纽约时报》刊登的一篇报道说，中国公使馆负责看守孙中山的狱卒乔治·科尔（George Cole），在得知这名囚犯的背景之后，曾三次帮助他传递消息给坎特利。[①]

比较合乎逻辑的推理是，孙中山在伦敦的不幸遭遇会对其心理产生一定的影响，可能或多或少会影响他的政治理念，以及对达成理念的途径或方式的选择。要是学界流传的一些说法属实，例如中华民国成立后，孙中山为达政治目的而策划过若干起刺杀政治领袖的事件，那么，孙中山在伦敦的不幸遭遇或许可以提供心理学上的解释。当然，这种解释可能不太有力。事实上，孙中山领导的革命队伍成分十分复杂，其中不乏来自三合会、哥老会甚至日本黑龙会、浪人会等会社的成员。前文提到过的孙中山的同学、惠州起义的组织者之一郑士良即是三合会的首脑之一。而且同盟会成立的地点即在东京黑龙会总部。因此，对这个需要团结一切可以团结的力量去进行革命的团体而言，为实现政治目的而采取一些非常规手段实属自然。

可以确定的是，这起事件引起的舆论关注，会让孙中山进一步评估利用西方媒体的可能性。事实上，查阅西方媒体对孙中山的报道将不难发现，1896年10月是一个分界线。在此之前，孙中山基本没有出现在西方媒体的视野之中，而在此之后，他成为西方媒体的宠儿。他们之间进行了一种双赢的默契合作。西方媒体可以通过报道这位神奇的政治领袖而增加报刊销量，孙中山则借助西方媒体的资源宣传其政治理念，并通过这种方式网罗同道。

[①]　*The New York Times*, Jan. 14, 1912.

在接受《每日新闻》采访时，孙中山不失时机地向西方人推介起了"兴中会"，同时控诉清政府的残暴。

在波特兰大街上与孙中山搭讪的两个人之中，有一个自称姓唐。孙中山被关押之后，唐先生曾去探望孙中山，并告诉他一个消息，如果公使馆不可能将他活着偷运出境，就会先杀死他，然后在他的尸体上涂上防腐油，再运回中国执行死刑。孙中山将唐姓者所言告诉《每日新闻》记者。

> "对死尸执行死刑？"我忍不住惊呼。
> "噢，是的，"孙中山回答，"在中国，刑罚并不放过死者。"
> ……
> "你是白莲教成员吗？"
> "噢，不，那是一个非常不一样的组织。我们是一个新的组织，仅限于教育华人，他们大多数生活在海外。"
> "你们组织的一些成员已经被处死了吗？"
> "是的，大约十二个。清政府砍掉一切冒犯政府者的头颅。"

1896年离开伦敦后，孙中山去了加拿大，而后去了日本，并在那里停留了两年。他在日本结识了很多军政界要人，并与康有为、梁启超等保皇派人士有过接触。1900年惠州起义后，他将主要精力投入对国民的教化之中。

澳大利亚《西部邮报》将孙中山称为革命的"传教士"。1904年9月24日，这家报纸刊登的一篇文章，引用了一段孙中山接受采访时说的话：

我走遍世界，教化，再教化。我每年回中国一次。哪里都有人在监视我，但我从不用同样的方式来伪装自己。我必须回去做报告。可能终有一天他们会抓到我。但那又如何？我就一个人。我们的目标是共和，或至少是君主立宪。我们绝不停止，直到我们实现目标。我们何时开始的？我们最早开始于中日战争时期。在义和团时期重新开始。我们是机会主义者。因为目标决定手段，我们会使用一切武器，论争或者武力。

是的，中国正在觉醒，我们党日益壮大。它绝不会死，它不能死，它随时都可能强大到足以成功。谁能说得准呢？

……

我们害怕吗？真正的中国人不知道什么是害怕。我们被误传了。我们的工作得到广泛支持，但我们不求回报。我们是旧党派，也是最新的党派。我们现在正要改革我们最古老的社会。哈，我们热爱我们的土地，并为之从容赴死。没有自由，生命毫无意义！自由之路将如何实现？改革者的绞首架难道不是人类解放的里程碑？我们深信这一点。我们知道，中国正在觉醒。①

西方人对孙中山的革命勇气极为赞赏。正如《水星报》刊登的一篇文章所言："五万块大洋，死还是活？这是中国政府愿意为抓捕孙中山博士支付的代价。"②

1904年9月，重回伦敦的孙中山在接受《每日纪事报》(*The Daily Record*) 记者采访时，讲述了宣传革命之路的危险和艰辛：

---

① *Western Mail*, Sept. 24, 1904.

② *The Mercury*, March 20, 1905.

　　我一直在中国政府的严密监视下工作。有一个故事可以说明开展工作有多么艰难。当我经过美国华盛顿时，中国驻美公使梁诚通告在美所有华人，禁止他们与兴中会发生任何关系。如果他们响应我，他们在中国的家人和亲属都将被逮捕入狱，并被砍头，他们的财产将被充公。

　　这个事例说明，一位受过教育的人原本不会做出这样一种野蛮的行为，除非他想通过谄媚中国政府以保住其大使职位。

通过《每日纪事报》，孙中山向世界宣告反清革命成功的必然：

　　"我无须多谈这些暴政。但认识到这点很重要，即满人目前只有不到500万人，汉人则有不少于4亿。"

　　"这么说，革命将很容易了？"

　　孙中山笑了。"一旦革命如火如荼地开展起来，"他说，"它将是物质力量的运动，将把这群腐朽的官员清扫出这个国家。即便是对亚洲事务的认识最为浅薄的人都知道，所有麻烦的根本，是清政府的虚弱和腐败。"

　　前文讲过，通过18世纪和19世纪西方媒体的报道，西方人早已对清政府的腐败有了深刻的印象。到了19世纪末、20世纪初，这个印象因为英国海军少将、议员查尔斯·贝里斯福德勋爵（Lord Charles Bereford）的中国之行进一步加深。

　　1899年6月3日，《纽约时报》刊登的一篇报道引述了贝里斯福德勋爵对中国腐败现象的评论：

中国政府官员几乎普遍都很腐败。各省的各级官员俸禄都很低。他们就任前经常不得不支出大笔贿赂。他们从银行或亲友处借来这笔钱。结果是，为了偿还这笔债，他们在职期间尽一切可能去搜刮金钱。除此之外，他们还要为保留自己的职位而行贿，并且要为退休后的生活打算，因而需要搜刮更多的金钱。事实上，除非被降职，他们通常会成功地做到。因此，我们很容易理解其税收程序上的漏洞。

至于军队，每个省份、每支军队在薪水、食物和服装等方面都有不同的体制。有些军队，士兵要自己支付吃穿花费。有些军队，士兵能领到军饷和服装。这件事完全取决于军队统帅。因为军队统帅与各省官员一样，俸禄很低，他们要在领兵期间榨取大笔金钱。可以举一个例子。我在北京的时候，问了一个军官他麾下有多少士兵。他告诉我有1万人，而我能确定他麾下只有800人。他的做法在中国很普遍。他只有800人，却以1万人的数目去要军饷。如果上面要检阅他的军队，他就出很低的价钱临时雇佣苦力充数。检阅官对此心知肚明，但他已经被打点好了，因而会向上汇报说"军容很好"。[1]

政府官员私吞救灾款的丑行，也被西方媒体记录在案。1892年9月4日，《纽约时报》以《中国狡猾的伎俩》为题发表了一篇文章，讲述救灾官员私吞外国人捐助的救灾款和救灾物资的恶行。文章写道：

> 两年前，海河泛滥，淹没了周围村庄……导致数千人死亡及

---

[1]　*The New York Times,* June 3, 1899.

数百万美元财产的损失。外国人捐助了大笔资金和必需品，并送到中国，以减轻不幸的中国人的痛苦。大批捐助物资送达后，很多熟悉中国官员贪腐伎俩的外国居民抗议将这些慈善捐助交给官员们分发，他们建议交给一个由外国传教士组成的委员会，再由他们分发给可怜的、不幸的灾民。他们认为这是更合适、更安全的办法。[①]

接受《每日纪事报》采访时，孙中山从地理和阶级属性两个方面分析了革命的可能性。他说，在地理概念上，中国可分为南方和北方两个部分，南方人更易于接受革命理念，"因此，南方将首先响应革命的号召"；阶级方面，中国人可分为赞成革命的知识分子，可以调动的农民，以及准备接受革命的手工业者和商人。

报纸是孙中山最为倚重的革命工具。1905年3月20日，澳大利亚《水星报》刊登的一篇报道引述孙中山的话说："目前，我们的首要武器是报纸。在世界各地，我们有大约20家报馆致力于宣传我们的主张。其次是教育。仅日本就有3000中国学生，几乎每个人都赞成改变。再者，我们在全国各地有数千名代表[②]，他们致力于教育民众，让他们为大起义做好准备。时机到来时，我们将有10万可用之人，可能更多。"[③]

正是通过报纸的宣传，孙中山的革命理念逐渐深入人心。他不仅争取到海外华人知识分子的舆论支持，更争取到海外华人资本家的资金支持，以及国内各省许多军界人士的支持。

根据西方媒体的报道，孙中山主要通过两种渠道募集革命资

---

① *The New York Times*, Sept. 4, 1892.

② Agents，亦有"间谍"的意思。

③ *The Mercury*, March 20, 1905.

金：其一是直接向海外华人资本家募集资金；其二是以海外华人资本家的资产及革命政府的信用作为抵押，向西方银行进行贷款。《纽约时报》刊登了一封孙中山的书信，写信时间是1911年武昌革命爆发前，是写给纽约某位银行家的，信里写道：

> 至于海外华商担保贷款事宜，曼谷的一家银行和三家碾米厂、新加坡的一群商人、马来西亚的三位矿主愿意提供担保。他们的资产共计约2000万美元，即400万英镑。为了确保我们的成功，我们需要50万英镑（约250万美元）的贷款以完善我们的组织，使我们有能力第一次起义即控制至少两个富裕的省份。获得此立足点之后，我们将建立一个临时政府。然后，我们将有能力以国家信用作为担保借贷更多资金，以进一步推动并完成我们的革命。[1]

为了减轻这位银行家的顾虑，孙中山在写给他的另一封书信中，透露了革命队伍在大清新军中的发展情况：

> 在长江以南，大清新军多数在革命者指挥之下，士兵也多是革命者。在首义中，长江边将有4个师会倒向我们这一边。武昌和南京具有强烈的亲革命倾向。我们已经与他们达成共识，只要革命军在华南得到一个立足之地，他们马上就会加入进来。
>
> 北京周边7个师都是前直隶总督袁世凯所创。自从他被贬职之后，这些军队对北京政府的忠心已经大大减少。虽然我们

---

[1] *The New York Times*, Oct. 14, 1911.

与他们并未达成谅解，我们十分相信，他们不会为清政府而战。时机成熟时，满洲将会有一个倾向革命的将军站出来，指挥军团与我们合作对抗北京。

你知道，新军共有12个师。现在已有5个师准备支持革命。只要开局顺利，剩下7个师将在事实上保持中立。

至于海军，尽管迄今为止并未作出任何安排，但是，如果革命资金充裕的话，谅解可以轻易达成。清国海军只有4艘在役巡洋舰，最大一艘只有4000吨，剩下的则是2000吨和900吨，而且很多军官和士兵都是革命者。[1]

袁世凯印象

除了孙中山，另一个不得不提的人物是袁世凯。

关于在推翻大清王朝、建立民国的过程中，孙中山与袁世凯的功劳孰大孰小的问题上，学界与民间一直有不同的看法。事实上，无论二人的主观意愿如何，他们都以自己的方式为革命事业做出了贡献。二人的贡献是缺一不可并且无法彼此取代的。孙中山的贡献主要在于对海内外国民（包括军队）的革命教化及基于此教化的革命组织工作上，袁世凯的贡献则相对具体。

袁世凯，1859年生，河南项城人。前面提到过的袁甲三是他的叔祖，他的养父袁保庆与淮军统领吴长庆交情甚好。他充分利用这些关系，成就了自己的政治与军事事业。23岁时，他即以"通商大臣暨朝鲜总督"之职驻藩属国朝鲜。

---

[1] *The New York Times*, Oct. 14, 1911.

1895年，在步军统领荣禄、军机大臣李鸿章的提携下，时任浙江温处道的袁世凯进入他人生中最重要的时期——在天津训练新军。两年后，他被擢为直隶按察使。1898年9月，光绪擢升他为侍郎候补之后，没过几天，他就背叛了皇帝，倒向慈禧与荣禄一边。这件事让他声名狼藉，也让他青云直上。

"戊戌变法"失败后，慈禧命荣禄主管兵部，节制北洋海陆各军。12月7日，荣禄奏设武卫军，"扼要驻扎"，以袁世凯部为武卫右军。1899年，袁世凯调任山东巡抚。

1900年，因为一个人，以及一件事，袁世凯正式进入西方媒体的视线。

那个人就是前面提到的贝里斯福德勋爵。他访问中国结束之后，将自己对中国的感受写成一本书，书中特别提到袁世凯。7月4日，《悉尼先驱晨报》发表了一篇以《袁世凯将军》为题的文章，推介了书中部分内容。文章写道：

> 贝里斯福德勋爵……提到一位有能力并且活跃的中国将军。他就是袁世凯。当时他是戍守北京周边的帝国军队统帅。其他指挥官将本来应该用于装备军队的资金用在自己身上，他却将每一分钱都用在正途。结果是，他打造出一支雄师，兵力在8000至10 000人左右。士兵主要来自山东省，那里以拥有中国最好的士兵而闻名。这支军队配备了毛瑟枪，有10个山炮连，骑兵的武器装备也很好。[1]

---

[1] *The Sydney Morning Herald*, July 4, 1900.

那件事则是义和团运动。1900年7月10日,《纽约时报》刊登了一条发自柏林的电讯:

> 德国政府担心山东境内的麻烦会扩散。德国政府不信任山东巡抚袁世凯。中国驻德国公使吕海寰也有同感。他说袁世凯是"一个魔鬼,以背信弃义而闻名"。德国人相信,如果袁世凯忠于职守的话,法国与德国的天主教徒在山东被害,以及美国人在山东管辖的教会被毁事件本来不会发生。因为他麾下的8000名士兵是中国训练最好、装备最好的精兵。[1]

袁世凯的军队甚至得到德国最著名的军事杂志《军事周刊》(The Militäry-Wochenblatt) 的认可。1900年7月,《军事周刊》刊登的一篇讲评中国军事实力的文章说,中国的陆军有两种,一种是八旗兵和绿营,另一种是新军。前者兵力接近60万,基本毫无用处。至于后者,"袁世凯麾下的陆军兵力有12 000人,装备精良,训练有素。他们配备了曼利彻尔枪械以及最新式的枪炮,接受欧洲军官的训练"。[2]

但袁世凯并不盲目信赖西方教官。为了控制军中的西方教官,袁世凯跟他们签订有期限的雇佣合同。《纽约时报》刊登的一篇文章中曾有这么一段对话:

> "当你发现那些家伙不能胜任时,你怎么做?"有人问袁世凯。

---

[1] *The New York Times*, July 10, 1900.

[2] *The New York Times*, August 5, 1900.

"发给他们工资。"一个具讽刺性的回答。①

1901年11月7日，李鸿章去世当日，上谕"山东巡抚袁世凯署直隶总督兼北洋大臣，电饬迅速赴任"。袁世凯时年42岁。到任两个月后，又受命"督办关内外铁路事宜""参预政务处"。1902年又授"督办商务大臣""督办电务大臣"。这些重要职务使袁世凯迅速建立起一个强大的政治集团。

1903年12月4日，光绪帝给内阁下发的一道上谕，让袁世凯手中的实权更为强大：

> 前因各直省军制、操法、器械未能一律，叠经降旨，饬下各督抚，认真讲求训练，以期划一。乃历时既久，尚少成效。必须于京师特设总汇之处，随时考察督练，以期整齐而重戎政。着派庆亲王奕劻总理练兵事务。袁世凯近在北洋，着派充会办练兵大臣。并着铁良襄同办理。该王大臣等受恩深重，务当任劳任怨，认真筹办，以副朝廷力图自强之至意。②

两天之后，《纽约时报》发表的一篇文章写道："曾有报道说，尚武精神在中国朝廷蔓延，对袁世凯的任命似乎支持了这一观点。在所有高级官员中，袁世凯可能是这个职位的最佳人选。他已经证明，他不仅与很多其他中国官员一样有进步的思想，他还拥有与西方人一样的执行这些思想的能力。"

但这篇文章同样质疑袁世凯的政治立场。文章写道："作为一

---

① *The New York Times*, Dec. 6, 1903.
② 《清德宗景皇帝实录》，卷五二二。

位政治家，袁因多变而备受指责。或者用更直白的话说，是不守信用，甚或是背叛。年轻的皇帝将其信任压在他的肩上，袁却倒向了保守派那一边。作为皇帝的宠臣，他又成为慈禧太后的宠臣。在中国的外国人直到今天还把他称作'叛徒'（the traitor）。"

帝王之术的要义之一，是使臣下互相制衡。平衡一旦失去，皇权即面临危险。随着袁世凯势力日大，慈禧听政的最后一两年，已开始对他进行约束。深谙帝王之术的袁世凯也自动放弃了一些兵权，以及类似邮传大臣、商务大臣之职，专任军机大臣和外务部尚书。

1908年11月，光绪及慈禧太后相继去世后，不到3岁的溥仪登基为帝，其父载沣摄政。对他们来说，袁世凯的势力不得不防。袁世凯则羽翼早成，无意争一日之短长，以"足疾"请求回老家养病，伺机而动。1909年1月2日，摄政王通过幼帝给内阁下发一道上谕：

> 军机大臣、外务部尚书袁世凯，凤承先朝屡加擢用，朕御极后，复予懋赏，正以其才可用，俾效驰驱，不意袁世凯现患足疾，步履维艰，难胜职任。袁世凯着即开缺，回籍养疴，以示体恤之至意。①

袁世凯在河南老家休养了两年有余。再度出山之时，大清王朝的末日已进入倒计时。

破旧而疯狂的巨舰沉没

国库空虚、外债沉重的现实，早已敲响大清王朝末日的警钟。

---

① 《清实录·宣统政纪》，卷四。

　　根据户部提供的数据，1881年，清国岁入银8234万两，岁出7817万两，结余417万两；1891年，岁入银8968万两，岁出7935万两，结余达1033万两。①

　　但是，甲午战败后，政府的财政状况如江河直下，急剧恶化。以岁入9000万两计算，赔付给日本的2.3亿两白银的本息，再加上《辛丑条约》确定的支付给列强的4.5亿两白银赔款的本息，政府将透支至少10年以上的财政收入。再加上财政支出所需，以岁出8000万两来计算，财政亏空可谓天文数字。

　　要解决财政上的燃眉之急，最直接的途径有两个：其一是对外借债，其二是对内加赋。诚如《清史稿》所载，甲午战后，政府"借俄、法、英、德之款付日本赔款，增摊各省关银一千二百万两"；辛丑约成之后，除却向各国借款，政府"派之各省者一千八百万两有奇"。"其后练新军，兴教育，创巡警，需款尤多，大都就地自筹。四川因解赔款，而按粮津贴捐输之外，又有赔款新捐。两江、闽、浙、湖北、河南、陕西、新疆于丁漕例征外，曰赔款捐，曰规复钱价，曰规复差徭，曰加收耗羡，名称虽殊，实与加赋无大异也"。②

　　清国财政制度本身的弱点也是导致财政恶化的重要原因。

　　1908年7月5日，《纽约时报》刊登了一篇题为《中国财政基于一套"压榨"体制运行》的文章，其观点大致是，中央政府基本不了解地方财政情况，因为地方官会瞒报地方财政；地方官一般会尽量少报财政收入，这样的话，被隐瞒的这部分收入，就可以用作自己的"公务额外补贴"；如果有一套良好的行政及财政制度，大清的财政状况会得到极大改善。

---

① 《清史稿》，卷一百二十五。
② 《清史稿》，卷一百二十一。

根据这篇文章的记录，1907年，大清的实际财政状况应该是：中央政府岁入约6800万美元，省级政府岁入约1.16亿美元，县级约2800万美元，总计约2.12亿美元。以当年白银汇率（1两白银=0.72美元）计算，清国财政收入总计应达2.94亿两白银。"很多对这个问题有过调查的人相信，实际征收的税赋比这个数字还要大3倍。罗伯特·赫德估计，即便不通过改革财政管理体制来增税，政府岁入也能达到6亿美元。其他专家则认为，中国每年的财政收入能在不增加赋税的情况下达到10亿美元。"[①]

不难理解，对外赔款、对内加赋的压力下，社会与民族矛盾会不断积聚。可是，即便是社稷面临外患内忧之时，官员的贪墨恶行却并未稍歇。

1911年5月19日，英国《泰晤士报》驻北京记者莫里逊在给报社同事布雷厄姆（D. D. Braham）的书信中，提到在北京出版的一份重要刊物上看到的一篇报道，信息源自朝中某位御史。莫里逊在书信中写道：

> 梁士诒，你在北京见过的铁路总办，聚敛了1300万英镑。邮传部尚书陈璧聚敛了585万英镑。津浦铁路北段总办李德勋聚敛了142.5万英镑。庆亲王据说在外国银行有712.5万英镑的存款。报道还提到很多其他消息。最后，那桐和曹汝霖（两名外务部大臣）据说因卖国而每年从外国人那里收受价值15万至30万英镑的礼物。报道称这些数字是"难以置信的"，的确如此。[②]

---

① *The New York Times*, July 5, 1908.

② George Ernest Morrison: *The Correspondence of G. E. Morrison: 1895–1912*. Cambridge University Press, 1976, p. 606.

莫里逊的震惊不难理解。要知道，1894年2月，32岁的莫里逊从上海出发，沿长江西上，而后水陆并进，前往缅甸首都仰光，历时100天，旅程4800千米，旅费总计才18英镑，其中还包括支付给沿途雇用的几名仆人的工资。

莫里逊在书信中写道："假设这些数字是准确的，它表明，政府只要逼迫官员们吐出其非法所得就能得到大笔资金，无需通过外国贷款。"

无论如何，到了1911年，行政上的腐败与外交上的无能，使不断积聚的各类矛盾得到一个释放的机会。5月，因抗议严重入不敷出的政府强行将民营的川汉、粤汉铁路收归国有，并转卖给英、法、德、美四国银团，四川、湖北、广东、湖南等省爆发了"保路运动"。它成为声势浩大的反清革命的导火索。暴风眼的中心最初在四川。9月底，在同盟会成员吴玉章等人的领导下，四川南部的荣县宣布独立。进入10月，革命的中心转移到湖北。

10月10日，湖北新军中的革命党在武昌发动起义。两天后，摄政王载沣收到湖广总督瑞澂发的电报：

> 十八夜，革匪创乱。拿获各匪，正在提讯核办。革匪余党勾结工程营、辎重营，突于十九夜八钟响应。工程营则猛扑楚望台军械局，辎重营则就营纵火，斩关而入。瑞澂督同张彪、铁忠、王履康分派军警，随时布置，并亲率警察队抵御。无如匪分数路来攻，其党极众，其势极猛。瑞澂退登楚豫兵轮，移往汉口。[1]

---

[1] 《清实录·宣统政纪》，卷六一。

10月12日，上谕下发："览奏殊深骇异！此次兵匪勾通，蓄谋已久，乃瑞毫无防范，豫为布置，竟至祸机猝发，省城失陷，实属辜恩溺职，罪无可！湖广总督瑞澂，着即行摘职，带罪图功，仍著暂署湖广总督，以观后效。"

同日，《纽约时报》驻汉口记者写了一篇题为《中国内乱快速蔓延》的特稿。从中，我们至少可以得出两个判断：其一，西方媒体当时已经判断出这是一场有计划的、协调一致的、意在推翻清政府以建立共和政体的革命；其二，革命军将矛头集中在清政府身上，小心翼翼地避免触犯外国人的利益。这篇特稿写道：

> 已笼罩中国数月之久的革命开始进入高潮。四川省的起义只是冰山一角。这是一场夺取中国、呼唤共和的协调一致的运动。如果革命成功，流亡海外的著名革命家、同盟会领袖孙中山博士将当选总统。1910年访美期间，孙中山已在为这场革命募集资金……湖北起义军组织有序，而且资本雄厚。他们已经没收地方财政和银行，正在发行自己的纸币……京汉铁路有20千米线路已被毁坏，桥梁也被烧毁。很多满人被杀死。惊恐的人们带着行囊从城市逃往乡村。监狱门已打开，罪犯被释放。大街上一直在交火。革命军接到最严格的命令，要尊重外国人的生命和财产。此前，一支美国军队从汉口被派往武昌，以保护那里的传教士。今日，这支军队已返回汉口，带回所有传教士，除了圣公会的坎普小姐及其他不愿离开武昌的教会成员……湖北革命军还发布一道特别公告，任何对外国人或商业经营进行侵扰的士兵都将被立即处死。公告进一步宣称："这是一支人民的军队。我们将推翻残暴的满洲王朝，恢复真正的

中国人的权利。"①

　　武昌起义爆发时，孙中山还在美国为革命奔走，例如继续募集革命资金，组织美国华侨游行，召集有才学的革命志士回国效力。

　　根据《纽约时报》的报道，10月14日，孙中山抵达旧金山之后，立即指示总部设在旧金山的青年中国协会（The Young China Association）组织全美华人次日下午进行大游行。"50名充满美国民主精神的年轻人，以及芝加哥大学、伊利诺伊大学的毕业生正准备追随孙博士回国。"②10月20日，孙中山离开旧金山时，已在当地募集1万美元。另一篇报道说，孙中山已拿出100万美元个人资产，用来追逐自己的革命理想。③

　　11月，孙中山绕道欧洲回国。他重返曾经蒙难的伦敦，在那里停留了10天。他拜访了良师益友及救命恩人坎特利，还有英国军界、造船界及金融界名流。11月20日，发自伦敦的一条报道写道：

　　　　孙中山的伦敦之行高度保密。少数知情人宣誓保持沉默。孙博士入住酒店的管理者完全不知道这位顾客是一个在中国有成千上万追随者的大人物……据说他对拜访军界、造船界及金融界名流的成果十分满意。他每天都收到中国的起义军领袖发来的长篇电文。他将自己的建议和指示用电报发回。④

---

①　*The New York Times*, Oct. 13, 1911.

②　*The New York Times*, Oct. 15, 1911.

③　*The New York Times*, Oct. 22, 1911.

④　*The New York Times*, Nov. 21, 1911.

为了争取西方舆论的支持，在巴黎停留期间，孙中山向欧洲媒体简要阐述了他的治国方略。他说，作为一个联邦共和国，中国将从美国与欧洲年轻的民主制度中吸取灵感，但是，中国不会放弃自己数千年来沉淀的文明果实。"中国将保留自己古老的语言。但是，为了研究将在新共和国的事业中起重大作用的科学，英文将弥补中文在传播科学知识方面的不足。正如中国有统一的语言，共和国将有联邦军队与联邦财政。中国将对外国的商业和企业打开大门，我们的第一步将是废除贸易政策上的诸多限制。但是，共和国将根据自己的利益而非外国的利益调整海关政策。当然，这项工作将会听取债权国的意见。债权国的权利将会得到审慎的尊重。"①

眼见局势急剧恶化，清朝统治者希望袁世凯出山力挽狂澜。10月14日，上谕下达内阁："湖广总督着袁世凯补授，并督办剿抚事宜。"10月27日，又谕："湖广总督袁世凯着授为钦差大臣，所有赴援之海陆各军并长江水师暨此次派出各项军队均归该大臣节制调遣。"②

10月30日，重阳节，幼帝溥仪发布"罪己诏"，以期挽狂澜于既倒，扶大厦之将倾。这份"罪己诏"情词恳切，值得今人回味：

> 朕缵承大统，于今三载，兢兢业业，期与士庶同登上理，而用人无方，施治寡术。政地多用亲贵，则显戾宪章；路事蒙于金壬，则动违舆论。促行新治，而官绅或借为网利之图；更改旧制，而权豪或只为自便之计。民财之取已多，而未办一利民之事；司法之诏屡下，而实无一守法之人。驯致怨积于下，而朕不知；祸迫于前，而朕不觉。川乱首发，鄂乱继之。今则

---

① *The Courrier d'Europe*, Nov. 25, 1911.
② 《清实录·宣统政纪》，卷六一。

陕湘警报叠闻，广赣变端又见。区夏腾沸，人心动摇，九庙神灵不安，歆飨无限，蒸庶涂炭可虞。此皆朕一人之咎也。[①]

"罪己"之后，宣誓维新：

> 兹特布告天下，誓与我国军民维新更始，实行宪政。凡法制之损益，利病之兴革，皆博采舆论，定其从违。以前旧制、旧法，有不合于宪法者，悉皆除罢。化除旗汉。屡奉先朝谕旨，务即实行。

最后不忘惩治替罪羔羊，怀柔军民：

> 鄂湘乱事，虽涉军队，实由瑞澂等乖于抚驭，激变弃军，与无端构乱者不同。朕维自咎用瑞澂之不宜。军民何罪？果能翻然归正，决不追究既往。

同日，又下旨改革资政院，开党禁，赦免"戊戌变法"以来所有的政治犯。

11月1日，摄政王载沣批准庆亲王奕劻以"奉职无状"为由请求罢免自己内阁总理大臣之职的要求，同时将这个职位授予袁世凯。

对于袁世凯重新被启用一事，《纽约时报》早有预报。1911年9月29日，即武昌起义事发前11日，这份报纸刊登的一篇报道

---

① 《清实录·宣统政纪》，卷六二。

写道，曾经请辞内阁总理大臣而未被批准的庆亲王奕劻，已向摄政王举荐袁世凯作为接班人，"因为袁是可用的最有能力的人……如果摄政王任命袁为内阁总理大臣，则说明皇室对整个国家的局势感到震惊，因此才决定放下尊严，将这位拥有极高声望的汉臣召回"。①

但是，大清王朝大势已去。

武昌起义后，湖南、陕西、江西、广东、山西、云南、广西、安徽等省随后也纷纷起义，建立军政府，宣布独立。袁世凯已无力回天，也无意"回天"。他一边消极镇压革命，一边等待篡权时机。12月初，南京临时政府初步成立后，袁世凯授命着手和谈（史称"南北和谈"）事宜。他希冀利用自己的政治与军事资本，通过政治手段以相对和平的方式夺得天下。但是，因为在国民会议召集办法等事项上的分歧，未能达成妥协，南北和谈第一阶段并不顺利。

12月29日，南方已宣布独立的省份选举孙中山担任中华民国第一任临时大总统。两天后，即12月31日，1911年最后一天，回国不久的孙中山在南京就任总统，宣布中华民国成立。当日，《纽约时报》刊登了一篇题为《孙中山的当选不被重视》的文章，向西方人通报了美国著名记者托马斯·米勒德（Thomas F. Millard，中华民国政府第一位来自美国的政治顾问）在12月30日对孙中山进行专访时获得的信息："孙中山表示，这次革命经过精心策划，但武昌起义未做十分准备……孙中山博士得到50名代表的推举，其中一些人已被免职。孙之当选，部分归因于激起这场革命的外国的阴谋。不应对这个结果过于认真……一切都可能调整。这里的情况表

①　*The New York Times*, Sept. 29, 1911.

明，最终中国将实行共和政体，袁世凯将成为总统。"[1]

中华民国成立的消息传到美国之后，纽约唐人街华人欣喜若狂。1912年1月2日，《纽约时报》刊登的一篇报道写道：

> 昨天，纽约唐人街彩旗飘扬。华人通过演讲、歌唱及燃放鞭炮的方式（主要是燃放鞭炮）庆祝孙中山博士当选中华民国总统。以前，居住在佩尔、莫特、多叶大街的华人分为两派，一派支持"君主立宪"，另一派支持"民主"。昨天，他们第一次步调一致。[2]

1912年新年过后，清朝皇室成员已在紧张地为逃亡做准备。1月18日，《纽约时报》刊登的一条报道写道：

> 在今天（1月17日）召开的会议上，王公们与太后没有采取明确的行动。因为内阁总理大臣袁世凯身染微恙，关于皇帝退位主题的讨论要拖延到星期五（1月19日）……北京和奉天皇宫中的大量珍宝正在出售。在北京，许多美国与欧洲的代理商正在洽商购买事宜。众多王府（甚至包括紫禁城）正在以类似的方式枯竭。奉天是大清以前的首都。那里的皇宫是一座博物馆，藏有大量价值连城的历史文物。[3]

随着事态的发展，一直关注中国改良与革命进程的西方列强对

---

[1] *The New York Times*, Dec. 31, 1911.

[2] *The New York Times*, Jan. 2, 1912.

[3] *The New York Times*, Jan. 18, 1912.

待革命者的立场，由倾向于反对，转为倾向于支持。1911年12月24日，南北和谈期间，日本召开了一次内阁秘密会议，许多老谋深算的政治家都有出席，其中包括已两度担任首相并将在次年再度当选首相的桂太郎。他们极为认真地讨论了中国的局势与未来。根据《纽约时报》驻东京记者次日撰写的一篇题为《列强接受中国共和》的报道，这次会议得出的结论是，中国选择共和政体已全然不可避免。"多数列强显然顺应了当下局势。日本与英国都宣布无意通过任何方式对中国进行任何干预，更不用说迫使中国选择何种政体。北京的帝国政府的唯一选择是：屈服。"

1912年1月5日，对列强态度十分了解的孙中山在南京发布了一项英文声明。他先是在声明中解释反清革命的必要性，称当下局势是满族暴政的结果，"非实行革命，不足以荡涤旧污，振作新机"。而后，他要求列强在中华民国政府与清政府之间做出抉择，以进一步孤立清政府。他表示，凡革命以前清政府与各国缔结的条约，所借的外债，所让与的种种权利，民国政府均认为有效，直至条约期满，不变更其条件；革命发生之后清政府与各国缔结的条约，所借的外债，所让与的权利，民国政府均认为无效。[①]

但是，正如《纽约时报》所报道的，孙中山的临时大总统身份，只是派系复杂的革命力量达成的权宜之计。在皇帝迟迟不逊位，南北和谈陷入僵局之时，他成为革命派的众矢之的。

1912年1月23日，美国著名记者米勒德在一篇题为《中国起义军正在争吵》的文章中写道，因为忽视袁世凯的要求而陷入的僵局，使共和党人面临分裂的危险。在南北和谈的第二阶段，直接与

---

① *The New York Times*, Jan. 6, 1912. 这份英文声明的译文可参见《孙中山全集》第二卷，中华书局，1982年，第8—11页。

袁世凯进行谈判的南方总代表伍廷芳，"强烈抱怨孙中山忽视已达成协议的行为"，因为孙中山当选临时总统时曾经承诺，在必要时退位让贤，让袁世凯当选总统，"孙中山在南京当选总统之后，被外国顾问们（主要是日本人）重重包围。很多具有野心的共和派及激进的政治暴发户开始察觉到一个保留权力的机会，并逐渐转变其态度。每当伍廷芳与袁世凯达成一项协议，孙中山都会提出新的条件……个人野心现在凌驾于革命的主要目标之上……孙中山的到来使局面注入了阴谋与动荡的因子。他个人是否应该对此僵局负责、或他是否被顾问们错误地引导尚不确定……共和派将军们之间的分歧与日俱增。中国商界渴望袁世凯成为政府首脑"。

两天后，即1月25日，袁世凯等人通电支持共和。2月12日，在袁世凯的逼迫下，末代皇帝溥仪逊位。大清王朝——最后一个封建王朝——对中国的统治宣告结束。次日，孙中山辞职。2月15日，袁世凯当选总统。

对于大清王朝的灭亡，1793年访华的马嘎尔尼勋爵说过的一段话，可以被理解为预言。1807年，访华团成员之一、政治家约翰·巴罗爵士将这段话记录在他为马嘎尔尼编著的一本文选之中。《评论月刊》（1808年9月刊）对这段话亦有摘录，大意如下：

中华帝国是一艘破旧而疯狂的军舰。在过去的150年中，幸而接连有几位能干而谨慎的船长，才能使它继续漂浮在水面上。她仅凭巨大的外观就足以震慑邻国。但是，只要碰巧由一位不称职的人来掌舵，这艘船的纪律和安全就将荡然无存。她可能不会马上沉没。她可能会像一艘失事船那样在海上漂浮一段时间，然后冲向海岸，撞得粉身碎骨。她绝不可能在原来的基础上被重建。[1]

但马嘎尔尼的话并未尽善。如果把"中华帝国"比作一艘"破旧而疯狂的军舰",那么,"海风"即是不容忽视的时势(马嘎尔尼时代,船尚需借助风帆航行)。在此时势下,只有两种结果:顺之者昌,逆之者亡。只是时间早晚而已。

---

[1]　*The Monthly Review; or Literary Journal,* Enlarged: Vol. LVII. Lodon, 1808, p. 64.

后　记

　　至少在十一二年前，当时我尚未从中国人民大学新闻系毕业，就已经萌生了通过分析和整理一两百年前的新闻报道来梳理历史的想法。当时打动我的是在图书馆查阅新闻史资料时看到的一些老照片，它们是一百多年前西方记者的作品，记录的是晚清时期的历史，其中不乏血淋淋的行刑场面。那本书的书名我已经忘记，但没有忘记的是那些照片带给我的冲击。

　　通常一个想法出现之后，要是不立即实施，它可能很快就会潜伏到记忆深处，乃至被完全遗忘，就好像它从未出现。对于像我这样疏懒成性的人来说，这是经常发生的事情。在这种情况下，已经沉睡多年的想法若被唤醒，一般都是因为发生了一件或几件偶然并且力量大到足以让沉睡者无法继续沉睡的事情。

　　两年多前（2008年），在为写作《蒙古帝国》一书而查阅英文资料的过程中，偶然看到一篇文章，即是唤醒撰写此书想法的偶然性事件。这篇文章出自19世纪英国著名记者威廉·辛普森（William Simpson）笔下，内容是关于清朝皇室的趣闻（见本书第九篇）。自那时起，写作本书所用的外文报道资料就开始陆续查阅并整理。

　　但真正有序的整理，始自一年多以前，《蒙古帝国》书稿基本结束之后。因为在资料核实方面遇到不少困难，大量外文原始资料被舍弃。这些被舍弃的资料在一定程度上影响了我试图搭建的结构。希望有朝一日可以将它们充实到书稿之中。

我给本书稿确定的书名是《晚清残录：西媒视界中的王朝末日》。"晚清""王朝末日"二词限定了本书时空范围。"西媒视界"一词限定了书稿资料的主要来源。作为对时代的实时记录，新闻报道可能是最为鲜活的史料。"残录"一词说明，本书重点在于还原一些历史片段，而非完整而系统地解读历史，同时借"残"字传达帝国末日的凄凉感。

之所以在这里对原书名予以特别交代，是因为我不能确定书稿出版时的书名。在一般情况下，书稿交与出版方之后，出版方大都会根据自己的理解和需要重新定义书名。于出版方而言，重新定义书名或有助于挖掘图书的市场价值，拉近读者与图书之间的距离；于作者而言，原书名则是全面展示其想法的不可或缺的部分。

此为后记。

再版后记

本书初稿完成于2010年。次年6月，以《帝国即将溃败》（中国书店出版社，2011年6月）为书名推出第一版。第一版面市后，我发现很多不足之处，例如有的译名与通行译名不一致，有的引文未注明出处等等，因此，借着再版的机会，对初稿做了一些修订。

译名方面，尽量调整为通行译名。例如，英国东印度公司高管Roberts，原译罗伯茨，现改为剌佛；曾任英国外交大臣和首相的Lord Palmerston，原译帕默斯顿勋爵，现改为巴麦尊勋爵；第三任港督George Bonham，原译乔治·伯纳姆，现改为文咸；美国特使顾盛Caleb Cushing，原译库欣，现改为顾盛等等。这类调整，估计有近二十处之多。

译名与通行译名不一致，无疑会引起读者（尤其对这段历史比较熟悉的读者）的困惑，影响阅读感受，因此，在这里，我要为我有失严谨的态度，向第一版的读者致歉。

因为史料及见识有限，第一版中提到的一处地点，即澳门附近的Casa Branca，没有找到对应的中文名，不得已做了音译处理，译成卡萨布兰卡。后来在阅读有关澳门史的文献资料时，才发现Casa Branca指的是前山，再版时才做更正。

　　第一版中，西方文献提到的几个中国人，因为找不到可以对照的中文史料，对他们的名字也做了音译处理。例如，Van-ta-zhin 译成王大臣，Ciang Kinin 译成蒋奇宁，Chen Sing 译成陈兴等等。再版时，统统只保留英文名。

　　本书大量引述了西方媒体的报道。对于这些引述，初稿基本上都注明了出处，但不知是什么原因，第一版做了删除处理。再版已补上。此外，对书中提到的一些西方报刊（尤其是早期报刊）的历史与宗旨，第一版有欠交代，再版时有所补充。

参考书目

中 文

清实录

清史稿

钦定大清会典

筹办夷务始末

英 文

Aeneas Anderson : *A Narrative of the British Embassy to China*. 1796.

Anthony Farrington: *Trading Places, The East India Company and Aisa, 1600-1834*. The British Library, 2002.

Carlos Augusto Montalto Jesus: *Historic Macao*. Original Publisher: Kelly. 1902.

Conrad Malte-Brun: *Universal Geography: or a description of all parts of the world*. The English Publishers. 1824.

D. Defoe: *The Complete English Tradesman*. London, 1726.

David Brewster: *The Edinburgh encyclopaedia*. William Blackwood, 1830.

Demetrius C. D. K. Boulger: *History of China*. London, W. Thacker & Co., 2, Creed Lane, E.C. 1898.

Denis Crispin Twitchett, John King Fairbank: *The Cambridge history of China*. Cambridge University Press, 1978.

Duncan MacPherson: *Two years in China: Narrative of the Chinese expedition*. London, 1843.

Eileen Tamura, Linda K. Menton: *China: Understanding Its Past*. 1997.

Elias Regnault: *The criminal history of the English government: from the first massacre of the Irish, to the poisoning of the Chinese*. New York, 1843.

Eugene Stock: *The history of the Church Missionary Society: its environment, its men and its work*. London, 1899.

Geoffrey Gunn: *Encountering Macau: A Portuguese City-State on the Periphery of China, 1557-1999*. Boulder: Westview, 1996.

George Staunton, George Macartney, Sir Erasmus Gower: *An authentic account of an embassy from the King of Great Britain to the Emperor of China*. London, 1797.

Granville G. Loch: *The closing events of the campaign in China*. London, 1843.

H. B. Morse: *The Chronicles of the East India Company trading to China, 1635-1834*. Clarendon Press, 1926.

Henry Ellis: *Journal of the proceedings of the late embassy to China*. London, 1817.

Henry Whatley Tyler : *Questions of the Day, No. 1*. James Ridgway, 1857.

John Barrow: *Some account of the public Life and selection from the unpublished writings of the Earl of Macartney*, 1807.

John Francis Davis: *The Chinese: A general description of the empire of china and its inhabitants*. Charles Knight, 1836.

John King Fairbank, Ssu-yu Teng: *China's response to the West, a documentary survey, 1839-1923*. Harvard University Press, 1979.

J. P. T. Bury ed.: *The New Cambridge Modern History*. Vol.10, 1964.

Leone Levi: *Annals of British Legislation*. Elder & Co., 1858.

Lieut-Colonel G. J. Wolseley: *Narrative of The War With China in 1860*. Longman, 1862.

Martin Booth: *Opium: A History*. New York: St. Martin's Press, 1998.

Peter Hall: *The first industrial city: Manchester 1760–1830*. Weidenfeld & Nicolson, 1998.

R. Alexander: *The rise and progress of British opium smuggling*. London, 1856.

R. Keith Schoppa: *The Columbia guide to modern Chinese history*. Columbia University Press, 2000.

Reuben Percy : *The Mirror of literature, amusement, and instruction*. 1832.

Robert Gardella: *Harvesting Mountains*: *Fujian and the China Tea Trade, 1757-1937*.University of California Press: Berkeley, 1994.

Robert Montgomery Martin: *China; Geographical, Political, Commercial and Social; an official Report*. James Madden,1847.

Robert Van Bergen: *The Story of China*. American Book Company, 1902.

S. C. M. Paine: *The Sino-Japanese War of 1894–1895: Perceptions, Power, and Primacy*. London: Cambridge University Press, 2002.

Samuel Maunder: *The Treasury of History*. New York, 1845.

Samuel Wells Williams: *Easy Lessons in Chinese: or Progressive Exerciss to Facilitate the Study of That Language*. Printed at the office of the Chinese Repository, 1842.

Steve Tsang: *A Modern History of Hong Kong*. I.B. Tauris, 2004.

Stewart Lone: *Japan's First Modern War: Army and Society in the Conflict with China, 1894-1895*. St. Martin's Press, New York, 1994.

Tertius Chandler: *Four Thousand Years of Urban Growth: An Historical Census*. St. David's University Press, 1987.

William Jay: *War and Peace: the evils of the first, and a plan for preserving the last*. Wiley & Putnam, 1842.

出版后记

　　研究清朝，其中最重要的议题之一应该就是对外关系，从这个时期开始，中国开始频繁地与西方国家接触碰撞，盛行已久的朝贡体系难以适应新时代的发展，中国被迫从天朝上国的迷梦中醒来。

　　作者从1793年马嘎尔尼访华谈起，西方国家通过商贸公司、传教士、外交人员等渠道，收集了大量关于清朝政治经济社会的情报，他们对清政府的了解远远超过清政府对西方国家的了解。因此，在后来的军事侵略和冲突中，西方国家凭借掌握的各类信息，通过对皇帝"帝王之术"和大臣"为官之道"的分析，制定出相应的政策，使局势朝向有利于自己的方向发展。

　　清朝中后期是中国进入世界政治舞台的开端，作者为我们开辟了一个了解这个时代的新的视角，通过考察西方报刊等媒体上的记录，寻找重要历史事件的不同侧面。

　　"不识庐山真面目，只缘身在此山中。"

图书在版编目（CIP）数据

晚清残录 / 易强著 . -- 北京：九州出版社，
2020.9

ISBN 978-7-5108-9198-4

Ⅰ . ①晚… Ⅱ . ①易… Ⅲ . ①中国历史—史料—清后
期 Ⅳ . ① K252.06

中国版本图书馆 CIP 数据核字 (2020) 第 102095 号

晚清残录

作　　者	易强　著	
出版发行	九州出版社	
地　　址	北京市西城区阜外大街甲 35 号 (100037)	
发行电话	（010）68992190/3/5/6	
网　　址	www.jiuzhoupress.com	
电子信箱	jiuzhou@jiuzhoupress.com	
印　　刷	北京盛通印刷股份有限公司	
开　　本	889 毫米 ×1194 毫米　32 开	
印　　张	11.5	
字　　数	267 千字	
版　　次	2020 年 9 月第 1 版	
印　　次	2020 年 9 月第 1 次印刷	
书　　号	ISBN 978-7-5108-9198-4	
定　　价	68.00 元	